COMO NO CAMINHO

DE EMMAÚS

Newton Boechat

Gilberto Perez Cardoso

COMO NO CAMINHO DE EMMAÚS

A MEDIUNIDADE INSPIRADA DE NEWTON BOECHAT

LACHÂTRE

Instituto Lachâtre
Caixa Postal 164 – cep 12.914-970 – Bragança Paulista – SP
Telefone: (11) 4063-5354
Página na internet: www.lachatre.org.br
Email: editora@lachatre.org.br

1ª edição
1.000 exemplares

Programação Visual da Capa
Gabriel Marques

Impressão
Intergraf Ind. Gráfica Eireli

Os direitos autorais deste livro foram doados para a obra social da Fraternidade Espírita Francisco de Peixoto Lins, Recife, PE

CIP-Brasil. Catalogação na fonte

Como no caminho de Emaús, a mediunidade inspirada de Newton Boechat / Gilberto Perez Cardoso, 1ª edição, Bragança Paulista, SP: Lachâtre, 2014.

312 p.

1. Espiritismo. 2. Boechat, Newton. I.Título. II. Subtítulo. III.Notas.

CDD 133.9 CDU 133.7

Impresso no Brasil
Presita en Brazilo

AGRADECIMENTOS

A Newton Boechat, amigo para sempre, ofereço este trabalho. Sua companhia, amizade e palavra sempre sensata são para mim inesquecíveis. Sua mediunidade rara motivou o que estou legando agora ao amigo leitor. Que Deus o abençoe.

Aos familiares de Newton Boechat, representados aqui por sua irmã, Maíra Boechat Monteiro, meus agradecimentos pelo incentivo e generosidade.

À minha querida esposa Laura, exemplo de companheirismo, amor e dedicação, esteio de todos os momentos, não tenho palavras para agradecer.

Aos filhos Renato e Marcelo, o meu futuro, sou grato pelo carinho e pelas alegrias que me têm proporcionado.

Aos meus pais, Rosa e Talvani (este já na espiritualidade), pela encarnação que me concederam e por tudo o que me proporcionaram e ensinaram. Não há como retribuir à altura a dedicação e os sacrifícios que os pais têm para conosco.

Às tias Odette (na espiritualidade) e Alcídia (duas mães a mais que tive a sorte de ter) e ao tio Ramon, o meu carinho.

Aos avós, já no plano espiritual, Oscar, Conceição, Jesus e Carolina, minha lembrança carinhosa.

Aos companheiros do Grupo Newton Boechat, os que já partiram e os atuais, Gustavo, Lucia, Luiz, Andrea e Ana Maria, minha gratidão pelo muito que tenho aprendido nestes trinta e oito anos de convívio.

Ao amigo Jorge Damas Martins, agradeço o grande incentivo para lançar esta obra. Sua benéfica insistência afinal deu frutos...

A Letícia Maria Castro de Bergallo, pela paciência na digitação dessas centenas de páginas, meu reconhecimento e gratidão.

Ao Grupo Espírita Aracy, de Campos, em especial à “velha guarda” e a toda a família do Peixotinho e da também inesquecível dona Baby, por tudo o que me foi proporcionado no início de minha formação espírita em Campos. Minha homenagem agradecida a todos.

Sumário

1. Newton Boechat

Conheci Newton Boechat em julho de 1973. Fui a ele apresentado pelo nosso grande amigo comum, já desencarnado, Roberto Amaro Lima de Barros. A apresentação se deu no local de trabalho do Boechat, na Avenida Graça Aranha, Rio de Janeiro, em prédio que abrigava o setor de benefícios do INSS, então INPS, onde o Newton era funcionário.

Roberto e eu éramos estudantes de medicina da UFRJ e, na ocasião, frequentávamos a Santa Casa de Misericórdia do Rio de Janeiro, situada na rua Santa Luzia, então funcionando como hospital-escola da Faculdade. Eu cursava o terceiro ano médico; Roberto, o segundo. Por insistência dele, saimos no meio da tarde do hospital, que ficava muito próximo ao prédio do INPS na Graça Aranha, para visitar Newton Boechat.

Antes de relatar o encontro, vale recordar que estávamos, eu e Roberto, no Rio de Janeiro, estudando medicina, há pouco tempo. Éramos grandes amigos desde o fim da década de 1960, quando estudávamos em Campos, no mesmo colégio, o Liceu de Humanidades de Campos

No terreno espírita, ambos tínhamos antecedentes. Roberto tornou-se espírita ainda menino e frequentava a instituição espírita Maria de Nazaré, dirigida pela operosa e dinâmica Evany Medina, também já "do outro lado". Estudioso, já fazia palestras por volta dos dezoito anos de idade, e conhecia bastante o esperanto.

Nasci em família espírita. Meu avô, Oscar Sanfim Cardoso, e meu tio-avô, João Sanfim Cardoso, foram do núcleo fundador do Grupo Espírita Aracy, em Campos, que funcionava num anexo à residência do famoso médium Peixotinho. Meu pai, Talvani Sanfim Cardoso, também era do Aracy e funcionou como fotógrafo de diversas reuniões de materializações com Peixotinho, tendo registrado espíritos materializados, cujas fotos revelara em laboratório improvisado na nossa residência. Desde muito novo, portanto, frequentava eu as reuniões do Aracy. Lembro-me, ainda muito garoto, comparecendo às sessões públicas das quintas-feiras de noite, ouvindo palestras de dona Baby, dr. Albano Seixas Filho, Ramiro Vianna, dr. Aluísio Barroso, Cryseia Barroso, Maria Gonçalves (Teresa), Wilson Werneck, Castorina e muitos mais. Ao fim da reunião, o passe e a água fluidificada

Recordo-me ainda das interessantes reuniões a que assistia, nas tardes de sábados, da Mocidade, que mais tarde passou a levar o nome de meu avô, Oscar. Nesses encontros, notáveis eram as palestras do dr. Albano Seixas Filho, didata excelente e de cultura enciclopédica. Conhecia doutrina espírita como poucos.

Ainda em Campos, tive a felicidade de conhecer os professores Clóvis Tavares e José Amaral, ambos muito atuantes no movimento espírita da cidade. Professor Clóvis por dirigir a famosa Escola Jesus Cristo, o professor Amaral por liderar, até sua desencarnação, recentemente, o movimento em torno do Instituto Pietro Ubaldi, responsável pela edição dos vinte e quatro livros que compõem a obra do grande filósofo espiritualista e pela divulgação de seu pensamento. Curioso é que ambos foram meus professores no Liceu de Humanidades de Campos. Professor Amaral, no que era, então, o primeiro ano ginasial, me apresentou, dentro de sua disciplina, à "matemática moderna", que era uma iniciação à teoria dos conjuntos. Professor Clóvis, na terceira série ginasial, foi certamente quem me despertou o gosto especial pelo estudo da história, o que preservo até hoje. Como eram fantásticas suas aulas sobre história romana! Um craque no saber!

Vim para o Rio em 1971, aprovado no vestibular de medicina para a UFRJ, passando a cursar a famosa e já bicentenária "escola da Praia Vermelha", como era conhecida a "Nacional de Medicina". Em 1972 veio também o Roberto, aprovado no vestibular. Tanto ele quanto eu devemos nosso sucesso na empreitada aos nossos dedicados professores do Liceu, um deles em especial, o professor

Luiz Portelli Magalhães, seguramente um dos melhores, notáveis e marcantes mestres que tive até hoje. Desencarnou em meados de 2013, deixando muitas saudades em seus alunos. Era diretor, na época, do prestigiado Curso Savart, que auxiliou muitos estudantes em seus objetivos de ingressarem no curso superior. Alma boa e generosa, não só ensinou, como auxiliou direta e concretamente a muitos jovens.

Eu morava no Rio, em Copacabana, Roberto em Niterói. A partir de 1972, ainda a convite dele, passei a frequentar o Grupo Espírita Leôncio de Albuquerque, em Niterói. As reuniões eram aos sábados, fazíamos parte da Mocidade.

Lá conheci e passei a conviver com diversos atuantes companheiros do movimento espírita, colegas na Mocidade do Leôncio, como José Raul Teixeira, Selma e Talma Borges, Américo de Oliveira Borges, Jairo Paes Selles, Luiz Paes Selles, Rosane, Magali, Paulo Hernani Fonseca e muitos outros.

Foi no Leôncio ainda que travei contato com Alberto de Souza Rocha, Julio César Grandi Ribeiro (o Julinho), que vez por outra vinha de Vitória, Lamartine Palhano Junior e sua esposa Rosane, Umbelino Pacheco Vitola (um dos fundadores do Grupo, que à época, funcionava na rua São Januário, 76, em Niterói), Maria Amélia Ribeiro de Castro, Leni Marilda, diretora da Mocidade, e seu esposo Ademar e muitos mais.

Nessa tarde de julho, Roberto insistia em me apresentar a Newton Boechat, a quem conhecera numa festa junina no próprio Leôncio de Albuquerque, dias antes. Eu não fora ao Grupo por conta de compromissos de medicina. O primeiro encontro do Roberto com o Newton foi muito curioso e convém também ser contado. Soube disso mais tarde, e é muito interessante.

Boechat costumava visitar com certa constância uma excelente médium que morava na Zona Norte do Rio de Janeiro, de quem era amigo. Não me recordo bem de seu nome. Numa dessas visitas, ainda no início do ano de 1973, a medianeira revelou-lhe que ele estava para conhecer uma pessoa com quem teria grande amizade e que tal amizade estaria fortemente alicerçada no passado reencarnatório de ambos. Acrescentou ainda que a pessoa que conheceria teria feito "um grande bem à humanidade" em reencarnação passada. Ante a curiosidade do Newton, ela revelou que o nome atual dessa pessoa teria algo a ver com "laranja da terra". Interessante é que, ao serem apresentados, durante a festa junina no Leôncio de Albuquerque, um disse: "– muito prazer, Newton Boechat". O outro respondeu: " – eu também, Roberto Amaro Lima de Barros". Na mesma hora, Boechat ligou o "Lima de Barros" à "laranja da terra" da revelação da médium...

Mais tarde Boechat me segredou que seu mentor espiritual, Jardel, lhe revelara que o Roberto Amaro Lima de Barros fora um grande médico europeu em encarnação passada, tendo então feito notável descoberta científica, que trouxera, realmente, grande benefício à humanidade. A informação, com a exata identificação, de que tomei conhecimento, deveria permanecer em sigilo, como acontece até hoje. O próprio Roberto nunca tomou conhecimento do fato, por causa de orientação do Jardel.

Pude, contudo, conhecendo a revelação, observar certos aspectos interessantes da personalidade e predileções dele que se ajustam perfeitamente ao perfil do grande cientista que ele viveu em vida anterior.

Muitos anos depois, quando tive a oportunidade de ir à Europa, visitei locais onde ele então vivera e tirei fotos junto à estátua que até hoje existe como homenagem e lembrança dos seus feitos.

Nosso encontro a três foi realmente marcante. Certamente um reencontro, pois dali em diante estávamos sempre nos revendo até 1983, quando Roberto desencarnou.

Antes de me apresentar ao Boechat, Roberto me falara da trajetória ímpar do Newton: orador espírita de notável desempenho, muito didático, médium inspirado, memória privilegiada, conseguindo reter informações referentes a grande número de conferências, extraordinário coração, bondade em pessoa.

Ao travar os primeiros contatos com o Newton pude constatar a veracidade dessas informações, pois a partir de então, a convite do próprio, passei a assistir a muitas de suas palestras e a frequentar reuniões de que participava, testemunhando-lhe a palavra vibrante e a faculdade mediúnica inspirada. Por intermédio dele, daí em diante, direta ou indiretamente, conheci, pessoalmente, destacadas figuras do movimento espírita, como César Burnier, Hermínio Miranda, Abelardo Idalgo Magalhães, Armando de Oliveira Assis (ex-presidente da FEB), dr. Jorge Andrea dos Santos, Yvonne Pereira, Gerson Simões Monteiro, Altivo Caríssimi Pamphiro, Luciano dos Anjos, Deolindo Amorim, professor Ramiro Gama, dr. Gilberto Campista Guarino, Brunilde, do "Lar de Teresa", Felipe Salomão (da cidade de Franca), Luiz Carlos de Carvalho (da cidade de Volta Redonda), Henrique Rodrigues (de Belo Horizonte), Hernani Guimarães Andrade (de São Paulo), e muitos outros. Independentemente disso, através de Sergio Thiesen, que era colega de turma, na Faculdade de Medicina, do Roberto Amaro, conheci Francisco Thiesen, também ex-presidente da FEB, pai do Sergio. A convite e com a orientação do ex-presidente Thiesen, publiquei, na década de 1970 ainda, meus primeiros artigos na imprensa espírita, na revista *Reformador*.

* * *

Em 1974 conheci pessoalmente Chico Xavier, apresentado pelo Boechat, numa ocasião em que o famoso médium mineiro estivera em Niterói. Os dois eram muito amigos, sendo que Boechat convivera durante muitos anos com o Chico em Pedro Leopoldo.

Boechat, antes de vir para o Rio, em 1956, morava em Belo Horizonte e frequentemente ia a Pedro Leopoldo, fazendo palestras a convite do Chico no Centro Espírita Luiz Gonzaga.

Como Boechat frequentava muitas reuniões do lar, em especial no circuito Rio/Niterói, a seu convite passei também a fazê-lo, sempre que os compromissos, primeiro como estudante de medicina, depois como médico, o permitiam.

Compareci, em sua companhia, desde que nos conhecemos, em julho de 1973, até sua desencarnação, em agosto de 1990, seguidamente a diversas reuniões do lar, a saber: reunião do lar de César Burnier, de Darcy César Soares, de Zillah de Magalhães Chaves, de Roberto Messano, de Josefa Darriba Vilas (Pepita), de Cinira Novaes, de José Urrutigaray, de Davina Rosa Souza, de Ninita Araujo, de Antônio Valesine, de Theophila Filgueiras Leimig, de Aloysio Randolpho Paiva, de Cídia e Niódia Paranhos, de Leda Pereira da Rocha, de Davi Coutinho, do dr. Roberto Silveira, de Luiz Almeida Cardoso, de Eduardo Guimarães, de Jorge Damas Martins e sua esposa Regina Lúcia e de muitos outros companheiros que cultivavam reuniões espirituais, às quais Boechat comparecia habitualmente, sempre com sua palavra inspirada e amiga.

A convite dele, fizemos dezenas de palestras a dois, denominadas por ele de "dobradinhas", em que eu iniciava por um tema que era por ele completado e, claro, sempre encerrado com chave de ouro. Pouco importava por onde eu começasse.

Mas e como foi a trajetória de Boechat na presente encarnação? Logo após sua desencarnação, em 22 de agosto de 1990, recebi, da diretoria da FEB, o convite para publicar em *Reformador* alguns dados biográficos de Boechat. Assim, em *Reformador* de novembro de 1990, número 343, páginas 27, 28 e 29, estão os dados que escrevi e que aproveito para divulgar novamente em nosso livro. Nasceu em Apiacá, no Estado do Espírito Santo, bem próximo à divisa com o Estado do Rio de Janeiro, em 25 de julho de 1928. Concluiu o ginásio e ensino médio em Santo Antônio de Pádua, no Estado do Rio, mudando-se aos dezessete anos para Belo Horizonte, onde se formou em línguas neolatinas. Por concurso, entrou para o antigo IAPETEC (hoje INSS), sendo lotado na cidade de Belo Horizonte. Em 1956, com o apoio de seu grande amigo, José Urrutigaray, pediu transferência para o Rio de Janeiro, passando a trabalhar no setor de Benefícios, no INSS da avenida Graça Aranha, até se aposentar.

Desde então fazia serviços paralelos de tradução de textos em francês e em espanhol, em especial da primeira língua. Sua atuação no setor de benefícios do INSS era notável, pois, portador da prodigiosa memória, sabia de cor códigos, jurisprudência e números de processos, isso antes da era do computador, surpreendendo, por muitas vezes, seus superiores. Com tal privilegiada memória, conhecia as Escrituras como ninguém, sendo capaz de citar o livro, o capítulo e o versículo corretos em torno do comentário a ser feito.

Boechat era espírita desde menino, pois sua família era espírita. Ao se mudar para Belo Horizonte conheceu membros atuantes do movimento, como César Burnier, Rubens Romanelli, Camilo Chaves, Cícero Pereira e Henrique Rodrigues. Por conta dessas amizades veio a conviver com Chico Xavier e o dr. Rômulo Joviano, passando a frequentar assiduamente Pedro Leopoldo e o Centro Espírita Luiz Gonzaga. Falava nas reuniões, em "dobradinha", como dizia, com Henrique Rodrigues, enquanto o Chico recebia mensagens. Eram apelidados de "Cosme e Damião". Presenciou o histórico encontro entre Chico e Pietro Ubaldi, por ocasião da visita que este último fez a Pedro Leopoldo e Belo Horizonte. Newton era orador muito didático, expressando-se através de imagens muito bonitas e precisas. Era sócio da Federação Espírita Brasileira, cuja linha doutrinária seguia. Conhecia como poucos a obra de Pietro Ubaldi, que divulgou com entusiasmo. Chegava a adquirir volumes e doá-los a amigos e instituições. Era muito amigo de Chico Xavier, com quem se correspondia pessoalmente. No campo da oratória espírita, esteve em todo o Brasil, América do Sul e parte da Europa. Era médium de enorme potencial, falando inspirado e fazendo identificações com notável precisão, por clarividência e clariaudiência. Recebeu poesias de diversos autores conhecidos. Diversas delas estão em três livros que publicamos, em parceria. Teve algumas de suas encarnações anteriores reveladas por César Burnier, Chico Xavier e por seu próprio mentor, Jardel. Por elas, vê-se que sempre teve preferência por militar no campo religioso. Escreveu cinco livros, dois deles sozinho, editados pela Federação Espírita Brasileira: *Ide e pregai* e *O espinho da insatisfação*. E três em parceria comigo, *Do átomo ao arcanjo*, *Na madureza dos tempos* e *Aquém e além da fronteira de cinzas*. Nesses três últimos, colaborou Boechat com o material decorrente de sua captação mediúnica, sendo o texto de minha responsabilidade. Esses livros, hoje, encontram-se esgotados.

Partiu para a espiritualidade em 22 de agosto de 1990, no Rio de Janeiro.

Na presente obra, em torno de sua mediunidade, incluí a maior parte da produção mediúnica de Boechat constante nos três livros publicados anteriormente, em parceria, ensejando agora novos comentários e textos mais atualizados de minha parte. Cumpre ainda ratificar que fizemos, em "dobradinha", tal qual anteriormente Boechat cumprira ao lado do Henrique Rodrigues, dezenas de palestras.

Muitas delas foram concomitantes ao lançamento dos nossos livros, cujos direitos autorais de suas edições foram integralmente doados ao "Grupo Espírita Casa de Caridade Aureliano", de Niterói, em benefício de suas obras sociais. Cada livro teve apenas uma edição, de sete mil exemplares cada, se esgotando rapidamente.

No atual livro estou reunindo o material mais importante em torno da mediunidade de Newton Boechat para conhecimento das novas gerações. Acerca da palavra inspirada do nosso caro amigo já há uma obra muito substancial, que recomendo, de autoria do conhecido militante espírita Jorge Damas Martins. A obra se denomina *Paulo e Herodes*.

2. Poetas Desencarnados Tangem a Lira da Saudade

O apartamento do dr. César Burnier Pessoa de Mello, sobre quem já falamos, na época situado na rua Miguel de Lemos, Copacabana, Rio de Janeiro, habitualmente foi palco de fenômenos mediúnicos variados, constituindo-se em ponto de reunião de pessoas interessadas em motivações espirituais. Logo depois que conheci o Newton Boechat, em julho de 1973, este me apresentou ao César Burnier. Burnier era muito amigo do Newton e ambos muito ligados ao Chico Xavier. Burnier, antes de se fixar no Rio, morou por longo tempo em Belo Horizonte, indo com frequência a Pedro Leopoldo, onde participava das reuniões no Centro Espírita Luiz Gonzaga. Íntimo do Chico, teve deste revelações de algumas vidas anteriores.

As reuniões que ocorriam no lar do Burnier, no Rio de Janeiro, eram absolutamente informais. Chegavam visitas e, em dado momento, quando a conversação já ia longa, sempre sobre motivações espirituais e culturais, não raro aconteciam fenômenos físicos, como odor forte de perfume no ambiente, passando a acontecer a comunicação de desencarnados, via clarividência ou, eventualmente, psicofonia.

De 1973 a 1989, quando Burnier partiu para a espiritualidade, quase que semanalmente eu estava com ele, de quem me tornei grande amigo e inclusive médico particular. Os fatos que vivenciei foram tantos e tão extraordinários que não cabem nas limitadas páginas deste livro. Eu morava muito próximo ao Burnier, em Copacabana, e o visitava com frequência.

Nunca tive dúvidas sobre fenômenos espirituais, afinal, garoto ainda, em Campos, tive o testemunho de meu pai, que fotografava espíritos materializados por meio da faculdade do Peixotinho e revelava as fotos em nossa residência. As evidências sobre a imortalidade eram esmagadoras. Na vivência com Boechat e Burnier essa convicção ficou ainda mais sólida.

Numa dessas reuniões na residência do Burnier, a treze de julho de 1974, estando presentes o sr. Robert Sourisseau, sua filha Monique, Jandira Henot, Helena Melo, Cloritta Cirigliano, Anita Americano e César Burnier, o anfitrião, Newton Boechat captou, por audiência, as quadrinhas que se seguem, previamente intituladas: "A Juiz de Fora do outro mundo".

Vale ressaltar que a conversação girava em torno de Juiz de Fora e as pessoas presentes narravam fatos de sua infância ou juventude, relembrando panoramas e ocorrências, quando de sua residência naquela cidade, por muito ou por pouco tempo. César Burnier morara durante certo tempo em Juiz de Fora.

A Juiz de Fora do outro mundo

Juiz de Fora, ei-la aqui,
Com a turma do passado,
Que aos seus afetos mistura
Acordes do Maldonado.[1]

Com pouca ou muita conversa,
Gente sóbria ou linguaruda,
Quando tine a campainha,
Vem prá cá magra ou parruda.

---

[1] Manoel Alves Maldonado: violinista, formou-se em Direito na Bahia. Anteriormente, morou em Juiz de Fora, onde lecionava música e tocava num dos cinemas daquela cidade – então na época da cena-muda – nos intervalos de filmes. (A pesquisa que permitiu a redação desta nota, bem como das notas de rodapé seguintes, foi feita pelo operoso confrade Kleber Halfeld, residente na *Manchester Mineira.*)

Edgard rebruniu a forma
Vibrando à luz da oração
Já não tateia e seus olhos[2]
Luzem com nova visão.

A farmácia de outros tempos,
Lembrança do antigo lar;
E a comidinha gostosa
Da pensão familiar[3]

A morte nada transforma
De arranco, nem deixa ao léu
Almas que humildes imploram
As bênçãos de novo céu.

Seu Felipe, Malta, Lota,
Bréscia, Orville e Marangon;
Corações de antigamente
Falando em alto e bom tom...[4]

Cordélia,[5] *Hortência... e estudantes*
Do Grambery e da escola,[6]

---

[2] Edgar Quinet: médico, desencarnou em 24-10-1966. Ficou cego muitos anos antes do seu desenlace. Tinha o costume de brincar com os amigos, pregando-lhes peças.

[3] A farmácia de outros tempos: referência à farmácia Queiroz, situada na avenida Rio Branco. Pertencera ao farmacêutico Quincas Queiroz, tio de uma das senhoras presentes à reunião (Anita Americano).

[4] Seu Felipe: mascateiro turco daquela ocasião. Malta: dr. Cristóvão Malta, médico célebre, jornalista notável que desencarnou no Rio em 20-02-1929, proprietário do jornal *O Farol*. Montou em Juiz de Fora um estabelecimento hidroterápico. Lota: cognome da d. Carlota Malta, diretora do ex-colégio Malta, depois Ginásio de Minas, era irmã do dr. Malta e desencarnou em 16-06-1935. Sabino Bréscia: musicista, dono da Fotografia Bréscia, situada na rua Halfeld, desencarnou em 02-12-1938. Orville Derby Araújo Dutra: espírita e professor, desencarnou em 30-07-1973. Marangon: sr. Francisco Marangon, pertencente a tradicional família local.

[5] Cordélia: filha do dr. Almada Horta. Desencarnou em 20.05.1948.

[6] Grambery: famoso educandário daquela cidade.

Os trotes, as brincadeiras,
As sabatinas e a cola...

Se o amor desaparece
Quando ao mundo a luta acena,
Pensamentos surgem belos
Da inspiração do Massena.[7]

Na Fundação João de Freitas[8]
Há preces de muitas vozes,
Cessando, devagarinho,
A dor de carmas atrozes.

Com palavras do Belmiro[9]
Perfumadas como rosa,
São quadrinhas fraternais,
Ofertadas nesta "prosa".

Prossigamos, destemidos,
Guardando zelosa fé,
Que sempre nos oferece,
Bondoso, o padre Café.[10]

A morte a tudo refunde
E há surpresas a granel,

---

[7] Massena: dr. João Massena, homem culto, professor e alma boníssima.

[8] Fundação João de Freitas: organização espírita filantrópica muito conhecida em Juiz de Fora, fundada em 22-02-1934.

[9] Belmiro Braga: inspirador dos versos. Viveu muitos anos em Juiz de Fora. Nasceu em 07-01-1870 e desencarnou em 1937. Foi um dos maiores poetas do Brasil lírico, dotado de excelente humor, inteligentíssimo e de uma espontaneidade incrível. Deixou vários escritos marcando época. Iniciou-se na vida comercial e posteriormente foi notário público, comediógrafo e jornalista, membro da Academia Mineira de Letras. Era chamado de "O Rouxinol Mineiro".

[10] Padre Venâncio Ribeiro de Aguiar Café: virtuoso sacerdote da cidade, desencarnou em 08-01-1898.

Mudando, como água em vinho,
A mente do Rafael.[11]

Importa menos a crença
Do que o justo proceder;
Vale mais o bom exemplo,[12]
Não parecer... e sim ser.

Ponto final. Retirada.
Deixando a harmonia aqui,
Seguimos para o trabalho
A que nos convida o Aly.[13]

Belmiro Braga

Como já referimos, Newton Boechat fez mais de oito mil palestras, estima-se, durante a sua última encarnação. Visitou um número recorde de municípios brasileiros. Em várias dessas visitas, além de falar, captou poesias e realizou identificações de espíritos desencarnados. Por ocasião de visita a Pelotas, Rio Grande do Sul, quando proferiu conferência no recinto da Sociedade União e Instrução Espírita, a 7 de abril de 1977, Boechat recebeu, por audição, o soneto a seguir, de autoria de Lobo da Costa. Este, conforme consta de *Antologia dos imortais*, na 1ª edição da Federação Espírita Brasileira, foi poeta nascido em Pelotas a 12-07-1853 e falecido no mesmo local a 18-06-1888. De família humilde, órfão precocemente, aos 12 anos já versejava; colaborou em vários jornais de sua terra; não conseguindo matricular-se na Faculdade de Direito de São Paulo, residiu, por algum tempo, em Florianópolis. Chamava-se Francisco Lobo da Costa.

---

[11] Os versos referem-se ao ex-prefeito Rafael Cirigliano, desencarnado em 1968, no Rio de Janeiro. Sua viúva, irmã do Burnier, assistiu ao recebimento dos versos. A presença da entidade espiritual foi registrada pelo Burnier várias vezes. Católico apostólico romano.

[12] Relacionando-se ainda ao próprio Rafael, pessoa justa e boa.

[13] Aly Halfeld: desencarnado em 13-09-1967, grande batalhador da doutrina espírita e nome fortemente ligado à pobreza de Juiz de Fora.

Confissão a Pelotas

Teus feitos do passado ainda estão na lembrança...
Tuas praças senhoris são solares poemas,
Teu céu maravilhoso é um escrínio de gemas
Que sempre admirei desde o tempo de criança...

Teu verde da campina é perene festança
Banhado de alvorada em celestes diademas,
Teu povo enobrecido em virtudes supremas,
Em direção do Cristo, alegremente avança!

Pelotas sempre amada! É o teu filho quem fala,
Da carne, além do véu de esfera diferente,
Estruturada em luz blandiciosa e pura!

Confesso-te, em Jesus, nesta noite de gala,
Meu adeus ao pessimismo, agora canta o crente
Melodias de fé, após a sepultura!...

Lobo da Costa

Boechat tinha muitos amigos na cidade de Franca (SP), em especial o Felipe Salomão, valoroso companheiro que muito tem feito pelo movimento espírita local, que habitualmente fazia questão de hospedá-lo em sua residência. Felipe sempre dispensou ao Boechat um tratamento muito amigo e foi quem publicou, em jornal espírita de Franca, as primeiras notícias de Boechat recém-desencarnado. Trata-se do artigo que escrevi, intitulado "Como No Caminho de Emaús", que encerra o presente livro, onde narrei a incorporação do Boechat, que aconteceu no cemitério São Francisco Xavier, no Rio de Janeiro, vinte e quatro horas após a sua desencarnação, quando se comunicou comigo, através de uma médium. Em 28 de novembro de 1975, na cidade de Franca, Boechat pronunciou conferência no Centro Espírita Esperança e Fé, exatamente na véspera da entrega do título de Cidadania a Chico Xavier. A palestra intitulou-se "Chico Xavier – Antena Espiritual". Momentos antes, Boechat registrou a presença espiritual de Moisés Maia, poeta mineiro desencarnado, que residiu na região de Franca, Capetinga e Santo Tomaz de Aquino; seu desenlace ocorreu no Lar da Velhice Desamparada, em Franca. A entidade ditou-lhe então seguinte soneto:

Em Louvor a Franca

Três colinas contemplo... E o infinito estrelado
Faz percutir minhalma em preces ao Senhor;
Sorri a primavera em campo esverdeado
Desta Franca gentil, num postal multicor.

Aqui respiro a paz! Poeta emocionado,
Beijo o povo da rua e te trago o penhor
De minha gratidão! Teu escrínio do passado
Guarda meu coração e os meus versos de amor!

Tu tens, terra francana, o lábaro do Cristo
A traduzir a fé no progresso altaneiro
Seguindo para a frente em labor sacrossanto.

És regaço de mãe... Além do mundo existo
Para cantar, radiante, o chão hospitaleiro
Perfumado no ideal do Espiritismo santo!

Moisés Maia

Como podemos verificar pelas poesias trazidas a nós pela mediunidade de Newton Boechat, é engano supor que a desencarnação possa transformar os espíritos de imediato. Tudo no universo é gradual e acontece por etapas. "*Natura non facit saltus*", como apregoava Lineu, o célebre botânico sueco. A evolução é fruto de milênios e, ao desencarnar, simplesmente, trocamos de plano, de estado vibratório, persistindo com os mesmos anseios e patrimônio de intelecto e sentimento alimentados quando 'vivos'.

Na literatura mediúnica encontramos muitos exemplos deste fato. Instrutores espirituais manifestam-se aos sensitivos trajando roupagens gregas, egípcias, romanas, conforme o desejo dos espíritos comunicantes, geralmente motivados por elementos sentimentais do passado ou com o objetivo de serem melhor identificados.

Na famosa obra *Nosso Lar*, clássico da literatura mediúnica, de autoria de André Luiz, psicografada por Chico Xavier, temos atestada esta observação em algumas passagens. Por exemplo, o Ministério da União Divina, obedecendo a gostos de seus habitantes, guarda esboço arquitetônico em linhas egípcias, num dos templos de iniciação. Na excelente obra de Heigorina Cunha, *Cidade do além*, editada pelo Instituto de Difusão Espírita, de Araras (SP), há um interessante desenho do referido templo, confirmando o que relatamos.

E não poderia ocorrer de forma diversa, relativamente aos três trabalhos em versos constantes deste capítulo. Belmiro Braga relembra a Juiz de Fora de sua época, suas afinidades, locais onde conviveu e pessoas com quem se relacionou. Lobo da Costa recorda a Pelotas que lhe supriu a orfandade. Moysés Maia rememora Franca, palco de sua última romagem terrena, indicando que o espírito é imortal, a vida continua, os laços afetivos se estreitam e permanecem, as lembranças se sedimentam. São três poetas desencarnados que tangem a lira da saudade...

3. A Mediunidade como Veículo do Bem e do Mal

Boechat esteve, durante sua profícua existência, por muitas vezes na cidade de Juiz de Fora, proferindo conferências. Em 24-03-1978, Newton Boechat esteve em Juiz de Fora, pronunciando conferência no Centro Espírita A Casa do Caminho. Minutos antes, notou a aproximação espiritual de Casimiro Cunha, de quem recebeu a poesia a seguir:

Recado aos Médiuns

Se pretendes converter
Mediunidade em dinheiro,
Reflete bem, meu amigo,
Ouve este teu companheiro.

A faculdade que tens
Pode ser teu alvará,
Libertando-te de vez,
De um destino ao deus-dará.

Se não zelas como deves,
Tua faculdade de luz,
Carregarás no porvir,
Dolorosa e negra cruz.

Quem mercantiliza o dom
Da mediunidade, agora,
É candidato, mais tarde,
Aos espinhos, vida afora.

Se te julgas inferior
A carregar tentações,
Mediunidade, em Jesus,
Anula as imperfeições.

Trabalhando em benefício
Dos tristes e infortunados
Da lavoura da existência
Colhes frutos sazonados.

O bom médium é sempre aquele
Que ao Bem se entrega contente,
Sem esperar recompensa,
Seguindo, radioso, à frente.

Se já tens uma semana
De espiritismo e Evangelho,
Busca, na mediunidade,
Transformar o teu "homem-velho".

Farás crescer o "homem novo
Que deve em ti aflorar,
Toda vez que dispuseres,
Na Seara trabalhar.

Deixando que ignorantes
E os sofredores se expressem,
Tu podes auxiliá-los
Na busca do que carecem.

Se incorporas operários
Que vêm da Vida mais alta,
Também és beneficiado
De tudo o que a ti faz falta.

Os escritores do Além,
Poetas, sábios, artistas,
Usarão tua faculdade
E assim a luz mais conquistas.

Um dia a morte levou
Seres desorientados
Que podem por teu intermédio
Ser no amor recuperados.

Tensos, cansados, doentes,
Corações empedernidos,
Converter-se-ão no bem,
Se tu lhes deres ouvidos.

Por fim te desejo aqui
Boa e bela atividade,
Na tarefa entre dois mundos
Que te dê tranquilidade.

Casimiro Cunha

A mediunidade é faculdade de natureza psicobiológica, propiciando a intermediação em dois planos vibratórios contíguos da natureza.

Digo "de natureza psicobiológica" porque os dispositivos inerentes ao funcionamento da mesma dependem de fatores biológicos tanto quanto de ingredientes psicológicos. É fato conhecido a maior frequência de mediunidade em certas famílias, a sugerir a existência de determinantes genéticos. Assim como também sabemos que o médium, antes de reencarnar, sofre processo de delicado tratamento do perispirito, objetivando sensibilização de algumas áreas. Exatamente através delas eclodirá a faculdade, permitindo o intercâmbio espiritual. À mediunidade interessam, dessa maneira, duas 'hereditariedades' que influenciam o indivíduo reencarnado: *hereditariedade física*, regida pelos genes, fatores constituintes dos cromossomas das células vivas, responsáveis por muitos de nossos caracteres, e *hereditariedade psíquica*, inerente ao espírito, resultado das aquisições do mesmo em múltiplas jornadas reencarnatórias e em intervalos de existências físicas.

Acrescentei: "propicia a intermediação em dois planos vibratórios contíguos da natureza", assinalando que a mediunidade não ocorre exclusivamente entre o plano físico habitado por nós e o plano espiritual vizinho; estende-se ainda por outros níveis extafísicos. Na série de livros ditados por André Luiz a Chico Xavier, na obra *Obreiros da vida eterna*, no capítulo de número 3, intitulado "O sublime visitante", há referência ao venerável mensageiro denominado Asclépios, que se 'materializa' no plano onde os desencarnados, incluindo o próprio André, transitavam. É comum uma entidade altamente evoluída utilizar-se da mediunidade de outras, sucessivamente menos adiantadas, para transmitir mensagens a posições de vida mais atrasadas.

Outra característica da mediunidade é, em si mesma, não ser tendenciosa e não respeitar preconceitos, na realidade, exclusivamente nossos. Assim, dá-se em homens e mulheres, em indivíduos de raças distintas, em idades variadas e é necessariamente neutra, isto é, primordialmente nem boa, nem má.

Mas, afinal, quem são os 'médiuns', em sua generalidade? Seriam seres privilegiados da evolução? Ou mensageiros das altas esferas espirituais? Realmente, em número bem menor, os médiuns são espíritos adiantados evolutivamente e que, pela vivência adquirida mediante extensas experiências, desenvolveram espontaneamente maior sensibilidade. Porém, a vasta maioria deles, conforme observa o espírito Emmanuel, no livro *Emmanuel*, psicografia de Chico Xavier, no capítulo "Mensagem aos Médiuns", constitui-se de seres que faliram desastradamente em encarnações anteriores. Geralmente detentores de grandes patrimônios na área intelectual, exercendo influência marcante sobre coletividades mais ou menos numerosas, contraíram sérios débitos consigo, através do desencaminhamento provocado naqueles a quem orientavam ou sobre os quais detinham grande influência. Agora, em nova experiência, receberam a mediunidade como prova, mediante a sensibilização perispiritual pré-encarnatória, a fim de corrigir os erros anteriores. Utilizando a faculdade, têm a oportunidade de reencaminhar aqueles a quem induziram à queda, rearmonizando-se a si próprios. Desta maneira, sendo neutra, a mediunidade toma a direção, no sentido ético, que a criatura lhe dá, pode constituir-se em canal de sofrimento e destruição, quando atua acionada pela mente doentia de um líder transviado, ou expressar as mais sublimes claridades celestes, quando desperta num Chico Xavier, Francisco de Assis, Ghandi ou Pietro Ubaldi. Não precisaria me reportar a figuras registradas pela história. Basta-me lembrar que todos somos médiuns, em maior ou menor grau e, portanto, suscetíveis de nos fazer mensageiros do Bem ou do Mal, de acordo com nossa vontade e a sintonia que mantivermos.

Outro aspecto digno de registro e de capital importância é a delicada questão sobre a gratuidade do exercício da mediunidade, que deve ser, essencialmente, desinteressada.

Não sendo o produto dela pertencente ao médium e sim aos espíritos desencarnados e à espiritualidade, não cabe, em hipótese alguma, sob nenhum pretexto, a comercialização da faculdade. Não cabe a comercialização explícita, objetiva, nem mesmo a subjetiva, camuflada sob a forma de troca de favores ou de presentes, por exemplo.

Vale a pena reproduzir o interessante comentário do espírito Humberto de Campos no livro *Brasil, coração do mundo, pátria do evangelho*, psicografado por Chico Xavier e editado pela Federação Espírita Brasileira, mais precisamente na página 227:

> [...] a Europa recebeu a Nova Revelação sem conseguir aclimá-la no seu coração atormentado pelas necessidades mais duras. As próprias sessões mediúnicas são ali geralmente remuneradas, como se esses fenômenos se processassem tão-somente pelas disposições estipuladas num contrato de representações, enquanto que, no Brasil, todos os espiritistas sinceros repelem o comércio amoedado, nas suas sagradas relações com o plano invisível, conservando as intenções mais puras no hostiário da sua fé.

Sobre isso tive maravilhosos e firmes exemplos, partidos de médiuns com quem convivi de perto, como Newton Boechat, Peixotinho, César Burnier, Abelardo Idalgo Magalhães e Davi Coutinho. A conduta pessoal deles se constituiu no melhor exemplo para mim. Todos exerceram suas respectivas mediunidades dentro da recomendação espiritual do "dai de graça o que de graça recebestes". Newton Boechat tinha comportamento ilibado e nunca permitiu, por exemplo, que se cobrasse por suas palestras. Escreveu dois livros cujos direitos autorais foram doados à FEB. Três livros ainda, em parceria comigo, cujos direitos autorais foram doados à Casa de Caridade Aureliano. O livro atual, da mesma forma, teve seus direitos autorais doados. Peixotinho, na véspera de sua desencarnação, muito enfermo, psicografou receitas mediúnicas para necessitados, também enfermos, gratuitamente, como sempre fez. Por isso, nunca é demais a advertência que o "Recado dos Médiuns" encerra.

4. Identificações Espirituais e Revelação de um Segredo

Os dois fatos narrados a seguir exemplificam a mediunidade atuando como instrumento de consoladoção e também com a finalidade de provar a sobrevivência para, dessa maneira, reforçar a fé. A função consoladora da mediunidade talvez seja um de seus mais importantes e belos aspectos, capaz de amenizar sofrimentos atrozes desencadeados a partir de 'perdas' de amigos, parentes, pais, filhos etc. Não é sem razão que ela ocorre frequentemente em boa parte dos médiuns, levando o bálsamo para os sofrimentos mais agudos. A consolação, aqui de origem espiritual, age terapeuticamente e é tão importante que um dos maiores médicos brasileiros do século XX, o notável professor dr. Miguel Couto, afirmava: "O médico cura algumas vezes, alivia muitas, mas pode consolar sempre".

A mediunidade de identificação é um poderoso instrumento que fortalece o ânimo de incontável número de criaturas, além de lhes infundir boa dose de fé. Chico Xavier, em sua luminosa jornada mediúnica concluída, no plano físico, em 2002, dedicou um bom tempo de seu trabalho mediúnico na captação de mensagens consoladoras e que permitiam a identificação precisa do espírito comunicante, já desencarnado. Há livros notáveis sobre e através do Chico com tal conteúdo, como, por exemplo, *A vida triunfa*, *Quando Se pretende falar da vida*, e muitos outros...

Newton Boechat funcionou também, em diversas ocasiões, como instrumento de identificação espiritual. Fato interessante deu-se a 17 de março de 1977, no auditório da Faculdade de Ciências e Letras de Ourinhos, São Paulo. Newton dava seguimento ao itinerário de palestras organizadas pelo interior paulista e pronunciou conferência presidida pelo médico dr. Roald Correa. No encerramento, durante a prece, aproximou-se do médium o espírito Cornélio Pires, em companhia do jovem Luiz Alberto, e transmitiu-lhe o "Recado Filial". Na mensagem, em quadras, vários assuntos eram abordados. Ao ser lida da tribuna, imediatamente uma jovem retirou-se do recinto, indo buscar a ex-namorada do desencarnado, em aula noutra sala da instituição. Ao término, várias pessoas subiram ao palco, entusiasmadas, dando alguns informes que precisavam as citações do trabalho mediúnico.

A ex-namorada voou no dia seguinte para São Paulo, localizou a sra. Aurora Gomes de Leão, mãe do Luiz Alberto, e levou-a à palestra que Boechat proferiu no Centro Espírita Batuíra, bairro das Perdizes, dois dias após. Emocionada, reconheceu a sua exatidão e revelou que soubera, há tempos, por outro médium, não estar distante o dia em que receberia comunicação mediúnica, de forma a desfazer-lhe para sempre a mágoa resultante da partida do filho amado.

RECADO FILIAL

Recado para mamãe:
Era tempo de voltar...
Troquei o clarim daí
Pelo do 'seu' Cairbar...[14]

Voltei no momento certo,
Retornei na exata hora;
Aqui eu me retempero
Em luz de uma nova aurora.[15]

---

[14] Alusão a clarim, em simbólica linguagem militar. Quando encarnado, foi aluno da Academia de Aeronáutica em Pirassununga, São Paulo, cursando o último ano de cadete. "O Clarim" é também jornal espírita muito conceituado fundado pelo grande Cairbar Schutel, operoso espírita da cidade de Matão, São Paulo.

[15] Aurora, nome da sra. Aurora Gomes de Leão, chamada intimamente de Tata, mãe do jovem desencarnado.

Nem sempre, mamãe, quem 'morre'
Em repentino acidente,[16]
Permanece entorpecido,
A gente volta a ser gente...

Traduzo o meu pensamento,
Neste recado a você,
Usando do amparo amigo
Do poeta de Tietê.[17]

O velho Cornélio Pires
Põe no verso e põe na rima
O saudoso coração
Do filho que muito a estima.

Existem também ourinhos[18]
Nas ricas minas do Além
E suas pepitas luzentes
Nos trazem imenso bem.

Aos meus amigos, parentes,
Que a mágoa se lhes dilua.
Estou firme! Sigo à frente,
Porque a vida continua!

Papai vai bem. Ele aponta[19]
O lema radioso e certo:
– Evangelho e espiritismo.
Muitos beijos, Luiz Alberto.[20]

[16] Acidente automobilístico ocorrido na entrada de Ourinhos (Rodovia Raposo Tavares) em 29-10-1976.

[17] Poeta de Tietê: referência a Cornélio Pires.

[18] Ourinhos: cidade do sudoeste do estado de São Paulo.

[19] Referência ao dr. Hermelino Agnes de Leão, desencarnado três anos antes, a 22-11-1973. O lema *Evangelho e espiritismo* traduz a militância nas fileiras espíritas, sendo conhecido como médico dos pobres da região.

[20] Luiz Alberto Gomes de Leão, jovem muito querido em Ourinhos, desencarnado aos vinte e quatro anos de idade.

Encontrando-se em São João del-Rei (MG), onde fora fazer conferências, em torno da primeira quinzena de dezembro de 1975, Boechat pernoitou na casa do amigo, major Gustavo Pancrácio dos Santos. Repentinamente, viu-se desdobrado, no meio do quarto, vislumbrando um vulto trajado à moda antiga. Identificou-se como Gudesteu Pires. Boechat disse ser difícil guardar-lhe o nome, o que fez o espírito recomendar-lhe um artifício mnemônico: lembrar-se de "*bolas de gude no plural*" (gudes) ligando-as ao possessivo *teu*, acrescentando que o sobrenome seria mais fácil... Observou ainda o médium a presença de outra entidade, homem, muito bem arrumado e portando bengala, utilizada qual taco de golfe, arrancando pedrinhas do calçamento da rua. Gudesteu explicou tratar-se do presidente Antônio Carlos,[21] de Minas, e enviou lembranças ao antigo amigo, César Burnier, recomendando-se também à Marina, com quem ele, Gudesteu, e mais o Burnier formavam o trio que manuseava processos no palácio do governo. Para que o Burnier tivesse a certeza da presença dele, Antônio Carlos revelou um segredo, acrescentando que, muitas vezes, segredos só existiam no plano humano. Pediu ao Boechat dissesse ao Burnier que este possuía algo importante, de grande valor histórico, procedente de país europeu, no qual havia inscrição manuscrita a tinta, borrifada de areia à maneira de mata-borrão antigo. Estava estragado pelo tempo em seu lado esquerdo. Havia anotações referentes a assuntos de quase duzentos anos. A última assinatura estava no centro, terminando com umas dez voltas. Em seguida, Jardel, mentor espiritual de Boechat, autorizou a narração do fato ao Burnier.

Tão logo voltou ao Rio, Newton procurou César Burnier e contou-lhe o ocorrido. Realmente, convivera com Gudesteu Pires, secretário de finanças do governo de Minas, há quarenta anos, auxiliar do presidente Antônio Carlos. Burnier, então, dirigiu-se até o quarto de seu apartamento, abriu uma mala e dela retirou o objeto guardado carinhosamente, idêntico ao descrito durante o desdobramento.

---

[21] Antônio Carlos Ribeiro de Andrada, advogado, jornalista e político influente da República Velha, foi presidente de Minas Gerais no período de 1926 a 1930. Antes da Revolução de 30, os governadores de estado recebiam o título de presidente de estado.

Acrescentou ser o assunto sigiloso, nem o tendo narrado quando dos depoimentos sobre a reencarnação na história, prestados, certa vez, ao Instituto Brasileiro de Pesquisas Psicobiofísicas, dirigido pelo grande cientista, dr. Hernani Guimarães Andrade.

Marina, citada durante o desdobramento, achava-se encarnada na época, chamando-se Marina Amezalaque. Faziam triagem ela, Burnier, e Gudesteu, da correspondência do palácio do governo de Minas. O presidente Antônio Carlos, por sua vez, tinha o hábito de bater com a bengala no mosaico do calçadão da praia de Botafogo, desligando pedrinhas, nos passeios que fazia ao lado do Burnier, quando conversavam.

Newton Boechat realizando uma palestra

5. Fenômenos de Desdobramento e Efeitos Físicos

O fenômeno de desdobramento baseia-se na capacidade, maior ou menor, que o organismo espiritual possui, durante o sono, narcose ou coma, de ausentar-se do corpo físico, mantendo-se ligado a este por tênue laço fluídico – o cordão fluídico ou cordão-prateado –, marcando presença em locais mais ou menos distantes, de acordo com a vontade e também com as possibilidades do espírito. Ao retornar ao corpo físico, este pode ou não se lembrar do que ocorreu durante o desdobramento. Esta lembrança vem geralmente até em colorido forte e com imagens nítidas; ou obscura, nebulosa, fugaz, pouco delineada. Muitas vezes, a recordação nao corresponde exatamente aos fatos ocorridos, porém, na realidade, a símbolos dos acontecimentos. E aí temos extraordinário manancial para estudo dos sonhos. Exemplificando, anotamos curiosa lição no livro *Os mensageiros*, de autoria de André Luiz, psicografado por Chico Xavier, edição da Federação Espírita Brasileira. No capítulo 38, intitulado "Atividade Plena", André observa a conversação entre uma avó, desencarnada, e a neta, desdobrada por ocasião do sono.

A primeira, com gestos decididos, abraçada à segunda, aconselha-a a não ligar grande importância aos obstáculos encontrados. Pede-lhe esquecer das perseguições, a ninguém odiar e acrescenta ser a calúnia qual serpente a ameaçar o coração. Entretanto, encarada com tranquilidade, assemelha-se a uma víbora de brinquedo, quebrando-se ao contato de nossas mãos.

Ajunta que, vencido o espantalho, em lugar da serpente surge a flor da virtude. Após retornar ao corpo, a neta conta aos familiares ter sonhado com a avó, em lugar onde havia muitas pessoas. Assinalava ter visto uma cobra ameaçadora, transformada em serpente de vidro, quebrando-se ao impulso de suas mãos e transformando-se em flor perfumosa, da qual ainda conservava a sensação do aroma. Disse ter sido invadida por extremo conforto e paz. Embora não guardasse os termos exatos da conversa, abrigou na memória real e profunda a notícia veiculada pelos símbolos expressos pela avó, tendo noção da essência do que se lhe quis transmitir. Para um psicanalista de formação materialista, desinformado das realidades espirituais, possivelmente este sonho se constituísse em indício altamente revelador! A serpente, com certeza, seria interpretada como símbolo fálico, e a neta, mediante o ocorrido, talvez tivesse solicitado a ajuda da avó (aqui, sem dúvida, altamente repressora, corporificando o superego) para esmigalhá-la, 'livrando-a' da sexualidade transbordante e ameaçadora, com o que se sentiu aliviada...

Vou narrar um desdobramento ocorrido com Boechat. Em dezembro de 1974, fato curioso lhe aconteceu. Após ligeira refeição, entre 12 e 13 horas, na residência de sua prima Odete, em Niterói, sentiu que prostração gradativa lhe invadia o ser. Jardel, seu instrutor espiritual (ex-sacerdote essênio, que viveu no primeiro século da era Cristã, identificação feita por Chico Xavier em Pedro Leopoldo, 1950) aproximou-se e lhe disse ser chegado o momento de experimentar a sensação do desdobramento. Atravessou, dia claro, a baía de Guanabara e seguiu pelas calçadas de Copacabana, nos calcanhares, o médium César Burnier. Este vestia-se com calça cinza, blusão de xadrezinho vermelho, barba por fazer e levava numa das mãos embrulhinho comprido envolvido em papel manilha-rosa. Naquele momento, ficou em dúvida se se tratava de régua ou cabide. Na esquina da rua Barão de Ipanema, Burnier parou, olhando para tortas na vitrina da então famosa Confeitaria Colombo.

Entrou num mercadinho ao lado, abaixou-se frente a uma prateleira, apalpou uma pera, mas não a comprou. Em seguida, pediu ao funcionário algumas mercadorias, dentre elas um pacote de bacalhau e uma caixa de carne-seca, sendo que esta última possuía mostrador arredondado em papel-celofane.

Era carne-seca industrializada, tanto que cortada simetricamente. Então, a cena se apagou. Quatro horas após, já em corpo físico, Boechat atravessou para o lado carioca e dirigiu-se à rua Miguel de Lemos, residência do Burnier. Encontrou-o, para desapontamento inicial, vestido diferentemente. Todavia, mesmo assim, contou-lhe o ocorrido. À medida que os fatos eram narrados, Arlinda, esposa do Burnier, trazia as peças de roupa então utilizadas por ele, idênticas às descritas no desdobramento. A mercadoria, já estava guardada na geladeira e o embrulho, continha verdadeiramente uma régua.

Estes fenômenos, extremamente comuns, com os quais estão fartamente familiarizados também os esoteristas e aqueles que estudam e praticam a ioga, muitas vezes são interpretados e entendidos equivocadamente. Pessoas que os experimentam, conscientemente ou em estado de sono, são catalogadas por profissionais menos informados dentro de quadros patológicos mentais, sem que haja qualquer base psicopatológica convincente a equiparar o desequilibrado mental, presa de alucinações (geralmente também um médium) com o sensitivo despertado em sua faculdade mediúnica, estando inteiramente são e consciente de si próprio.

Quanto aos fenômenos de efeitos físicos, tenho assistido a vários: materializações, aparecimento de objetos, sons, perfumes, possuindo até registros interessantes de alguns deles. Meu pai, Talvani Sanfim Cardoso, hoje já desencarnado, quando morava em Campos, Estado do Rio, teve a oportunidade de participar das extraordinárias reuniões de materializações e curas, durante a década de 1950, no Grupo Espírita Aracy, com o famoso médium Peixotinho. Naquela ocasião, fora, pelo Alto, designado fotógrafo das reuniões, com a finalidade de fixar as imagens dos espíritos materializados. Contou-me ele que, a um sinal, disparava o *flash* e o recinto, já claro, pois as materializações geralmente eram luminosas, mais se clareava.

O impacto da luz do *flash* provocava pequeno deslocamento em sentido contrário do espírito, ao ser atingido. Posteriormente, o filme era revelado em nossa própria casa, em laboratório improvisado, e cenas impressionantes ficaram registradas. Feições perfeitas de várias entidades, aparelhos por elas utilizados com vista ao tratamento de doentes, e uma foto, que reputo a mais sensacional e comprobatória, em que ocorreu ligeira oscilação psíquica em pessoas, no ambiente, quando o espírito iniciou a desmaterialização do rosto no momento exato em que a foto foi batida. Nesta, verificamos o corpo inteiriço, e o rosto semi-disforme, sem que as quinas da porta, situadas ao mesmo nível do rosto, nem um quadro na parede, na mesma direção, e aparecendo pelos dois lados, à altura mais ou menos das orelhas, acusassem qualquer deformação, o que aponta para a autenticidade da mesma. Em capítulo subsequente falaremos dessas reuniões.

Outra fonte interessante para estudo de tais fenômenos poderemos obter no depoimento do pesquisador Henrique Rodrigues, no seu opúsculo *Em busca da matéria psi*, escrito em parceria com o sr. Mario Boari Tamassia.

Mas os fenômenos de efeitos físicos são muito antigos e há um extraordinariamente interessante, pois ocorreu no momento da crucificação de Jesus, sendo conhecido como o "rompimento do véu do Templo", que conto a seguir:

Na sociedade judaica a vida religiosa encontrava-se cheia de rituais. O templo de Jerusalém era sagrado e todo envolvido em mistérios e proibições. Distava ele da Torre Antônia (onde ficava o Pretório e Pilatos dava audiências) cerca de 200 metros. Dentro do Templo existiam o Alpendre de Salomão e o Portão Belo. A seguir, o Pórtico Régio, o Pátio das Mulheres, o Pátio dos Não-Judeus, o Pátio dos Sacerdotes, o Altar das Ofertas Queimadas, o Lugar Santo e o Lugar-Mais-Santo. Jesus e os apóstolos estiveram muitas vezes no Alpendre de Salomão. (Atos, 3,11 e 5,12 e João, 10,23).

Vinte e quatro Turmas designadas por David para serem sorteadas revezavam-se em serviço ali no Templo. Zacarias, marido de Isabel, pertencia à oitava, chamada de Abias. Oficiava no Altar das Ofertas, quando topou com o anjo Gabriel, que lhe falou do nascimento de João Batista.

O Lugar Santo seguia após o Altar das Ofertas e no átrio havia um véu chamado Mazak. Do Lugar Santo ao Lugar-Mais-Santo outro véu havia, denominado Paroketh (tecido do linho, bisso, jacinto e púrpura). Este era o famosíssimo véu do Templo, desvelado uma única vez por ano, pelo Sumo-Sacerdote, mostrando o Tabernáculo com a Arca da Aliança – caixa de madeira coberta de ouro, onde eram guardadas duas placas de pedra da Lei –. O próprio Herodes, o Grande, devasso e poderoso, nunca entrou no Lugar-Mais-Santo, alegando que não tinha ordens sacras.

No momento em que Cristo expirou na cruz (15 horas), uma como que indignada mão o rasgou de alto a baixo, em demonstração de reprovação ao que acontecera no Monte da Caveira (Gólgota). Tiveram assim os israelitas a ideia nítida de que fora grave e terrível a condenação! “Obscureceu o sol e eis que o Véu do Templo se rasgou em dois de alto a baixo: a Terra tremeu e as pedras se fenderam”.

6. Rasgando Véus das Vidas Sucessivas

Como já comentamos, Newton Boechat corria o Brasil em todas as direções, fazendo palestras, sempre muito concorridas. Na cidade de São José do Rio Preto (SP), em 04-09-1977, antes de proferir palestra, Boechat identificou o poeta Cyro Costa, que transmitiu o seguinte soneto:

CARACALA

Termas de Caracala... O tirano descansa...
Vela a águia de Roma a soberba da raça...
Mensageiro lhe traz a notícia que grassa:
Há medo em toda parte. E a vida avança, avança...

Entorpecido está... Vêm à sua lembrança
O vandalismo aceso, a intriga, o crime e a taça
Do veneno letal que elimina, e ameaça
Com desmandos e horror... Há miséria e matança!...

Súbito Caracala é afastado do mundo.
Projeta-se em abismo infernal e profundo,
Sofre por longo tempo e quer paz que alivia;

Atende-lhe o penar a Celeste Bondade
E a Lei de Causa e Efeito aninha na orfandade
O tirano de outrora a externar idiota...

Cyro Costa

Caracala era a denominação do imperador romano Marco Aurélio Bassiano, que reinou em ambiente saturado de crimes, perseguindo cristãos e plebeus afeiçoados ao *Evangelho*, bem como eliminando os próprios rivais ao ousarem desaprovar-lhe a conduta. Viveu em torno do ano de 217. O guia espiritual de Boechat esclareceu que Caracala retornou ao mundo reencarnado como deficiente mental, na Macedônia, sessenta anos após, ficando órfão na infância. Recentemente esteve reencarnado no Brasil, como operoso confrade espírita em importante atividade de divulgação do espiritismo.

Newton Boechat era muito amigo do professor Clóvis Tavares, que conhecera nos idos da fase de Pedro Leopoldo do Chico Xavier, quando tiveram a oportunidade de conviver muito próximo ao famoso médium mineiro. Por conta disso, Boechat sempre recebia convites do professor Tavares para falar em Campos.

Em 05 de março de 1978, na Escola Jesus Cristo, Campos, Estado do Rio, enquanto o distinto professor Clóvis Tavares (desencarnado na mesma cidade no dia 13-04-1984) fazia a prece de abertura à conferência

O autor, Newton Boechat e Rubens Fernandes, dirigente.
A foto retrata uma palestra feita por Boechat e o autor,
em dupla, na Escola Jesus Cristo, em Campos, na década de 1980

que Boechat proferiria dali a minutos, em reunião comemorativa dos cinquenta anos de mediunidade de Chico Xavier, aproximou-se o poeta cearense desencarnado Epiphanio Leite, ditando a seguir o soneto:

Fogo Selvagem

(Dedicado a companheiro que conheci em época sangrenta da Normandia e que agora encontro purgando prova redentora em Hospital do Pênfigo, no Triângulo Mineiro).

Cavaleiro normando, exibias troféus...
Brilhava ao sol francês a tua lança acerada...
E deixavas, soberbo, a turba tresloucada
Perpetrar em teu nome a matança e escarcéus...

Depois, te acreditaste um enviado dos céus,
Infundiste pavor na plebe amedrontada;
Sem teus passos deter, desvairavas e nada
Te impedia a ilusão em seus dourados véus...

Mas, veio o fim do corpo... O câncer te consome...
Nem consegues comer... Ninguém te louva o nome...
E sucumbes, assim, em província distante...

Suporta, cavaleiro, agora, crê e espera,
O pênfigo foliáceo é bênção de outra esfera
Que te transluzirá qual fúlguro diamante!...

Epiphanio Leite

Já comentamos anteriormente que Boechat, além das palestras que fazia, dava presença, constantemente, em reuniões cristãs no lar, no circuito Rio de Janeiro / Niterói. Um dos cultos frequentemente visitados era o do dr. Aloysio Paiva, na Tijuca, Rio de Janeiro. Grande amigo de Boechat, em sua residência ocorreu, em 06/06/1975, a recepção do soneto abaixo, de autoria de Azevedo Cruz, poeta desencarnado.

A Bailarina do Nepal

Em Katmandu, Nepal... Lembro-me, agora, sim...
Da bela dançarina em coleantes meneios...
Ei-la! Desnuda à turba os seus rosados seios
E na dança serpeia o colar de marfim...

Seus olhos são sensuais... Untada em benjoim
É toda languidez... Provoca mil anseios...
Da multidão açula os instintos mais feios...
E a olhá-la, embevecido, um velho mandarim...

Depois a morte vem e leva a bailarina;
As pulseiras de jade e as filigranas de ouro
São largadas ao léu, junto a templo budista...

No Brasil, localizo a antiga libertina
Do distante Nepal... do pequeno tesouro...
Mendiga ao deus-dará numa praça campista!

Azevedo Cruz

Ao terminar a comunicação, Azevedo Cruz revelou a Boechat que, se quisesse ainda encontrar encarnada a bailarina, deveria ir a Campos brevemente e procurar numa das organizações assistenciais daquela cidade por um tipo tradicional, cognominado de "R... R...". Quarenta dias após, em Campos, com a colaboração de Alcione, filha do médium Peixotinho, da sra. Zaine Maciel e da professora Alcídia Perez Pia, a mendiga foi procurada no Abrigo Monsenhor Severino. Lá, soube-se estar recolhida à Santa Casa, pois intoxicara-se ao mascar fumo. Avistada, alegrou-se com a visita, solicitando aos presentes dinheiro, joias, colares, brincos, leques e vestidos, quando a visitassem outra vez (sedimentações do psiquismo...). Estava com 96 anos, vindo a desencarnar em fevereiro de 1976.

Depois que nos conhecemos, em julho de 1973 e até sua desencarnação, ocorrida em 22 de agosto de 1990, Boechat esteve conosco em Campos, hospedado na residência de meus pais, Rosa e Talvani, em inúmeras ocasiões. O período do Natal, então, era sagrado. De 1973 até 1990, acho que passou todos os Natais com nossa família de origem e é, por todos, efetivamente, considerado um membro dela. Nessas ocasiões, aproveitava para falar, ora na Escola Jesus Cristo, ora na Instituição Maria de Nazaré, dirigida pela sra. Evany Medina, ora no Grupo Espírita Francisco de Assis, ora na Fundação Pietro Ubaldi, liderada pelo professor José Amaral, ora no Grupo Espírita Aracy. Na noite de 27 de março de 1975, minutos antes de palestra no Grupo Espírita Aracy, em Campos, RJ, Boechat notou a aproximação espiritual do poeta campista Azevedo Cruz, o qual ditou o soneto a seguir:

Recordando a Lenda do Ururau

O luar acaricia o Paraíba belo...
É noite... Campos dorme em vibrações de prata...
De outra vida eu me lembro... e de jovem croata[22]
Que tristonha e infeliz a meu destino atrelo...

Aqui torno a encontrá-la... em pensamento anelo
Meu passado rever... destemido pirata...
Seres mercadejava, em aldeia pacata...
O espírito arrogante, em braveza revelo...

Qual feroz jacaré, fundo lago habitando,
A reinar, negativo, externo instinto mau
De fugaz existência, a causar pranto e dor;

Sei que o agora é do Cristo e a mente renovando,
Para vencer no "Eu" o temível Ururau,[23]
Hinos componho à paz, faço versos de amor...

---

[22] Referência a Ana Carolina Perez Cardoso, minha irmã, que teria sido cigana nessa existência, na Croácia, consoante informação do Príncipe dos Poetas Campistas. Atualmente, minha irmã, que agora chama-se Ana Carolina Cardoso da Fonseca, mora em Haia, na Holanda, com o marido, Sérgio, e dois filhos, Matheus e Ana Luísa. Possui uma reunião espírita no lar que tem o nome de Newton Boechat.

[23] Lenda campista do Ururau da Lapa. No rio Paraíba do Sul, que banha Campos, habitava enorme jacaré que virava as canoas dos pescadores. Certo dia, um deles

A leitura dos quatro sonetos precedentes desperta-nos o pensamento para o problema do carma. 'Carma' ou '*Karma*', como se escreve em sânscrito, é um termo que significa literalmente 'ação'.

É empregado no sentido de casualidade e designa a série ininterrupta, o encadeamento de causas e efeitos de que se compõe a atividade humana. Como toda ação deriva de efeitos anteriores, e como cada efeito, por sua vez, transforma-se em causa de efeitos futuros, justifica-se o emprego da palavra. Daí as assertivas – carma, lei de causa e efeito –, querendo dizer que, na economia divina, não há acaso ou acidente; cada acontecimento está ligado a causas anteriores e gera efeitos subsequentes. Apenas um reflexo do universo, que é uno na diversidade. Sendo uno, suas leis, em quaisquer aspectos de manifestação, são análogas. São semelhantes as leis naturais nos campos da física, química, biologia, sociologia, história etc., e há leis morais, igualmente análogas, que regem e orientam a evolução dos seres. A ignorância da lei não exime a criatura de experimentação de suas sanções. Uma pessoa, mesmo involuída, ao executar ato de benevolência, colherá bem-estar, em contraposição a outra, que, embora evoluída, ao cometer um erro, sentir-lhe-á os efeitos desagradáveis.

A ignorância da Lei não redunda na supressão dos efeitos provocados por esta. Por exemplo, imaginemos que, numa hipótese absurda, alguém resolvesse negar a lei da gravidade e se arrojasse de um edifício de oito andares: o resultado seria funesto. No campo psicológico e social ocorre o mesmo, numa analogia.

Carma é, portanto, lei de causa-e-efeito, lei de retorno, magnificamente enunciada por Paulo na Epístola aos Gálatas, 6,7: "não vos enganeis: Deus não se deixa escarnecer, porque tudo o que o homem semeia, colherá". Cada espírito, cada individualidade, funciona tal qual grande ímã de que emana potente campo magnético. As linhas-de-força do magneto são curvas, e a este retornam, após terem sido emitidas. Também assim ocorre conosco. Somos ímãs espirituais, com as energias mentais e afetivas emitidas e a nós mesmos retornando. Frequentemente nos autointoxicamos com más vibrações.

---

atirou um sino às águas, sendo engolido pelo jacaré e a partir daí passando a denunciar sua aproximação, dando tempo de se retirarem os canoeiros.

Nosso carma é determinado em função da mobilização de três gêneros de energias humanas: *energias mentais,* dando origem aos pensamentos; *energias afetivas*, originando os desejos; e *energias físicas* – resultando nas ações. É o próprio homem que faz o seu carma, constrói a casa em que habita. Um provérbio do Hitopadesha exprime admiravelmente este fenômeno:

> – Vede! A argila ao fogo endurece e torna-se ferro, mas o oleiro foi quem modelou a argila;
> – O homem, ontem, era senhor;
> – O destino é, hoje, o único senhor.

Aqui reside a solução do antigo problema filosófico, aparentemente contraditório, do livre-arbítrio e do determinismo. Alegava-se que um excluiria o outro. Se existe o livre-arbítrio, como conciliá-lo com o destino, como entender uma criatura livre e, ao mesmo tempo, manietada? Por outro lado, admitindo-se a fatalidade, onde a livre-escolha durante a existência? No nível da matéria, ponto de partida da evolução, prevalece o determinismo, como não poderia deixar de ser, tendo em vista a matéria não ser dotada de consciência, e nem de inteligência, consequentemente, sem capacidade de escolher. Ela deve ser guiada em direção aos planos evolutivos superiores pelo férreo determinismo da Lei. No nível humano, observamos dose considerável de liberdade de escolha, mas ainda limitada, em virtude da ação do determinismo. O homem pode escolher muitas coisas, porém deve obedecer rigorosamente a outras.

A questão assemelha-se à da criança de pouca idade, cuja liberdade de movimentação se restringisse a somente um cômodo de espaçosa casa, evitando-se, com isso, em benefício da mesma, acidentes porventura provocados pelo seu deslocamento imprevisto a locais não convenientes, tais como: a garagem com automóveis em manobra, a cozinha com um fogão aceso e geladeira etc. No nível super-humano, a criatura ganha maior liberdade ainda, pois a própria consciência, mais desperta, a credencia. Fica menos vulnerável ao determinismo, no entanto ganha mais responsabilidade, gradualmente.

Nos níveis angélicos, a criatura, ao compreender inteiramente a Lei, por convencer-se do seu acerto e grandiosidade, e obedecendo ao princípio do mínimo esforço e maior rendimento, abandona-se conscientemente aos seus desígnios, passando a abdicar de qualquer liberdade menor para aderir à liberdade maior, que é a de atuar em harmonia com o Todo, auferindo todos os benefícios daí resultantes.

Por outro lado, de um ponto-de-vista mais restrito, o Homem, pelo exercício do seu livre-arbítrio, pode ir gradualmente criando determinismos, carmas. Por intermédio de ações positivas, vê descortinarem-se panoramas vastos de liberdade cada vez maior.

As ações negativas, entretanto, concorrem para aprisioná-lo paulatinamente, embotando-lhe a visão geral das coisas. Consequentemente, nos extremos da evolução, temos determinismos: o da matéria – cego, surdo e aprisionante, compatível com seu nível, e o do espírito – claro, pleno de satisfações e potencialidades, de forma a colher a adesão imediata e irreversível daqueles seres que a este plano ascendem.

Nas faixas intermediárias de evolução, adequados ao aperfeiçoamento dos seres que por aí transitam, temos vários graus de liberdade, sempre relativos, valiosos no adestramento de criaturas para a Vida Maior.

Voltando ao carma, vale acrescentar que eles podem ser individuais e coletivos. Há carmas coletivos contraídos por nações. Aqueles que deverão acontecer imediata e fatalmente são por isso denominados de “maduros”, e há os “passíveis de modificação”. Estes redundam de ações fortes ou fracas, conforme a força mental que contribuiu para a sua formação.

Para que possamos melhor compreender esta distinção, basta imaginarmos uma solução de cloreto de sódio, ou seja, de sal de cozinha. Podemos prepará-la dissolvendo pequena quantidade de sal em água, num recipiente. A solução neste estado, após a dissolução completa do sal, é transparente e discretamente salgada. Caso adicionemos um pouco mais de sal, ainda permanecerá transparente, porém um pouco mais salgada. Acrescentando-se mais água, persiste a transparência, todavia torna-se menos salgada. Até aqui há uma analogia com o carma passível de se modificar. Poderemos tornar a solução mais ou menos salgada, porém mantendo-a transparente, adicionando sal ou água à vontade. Também podemos alterar relativamente nosso caráter, reforçando qualidades, educando vícios, gradualmente. Entretanto, ao adicionarmos certa quantidade de sal, correspondendo ao limite de solubilidade da substância, provocaremos a precipitação de cristais de cloreto de sódio, logo visíveis, e que alterarão a transparência da solução.

Da mesma forma, num indivíduo com carma "maduro", resultante de pensamento, insistentemente dirigido naquele sentido, um único *quantum* de pensamento poderá desencadear o processo cármico, agora irreversivelmente e sem condições de modificação ou atenuação imediata.

É algo semelhante à "reação em cadeia", tão citada relativamente aos processos ligados à energia atômica.

Há carmas que se criam e esgotam numa única vida, e há outros que ultrapassam a fieira de reencarnações. Para que um carma se esgote, às vezes, é necessária a encarnação do ser em um determinado país, certa condição social, ambiente adequado etc. Uma encarnação é pouco para que muitos carmas se esgotem. Frequentemente o espírito espera séculos para que algum processo tenha solução, reencontre na faixa de idade certa as pessoas a quem se deve associar, e assim por diante.

Em suas palestras, Newton Boechat contava um fato muito curioso, que exemplifica muito bem a questão do carma. Narrava que vivia, em Pedro Leopoldo, Minas Gerais, uma criatura que frequentava o círculo do Chico Xavier e que era portadora de lesões diagnosticadas na época como sendo pênfigo, uma moléstia pertinaz e muito dolorosa, conhecida corriqueiramente como "fogo selvagem". O problema trazia grandes sofrimentos à criatura. Próxima ao círculo do Chico, essa pessoa foi sendo pelo grande medianeiro orientada, passando a ocupar-se muito de ações caritativas, às quais passou a sinceramente dedicar-se. Paulatinamente as lesões, normalmente muito rebeldes a qualquer tratamento, foram melhorando ao ponto de regredirem, para espanto dos próprios médicos! Ao final de alguns anos, o nosso companheiro apresentava uma forte crise de um eritema idiopático, mas que permanecia durante apenas quinze dias em um ano! Curioso com a história, Boechat indagou do Chico qual a explicação. O Chico elucidou que a pessoa em questão trazia um carma doloroso de outras vidas, quando se envolvera em processos onde ateou fogo a comunidades, provocando danos a diversas pessoas. Por isso, renasceu portando o "fogo selvagem". Contudo, seu trabalho pertinaz no Bem, fazendo a caridade, propiciou uma diluição do carma, que redundou na transformação do "fogo selvagem" num eritema idiopático, muito mais suave este do que o primeiro.

Não é por acaso que o lema de Ismael, adotado inclusive pela Federação Espírita Brasileira é "Deus, Cristo e Caridade". A caridade ocupa lugar expressivo e os espíritos superiores não se cansam de lembrar que o caminho mais curto para o aperfeiçoamento da criatura e sua evolução é o exercício da caridade, qualquer que seja ela.

A caridade não é só a assistência material ou social, existindo também caridade numa gentileza com o próximo, numa explicação dada de boa vontade ao sedento de esclarecimento, no amparo moral oferecido a criatura desorientada, na escrita que orienta e balsamiza sofrimentos de criaturas necessitadas, no passe magnético ofertado graciosamente e de boa vontade a enfermos. Há múltiplas formas de se fazer a caridade. Diz Emmanuel, por exemplo, de maneira lapidar: "a maior caridade que podemos fazer à doutrina espírita é a sua divulgação". Portanto, também é caridade divulgar para as pessoas conceitos nobres e esclarecedores, que façam bem à alma. Ainda sobre o tema caridade, não se pode deixar de ler o capítulo XV de *O evangelho segundo o espiritismo*, intitulado "fora da caridade não há salvação".

Ainda no livro *Brasil, coração do mundo, pátria do evangelho*, diz-nos Humberto de Campos, pela psicografia de Chico Xavier que, por inspiração de Ismael, cumprindo orientações de Jesus, a espiritualidade consolidou, na própria Federação Espírita Brasileira, para dar o exemplo, a "Assistência aos Necessitados", fundada ainda em 1890, sendo que, de acordo com o grande escritor desencarnado, "... a caridade foi e será sempre o inabalável esteio da venerável instituição..."

Os quatro sonetos reencarnacionistas transcritos neste capítulo nos exemplificam objetivamente sobre a lei do retorno, e inúmeras lições poderemos tirar ao rasgarmos os véus das vidas sucessivas...

7. Sexo, Ligações Afetivas e Provas

Continuando com seus compromissos, Boechat foi até Araçatuba, em São Paulo, onde, após a palestra no Auditório "Castro Alves", INTEC, no dia 15-10-1977, ocorreu a aproximação espiritual de Cornélio Pires, que lhe ditou as seguintes quadras:

CASAMENTO E PROVA

"Meu Deus do Céu, eu não passo
Sem o olhar da Doralice!"
Didi, no entanto, casado,
Diz sempre: "Amor é tolice"!

"Os dentes da Josefina
São quais pérolas do Céu!"
Agora com quatro filhos
Só vê cáries o Leléu.

"Beto prá mim era um encanto!"
Mimosa, diz Etelvina
Mas, nos encargos do lar,
Proclama sua triste sina.

Sebastiana antes jurava
Ser seu príncipe encantado
Tião da Costa, porém, hoje,
– "Ele é velho e desdentado".

Judite sempre dizia:
"Julinho é prenda de Deus!"
Constantemente maltrata
O marido e os filhos seus...

Onofre Engrácio exclamava:
-"Vênus é a própria Horacina!"
Mora com ela alguns anos
E apela para a aspirina...

"Zezé é a meta que achei!"
Gritava a todos Belinha;
Zangada, largou o esposo
A quem chama "Pimentinha".

Seu Tonico acalentava
Localizar tipo ideal
Para a vida interior...
Ritinha é do carnaval...

Tereza tecia sonhos
Para um feliz casamento,
Ligou ao destino seu
Moço bruto e ciumento.

Olavo, crente, aguardava
Bela e culta jovem branca...
Racista, se vê às voltas
Com a mulherzinha que o espanca.

Wenceslau admitiu
Poder unir seu destino
A moça rica, mas, hoje,
Diz: "Valei-me, Pai Divino!"

Cecília passou a vida
A alimentar uma espera
De jovem lindo e casou-se
Com marido que é uma fera.

As aparências enganam,
Comumente, o casamento
É baú de duras provas,
Amarguras e tormento.

Se, porém, aceitas Cristo
E encontras teu hoje assim,
Louva Jesus! Não duvides!
A quitação vem no fim.

Suporta, se for possível
Uma união desastrada,
É perigoso voltar
Prova no meio largada...

Existência percorrida
Através do casamento,
Pode em rosas transformar
Espinhos de sofrimento.

Protele, assim, o marido,
Espere um pouco a mulher,
Humildes, digam, contritos:
– "Pois seja o que Deus quiser!"

Com a morte rompe a cadeia,
Se suportada a desdita,
Cada qual liberto, enfim,
Obtém paz infinita.

Solvendo faltas passadas,
Livre estás para encontrar
Teu afeto espiritual
Nas bênçãos do verbo amar!

Cornélio Pires

Reportando-nos à evolução da vida sobre o planeta, do ponto de vista da revelação, é muito interessante ouvirmos a palavra abalizada do espírito André Luiz, na obra *Evolução em dois mundos*, psicografada por esta poderosa antena psíquica que se chamou Chico Xavier. André Luiz chama a atenção para a bactéria ferruginosa leptótrix, que se alimenta especialmente do elemento químico ferro.

Segundo esse operoso espírito, no processo contínuo de morte e renascimento de milhares desses seres, "com o concurso de espíritos que supervisionam as formas vivas da natureza, há o desfechamento, em determinados grupos, de cargas magnéticas positivas e negativas, gradualmente, facultando-lhes, em consequência, a atração recíproca". São os primórdios da reprodução dita sexuada. Ainda segundo André Luiz, após longas experimentações, "renascem as bactérias sob a forma de algas verdes, iniciando a união sexual na Terra". A partir daí, após múltiplas experiências, o princípio espiritual se enriquece, gradualmente, e torna-se mais complexo, em termos de biologia sexual. Esta se refina, com o surgimento de dois novos fatores, segundo ainda aponta André Luiz: *os cromossomas*, filamentos intranucleares guardiães das informações da Vida, do código genético, "participando, ao mesmo tempo, pela sua natureza psicossomática, do corpo físico, através do núcleo celular, e do corpo espiritual, pelo citoplasma"; *os gametas*, aqui denominados de anterozoide e oosfera, que guardam material genético das linhagens paterna e materna, respectivamente, de modo a, quando de sua fusão, oferecerem ao ser em formação recursos adequados ao desenvolvimento e diferenciação.

A seguir, como animal, o princípio espiritual ensaia a fixação de características e o aperfeiçoamento de experiências de trocas no campo da energia sexual, destacando-se, como bem frisa André Luiz, o sexo, "cuja sede é espiritual".

O estudo do sexo no homem permite concluir que este tem origem mental, sendo um dos canais através dos quais pode fluir o amor. Esse processo se aperfeiçoa no decorrer dos séculos, identificando-se, inicialmente, a poligamia, instável, com vivências caracterizadas por uso desarmônico da energia sexual, acabando esta por, gradualmente, se educar, desaguando na monogamia, com segurança e harmonia em termos de afetividade.

Podemos comparar a energia sexual ao leito de caudaloso rio, em que a massa d'água se espraie desordenadamente, por múltiplos afluentes, com redução considerável do volume individual de cada um deles.

Disciplinar esse caudal é o grande desafio colocado frente ao espírito que deseje evoluir.

Isso implica em escolher a monogamia em oposição à poligamia. No entanto, notamos que, mesmo na monogamia, o espírito encarnado não deixa de carregar o peso da desarmonia do seu passado afetivo sexual. Deste não se livra gratuitamente. Os impulsos sexuais originalmente descontrolados que carregamos demandam disciplina e consciência a fim de serem bem orientados e valorizados. Todos os seres trazem anseios de natureza sexual, necessitando de apoio afetivo, e é através das vivências em meio de tentativas e erros, que conseguem não a santificação abrupta e irrealizável, nem a angelitude imediata e impossível, mas a sublimação gradual e realista dos sentimentos, no objetivo futuro do amor universal.

Não há transformações abruptas, a transição costuma ser lenta e gradual. Lembro-me, neste momento, das palavras do médium César Burnier, acostumado ao intercâmbio espiritual há mais de cinquenta anos, ao se referir à instrução dada pelo espírito Emmanuel, via Chico Xavier, em conversas informais que mantinham em Pedro Leopoldo, ante a surpresa de Burnier quanto ao comportamento de muitos espíritos, reincidindo nos mesmos erros durante séculos: "É muito mais fácil para a criatura adquirir dez virtudes do que perder um defeito. A perda significa mutilação, à qual resiste o espírito instintivamente; o ganho, aquisição, é imensamente mais fácil".

Naqueles casos – por certo, tipos de exceção – em que o processo sublimativo é bem sucedido, só o é por se tratarem de seres muito adiantados, nos limiares de uma super-humanidade.

Freud, um grande missionário, no dizer do próprio espírito André Luiz, ao estudar seus primeiros casos que lhe possibilitaram a identificação da libido e das neuroses decorrentes de repressão sexual, generalizou a questão de modo prematuro, culpando a repressão sexual pela maioria das neuroses investigadas. Da descoberta, sem dúvida genial, à generalização, precipitada, deu-se o equívoco.

Ocorre, sem dúvida, a neurose decorrente da repressão violenta dos impulsos sexuais catalogáveis em pessoas de forte afetividade e que se desarmonizam ao serem submetidas a ambiente repressor. Isto foi bem estudado e documentado pela psicanálise.

Porém, há que se considerar que nem tudo o que o indivíduo apresenta, em termos de mal-estar psíquico, tem fundamentação em neuroses sexuais. Todo ser em evolução registra anseios e oscilações psíquicas; o próprio processo evolutivo implica em oscilações. Essas devem ser compreendidas dentro de um contexto que leve em conta um espírito imortal que se acha reencarnado e que traz experiências do passado nem sempre bem sucedidas, inclusive no terreno afetivo-sexual.

Devemos inclusive considerar que há tipos, mais raros, adiantados na evolução, próximo do tipo biológico mais avançado na trilha evolutiva que, ao invés de apresentar oscilações devidas à repressão, à compressão de seus impulsos, registra anseios vagos, muitas vezes catalogados como 'neurose', oriundos de um 'espichamento', ao invés de uma compressão do psiquismo. Este "espichamento" é fruto da vontade de evoluir, atingir a meta próxima colocada adiante, em choque com o passado evolutivo, os impulsos situados na cauda, arrastados a duras penas pelos ideais, dispostos na crista, e, nem com isso, deixando de suscitar na criatura mergulhos periódicos em sensações pretéritas, não obstante a marcha ascensional prosseguir.

O fato é que a origem dos choques identificados em muitas ligações afetivas encontra-se no passado, resumo de muitas vidas, e justifica-se em cheio pela lei de retorno. Na afetividade, pelos séculos, o homem tem sido muito mais narcisista que altruísta. Quer ser amado, mas faz pouca força para amar. Valoriza em demasia a euforia genésica, cultiva sensações estéreis, contraria sentimentos alheios, quando não induz criaturas dignas à desorientação. Isto porque, ao estabelecer uma ligação sexual, com concordância bilateral, ocorre entre as pessoas uma corrente psico-afetiva de trocas de energias, processo que é mútuo.

Pois, ao contrário do que muitos concebem, além da reprodução, o sexo tem função de troca. Pode ele, pela reprodução, produzir corpos para espíritos reencarnantes; mas também produz, através do bem-estar que se segue à ligação sexual e à afetividade, estímulos para criações culturais, artísticas e de benemerência. O sexo cria na forma e na substância. Desta maneira, o abandono dos compromissos livremente acertados por uma das partes gera, na outra, muitas vezes, desequilíbrios da emotividade. Isso produz, bastas vezes, no espírito lesado, desequilíbrios e desajustes emocionais que deverão ser reparados no futuro, muitas vezes em outra encarnação.

Por isso mesmo, esses fundamentos de origem espiritual podem nos explicar as uniões difíceis que encontramos, em grande escala, em nosso planeta de provas e expiações. Quem viveu uma união em outra vida e dela se ausentou sem motivo forte ou mesmo em função de acordo conjunto, habitualmente não escapa à lei de retorno, recapitulando, junto ao antigo par, a experiência interrompida, quando é convidado a funcionar como esteio de equilíbrio para aquele que desarmonizou. Frente às leis divinas, mesmo a lei humana não se pronunciando, o infrator registra nas profundezas de sua consciência o episódio, daí tendo de enfrentar o efeito reparador em encarnação futura.

Somente deste modo poderemos compreender os desajustes de hoje, sabendo serem eles a tentativa de correção do ontem, situações comuns no momento evolutivo por que transitamos. Não é sem razão que Emmanuel, na página 204 do livro *Ave, Cristo*, psicografado por Chico Xavier, edição da Federação Espírita Brasileira, classifica a maioria dos casamentos terrenos como valiosas e necessárias experiências-prova, acrescentando, com maestria, que "as almas encarnadas passíveis de perfeita tessitura matrimonial dificilmente se encontram na Terra, ou se encontram tarde demais".

É ainda o venerável Emmanuel quem, na excelente obra *Na era do espírito*, psicografia de Chico Xavier, vem nos esclarecer sobre muitas situações aflitivas no campo psicológico, na lição intitulada "Conflitos Psicológicos".

O capítulo teve por base a pergunta e resposta de *O livro dos espíritos*, número 202, que deu margem a magníficos comentários do elevado mentor, alguns dos quais merecem nossa referência: "... habitualmente, a opinião pública na Terra quase que até agora, em assuntos de sexo, se restringia a entender e aprovar os que se davam ao casamento e a estranhar ou reprovar os que se mantinham em celibato". "...e os problemas do sexo vão sobrando em escala crescente. Casados e solteiros, jovens e adultos, quando em lutas emocionais apresentam distúrbios afetivos e impulsos ambivalentes, insatisfação e carência de ordem sentimental, dificuldades através de condições inversivas e fenômenos diversos da bissexualidade". E continua: "... nesse sentido é preciso recordar que todas as lesões afetivas que tenhamos imposto a alguém repercutem sobre nós, criando lesões consequentes e análogas em nosso campo espiritual." E continua o iluminado mentor, numa verdadeira aula sobre o assunto, que recomendo ao leitor interessado.

8. Desencarnações Diversificadas

A desencarnação ainda é um fenômeno a desafiar nossa compreensão. Sobre o tema, podemos relacionar duas captações feitas por Newton Boechat que nos dão bem a dimensão da ocorrência. Ao visitar a União Espírita Petropolitana, em 10 de agosto de 1975, minutos antes de pronunciar conferência, Boechat notou a aproximação da entidade Luciano Gualberto, que ditou-lhe o soneto "Dúvida e Certeza". Poeta nascido em Petrópolis, Estado do Rio, em 1883, e desencarnado em São Paulo, em 1939, formou-se pela Faculdade de Medicina da Universidade Federal do Rio de Janeiro, sendo autor das obras *Torre de Babel* e *Poema*.

DÚVIDA E CERTEZA

Há silêncio interior. No espasmo da agonia,
Embora a rigidez do corpo seja um fato,
Sinto a morte chegar e o meu ser se angustia
E dentro de mim mesmo outra visão dilato...

Eu sou a forma vã? Transfiro moradia?
A tumba me provoca a ilusão que relato?
Exaltação será do meu último dia
No invólucro de pó, em seu derradeiro ato?

Fora da imposição da carne transitória
Apaga-se afinal a dúvida do incréu...
Petrópolis é o solo em que outra vez eu piso;

Ao visitar em prece este templo, a vitória
Proclamo sobre a morte, ao buscar outro céu
Sentindo em seu carinho o real paraíso!...

Luciano Gualberto

Na noite de 12 de abril, também de 1975, em Friburgo, Estado do Rio, pouco antes de palestra, o médium recebeu, na residência do sr. Lineu Meireles, a visita espiritual do poeta campista Azevedo Cruz, desencarnado na referida cidade, em 1905, ditando-lhe "Friburgo para Deus!"

FRIBURGO PARA DEUS

...E respiro, outra vez, em teu rincão ditoso...
Banhado no frescor da noite tão amena,
Oh! Friburgo! És igual a uma bela verbena
Desabrochada em luz, de jardim perfumoso!

Enorme devedor de teu chão gasalhoso
Capítulo final, numa noite serena
Da rigidez do corpo, após cumprir a pena,
Pela morte, volvi para um mundo radioso!

Afastado, porém, da carne exangue e fria,
Pretendo te dizer, no júbilo da fé,
Envolvendo de paz, os nobres filhos teus:

Depois da sepultura, em canto de alegria,
Os que amaram teu solo aqui se põem de pé,
Felizes a clamar: "Friburgo para Deus"!

Azevedo Cruz

Em que pesem os extraordinários avanços legados pela ciência e tecnologia, o homem contemporâneo continua a encarar a morte com a mesma perplexidade dos povos antigos, na impossibilidade ditada pela sua falta de madureza de penetrar no mistério do invisível, munido de alguma clarividência!

Entretanto, não são poucos os livros e trabalhos notáveis que abordam o assunto e nos encaminham, segura e objetivamente, com o uso do método científico, a desvendar os céus que encobrem a desencarnação. Dentre os mais ilustres pesquisadores destacamos: dra. Elixabeth Kubler-Ross, autora de *Morte, estágio final da evolução*; dr. Raymond A. Moody Jr., escritor de *Vida depois da vida*; dr. Hernani Guimarães Andrade, ex-diretor do Instituto Brasileiro de Pesquisas Psicobiofísicas, em São Paulo, autor de vários trabalhos e monografias, sugerindo fortemente a reencarnação, e do excelente livro *Morte, renascimento e evolução*, publicado pela Editora Pensamento, e, mais anteriormente, Ernesto Bozzano, notável psiquista italiano, autor de *A crise da morte*, edição da Federação Espírita Brasileira, num estudo elegante e minucioso sobre o assunto.

Desta maneira, ocorre uma tendência, que impregna paulatinamente o meio científico acadêmico, a observar com mais profundidade e cautela o fenômeno da morte, procurando interpretá-lo de forma adequada à realidade dos fatos. Muitos cursos de pós-graduação em nosso país, na área médica, em diversas universidades, já contam com simpósios sobre tanatologia, oferecidos aos profissionais da área de saúde, que são os que enfrentam o problema, por força de suas atribuições profissionais diárias. Recentemente foi lançado em nosso meio a excelente obra *Uma prova do céu*, contendo o extraordinário relato do dr. Eben Alexander III, famoso neurocirurgião norte-americano que conta sua experiência de quase-morte.

Para abordar a desencarnação sob a óptica espiritualista, devemos recorrer à analogia existente entre os fenômenos da natureza, que se assemelham em níveis distintos. Comparando a desencarnação com o mecanismo observado na metamorfose dos Insetos, conforme nos ensina muito bem André Luiz em *Evolução em dois mundos*, livro psicografado por Chico Xavier, encontraremos coincidências fascinantes.

O ciclo biológico dos insetos principia no ovo, com seu posterior desenvolvimento a larva. Esta, à medida que se matura, sofre progressiva diminuição de atividade, com esvaziamento dos intestinos e redução progressiva dos movimentos. A larva constrói seu casulo utilizando-se de fios de seda e materiais do solo; em seguida, após repouso de dias ou meses, ingressa na posição de pupa, quando sofre a *histólise* (dissolução dos tecidos), ao mesmo tempo em que novos órgãos são elaborados através da *histogênese* (construção de tecidos).

Na histólise há a desagregação e dissolução de certos tecidos, como o muscular e o aparelho digestório, preservando-se os sistemas circulatório e nervoso. Na histogênese, os resquícios teciduais são aproveitados e reorganizados, para a construção de novos órgãos, resultando dessas complexas modificações a borboleta leve e esperta, que abandona então o casulo.

Da mesma forma, o ser humano, cumprindo as etapas biológicas de crescimento e desenvolvimento até atingir a velhice, diminui sua atividade, em decorrência de perda de vitalidade ou mesmo por força de doença, passando a se enredar nos próprios pensamentos e ideias, pronto para o desenlace. Numa analogia, pode-se dizer que ocorrem processos semelhantes à histólise e histogênese, culminando com a organização do corpo espiritual, mediante ação da mente sobre elementos vivos, desagregados do citoplasma, conforme nos ensina ainda André Luiz na obra citada.

O processo desencarnatório representa uma transição para o espírito que se desloca de faixa vibratória mais densa para outra, menos densa. Como é de supor, não se realiza instantaneamente, mas de forma gradual, segundo o momento de madureza do ser. É básico conhecer um pouco sobre o períspirito para tentar entender os complexos fenômenos de trocas fluídicas que ocorrem no instante da desencarnação. No corpo espiritual, regendo a atividade funcional dos órgãos relacionados pela fisiologia, identificamos certas zonas semelhantes a 'discos' ou 'rodas' (daí a denominação 'chacra', de origem sânscrita). Recebem o nome de centros vitais ou centros de força do perispírito. Passaremos a descrevê-los, adotando a terminologia utilizada por André Luiz, relacionando suas principais funções: *centro básico, fundamental ou genésico*: situado na base da espinha dorsal, é o condutor do famoso 'fogo serpentino', fluxo energético proveniente do âmago da Terra; é mais conhecido entre os hindus como o 'chacra kundalíneo'; responde pela modelação das formas e criação de estímulos da vida orgânica; guia também o estabelecimento de forças criadoras com vistas ao trabalho, à associação e à realização entre as almas, quando os objetivos são nobres, ou acicata o desejo sexual, semeando a insatisfação exacerbada, podendo levar o indivíduo à loucura, quando não orientado por objetivos construtivos; *centro umbilical ou gástrico*: localizado à altura do umbigo, abrange o fígado, intestinos, rins e estômago, sendo responsável pela digestão e absorção de alimentos densos ou menos densos, que não são mais do que concentrados fluídicos; *centro esplênico*: situado à altura do baço físico, vitaliza o corpo e funciona como auxiliar no metabolismo de purificação sanguínea; *centro cardíaco*: à altura do coração físico, é responsável pelo equilíbrio e intercâmbio de emoções e sentimentos, daí a velha tradição de que o sentimento e a emoção moram na região precordial; *centro laríngeo*: na altura da garganta física, responsabiliza-se pela respiração, fonação e funcionamento das glândulas tireoide e paratireoides; *centro frontal ou cerebral*: na fronte, área correspondente à metade da distância entre as sobrancelhas; governa o córtex encefálico, marca a atividade das glândulas endócrinas e sustenta o sistema nervoso em toda sua extensão; *centro coronário*: postado na região mais alta do crânio, é a sede da mente, assimilando estímulos dos planos superiores e distribuindo-os pelos demais centros vitais que lhe sao subordinados, orientando a forma, o movimento, o metabolismo e a vida consciencial.

Nem todas as desencarnações contam com a presença de espiritos assistentes, especializados no auxílio desses casos. Na maior parte das vezes, "obedecem simplesmente à lei, segundo ciclos renovadores de energia vital em todos os setores de manifestação", no dizer do espírito André Luiz, através de psicografia de Chico Xavier. Entretanto, num processo com assistência integral, podemos identificar várias fases de consecução até o desfecho. Os espíritos que acompanham a criatura em desencarnação, no início criam barreiras fluídicas destinadas a dissolver as vibrações mentais desequilibradas e os impactos emotivos dos parentes e amigos. Ocorre uma verdadeira impermeabilização, também contra quaisquer entidades inferiores que tentem molestá-la. O ambiente é magnetizado, havendo sedação gradual do desencarnante. No caso de seres muito evoluídos, ao invés da sedação, estimula-se a consciência, inspirando-lhes a atitude de prece. Os técnicos espirituais dão início à complexa operação magnética, convergindo energias para a área infracraniana, à altura do cerebelo, detendo-se sobre cada centro vital, no intuito de revigorá-los.

Com frequência, objetivando economia de energia por parte do moribundo, operam de forma precoce o desligamento do centro laríngeo, motivo pelo qual observamos a debilidade da voz nestas ocasiões. Os sistemas simpático e parassimpático são em seguida isolados, o mesmo sucedendo com a inervação motora. Preserva-se, salvo em casos em que haja necessidade, a parte sensitiva; normalmente ela tende a se aguçar neste ponto. Todas estas informações nos são dadas com maiores detalhes por André Luiz na obra já citada.

Há, no perispírito, três zonas ou áreas de máximo interesse para a sequência do fenômeno: a *zona vegetativa*, situada no ventre, pela qual atuam os instintos, manifestam-se prazer, reação, dor ou movimento; é a sede dos processos fisiológicos, em geral; *zona emocional*, anotada no tórax, pela qual se manifesta o sentimento; aqui habitam o desejo e as emoções; *zona mental*, existente no cérebro, responsável pelo pensamento e pelo juízo. Conforme tenha sido a conduta do desencarnante, quando ainda 'vivo', a operação de desligamento é mais ou menos demorada. Um indivíduo que tenha abusado da alimentação, por exemplo, fixando-se com exagero nos gêneros alimentícios, permanece muito mais tempo preso pela zona vegetativa do que outro, inclinado à alimentação frugal. O término das funções fisiológicas não implica necessária e imediatamente na partida do espírito. Há laços que o mantêm preso ao corpo, mesmo após a 'morte clínica', e que se desfazem aos poucos.

A atuação dos espíritos responsáveis pela operação de desencarnação inicia-se sobre a zona vegetativa, na região abdominal, resultando na liberação da chamada 'substância leitosa', (ectoplasma diáfano), que paira acima do umbigo; neste momento começa a haver o esfriamento dos membros inferiores. O estímulo sobre a zona emocional ocasiona queda na frequência cardíaca e desprendimento de nova porção de 'substância leitosa', do epigástrio à garganta. A intervenção sobre a zona mental, na fossa romboidal, promove novo desligamento; desprende-se da região craniana estrutura semelhante a uma 'chama', a qual absorve em seguida a substância leitosa já exteriorizada.

Configura-se, neste momento, sob a direção do automatismo inerente aos atributos mentais do ser, o psicossoma ou corpo espiritual, com o qual passará a se relacionar, no plano invisível, com as outras criaturas. O espírito, no entanto, permanece ligado ao seu corpo físico por tênue laço, o 'cordão prateado' ou 'cordão fluídico',[24] que, só mais tarde, será rompido. O corpo físico serve, então, de verdadeiro 'mata-borrão' para o espírito recém-desligado, quando, através do cordão fluídico, resíduos indesejáveis passam para o corpo físico. Durante este estado, a individualidade descansa na observação de seu passado, quando revive, de forma sintética, qual 'filme' compacto, os principais lances da existência que se findou, propiciando auto-avaliação sobre sua boa ou má conduta. Quando o cordão se rompe, inicia-se a decomposição cadavérica.

Como tínhamos frisado antes, muitas desencarnações se dão sem a assistência de espíritos técnicos, e o cordão fluídico se parte quando do seu afrouxamento natural, tudo tendo em vista o carma individual. Há espíritos muito elevados, cuja desencarnação é suave e quase automática, dispensando até mesmo o concurso e a interferência objetiva de quaisquer técnicos em desencarnação. Outros, mais inferiores, não a dispensam, de forma alguma. Por outro lado, há certos tipos de desenlace que merecem nosso estudo em separado.

Nos casos de morte violenta, por incineração ou explosão, com instantânea destruição do corpo, o cordão mencionado rompe-se abruptamente, havendo, em decorrência, fortes padecimentos para o espírito, pela ausência de escoamento para o corpo de certas energias vitais.

---

[24] Citado no Eclesiastes, capítulo 12, versículo 6: "até que se rompa o fio de prata e o corpo volte ao chão de onde veio e o espírito retorne a Deus que o fez".

Na hipótese de morte violenta, mas sem a destruição corporal, há dificuldade de desligamento, por estar o laço que une corpo e perispírito pleno de vitalidade. Isto pode constituir prova, pois o ser assiste à decomposição do próprio invólucro, com grande sofrimento; ou ainda ele pode acreditar pertencer ao 'mundo dos vivos', frustrando-se quando aqueles a quem chama ou a quem se dirige não o escutam, nem lhe respondem.

Nas reuniões de desobsessão, essas criaturas são atendidas com alguma frequência e o conhecimento desses detalhes por parte da pessoa que está dialogando com o desencarnado é muito importante. Trabalho há mais de trinta e sete anos numa reunião que alterna estudos com sessões de atendimento espiritual e tive a oportunidade de me defrontar por inúmeras vezes com criaturas nessa condição.

O suicídio é um caso à parte no campo do estudo das desencarnações. Acarreta para seu causador amargas desilusões. Isso porque, permanecendo o cordão fluídico pleno em sua vitalidade, permite à criatura experimentar sensações fisiológicas desagradáveis, que podem perdurar pelo tempo que devesse durar a encarnação interrompida. Uma das melhoras obras que já li sobre o assunto é o livro *Memórias de um suicida*, psicografado pela excelente médium Yvonne Pereira. Companheiros que se dedicam ao trabalho de diálogo com desencarnados devem ler a obra, plena de ensinamentos. Outra obra preciosa sobre o assunto é o *Diálogo com as sombras*, de Hermínio Miranda, edição da FEB.

A enfermidade prolongada, por outro lado, facilita sobremaneira o desenlace, pois promove o afrouxamento dos laços que aprisionam o espírito ao corpo, além de lhe permitir uma verdadeira análise da existência, ajustando o padrão consciencial para a transição próxima. O fenômeno da dor, a despeito de ser desagradável, atua de forma benéfica ao ajudar a expulsar, para o 'mata-borrão' da carne, as mais diversas 'toxinas espirituais'.

O espírito que se desliga do corpo físico passa a conviver em outro plano, de acordo com o grau de madureza que lhe definirá o 'peso-específico', podemos assim dizer. Correspondendo à fase pós-desencarnação, há minucioso estudo elaborado por Ernesto Bozzano, citado em seu livro *A crise da morte*. Em vários casos estudados, inclusive o do famoso ídolo Rodolfo Valentino, Bozzano anota circunstâncias e detalhes que se repetiam, sendo comuns a todos: 1. os desencarnados afirmavam haver-se encontrado, de novo, em forma humana, resultado do poder mental a moldar o perispírito, conforme aspirações mentais e emocionais do momento; 2. todos ignoravam, durante algum tempo, estarem desencarnados; 3. todos passaram, no curso da pré-agonia, ou pouco depois, pela reminiscência sintética dos acontecimentos principais da vida que se lhes findara; 4. todos foram acolhidos no plano espiritual pelos espíritos de pessoas de suas famílias e amigos, já desencarnados; 5. atravessaram, quase todos, uma fase mais ou menos longa de sono reparador; 6. acharam-se num meio correspondente e equivalente às suas ações quando encarnados; 7. reconheceram ser o mundo espiritual tão objetivo, substancial e real quanto o do qual haviam partido, sendo composto, no entanto, de matéria mais responsiva às impressões mentais; 8. reconheciam que isso se devia ao fato de que, no plano espiritual, o pensamento constitui força criadora, por meio do qual o espírito pode reproduzir em torno de si o meio de suas recordações; 9. todos relatavam que a transmissão do pensamento é a forma de linguagem espiritual; 10. observaram que, graças à visão psíquica, se achavam em estado de perceber os objetos de um lado e do outro, pelo seu interior e através deles.

Cumpre também salientar que a desencarnaçao não depende tão-só da presença de espíritos técnicos, levando-se em conta, também, a disposição íntima da pessoa. O apego à matéria e o temor da morte, este pregado tão fortemente em certas religiões e filosofias, são dos fatores que mais atrapalham a criatura no seu desenlace, retendo-o, tanto quanto as lamentações de parentes e amigos presentes ao velório, motivados por inconformação doentia. Mais uma vez quero remeter o leitor à obra *Obreiros de vida eterna*, de André Luiz, psicografia de Chico Xavier, um profundo e minucioso livro sobre a desencarnação, que nos fornece as principais explicações sobre o fenômeno.

Finalizando, sempre é bom termos em mente a lei de continuidade demonstrada pela natureza, muito bem personificada nas precisas e sintéticas palavras de Emmanuel, pela mediunidade de Chico Xavier:

"Em desencarnando, não entra o espírito na posse de poderes absolutos. A morte significa apenas nova modalidade de existência, que continua, sem milagres e nem saltos..."

9. Religião de Forma e Religião de Substância

Antes de pronunciar conferência no Centro Espírita Pedro de Alcântara, em Bangu, Rio de Janeiro, o médium notou a aproximação espiritual de entidade que lhe ditou o soneto abaixo. Isto se deu no dia 13-11-1975. Segundo o espírito Jardel, mentor de Boechat, tratava-se do padre Antônio Francisco de Mello, virtuoso sacerdote católico-romano, desencarnado em Bom Jesus do Itabapoana, RJ, pertencente, no mundo maior, à falange da Virgem.

NÃO IMPORTA TANTO...

Não importa tanto a crença em que te albergues
Na existência. O que vale é o coração
A doar-se prazeroso, ainda que vergues
Ao peso de tua cruz, sofrido irmão!

Não importa tanto a frase do que pregues
Do postulado de uma religião;
O céu em conta leva a que te entregues
À ajuda fraternal do amor cristão;

O corpo é veste. O íntimo, este sim,
Se mudares em sol que se irradia,
A derramar bondade ao mundo aflito,

Jesus será contigo; um querubim
Encontrarás, após a lousa fria,
A te dizer: "És do meu Pai, bendito!"
Antônio Francisco de Mello

O termo religião origina-se do Latim '*religare*', e denota o conjunto de preceitos, informações e atitudes que objetivam nos reencaminhar ao Criador. É curioso que a própria palavra, significando reunir, religar, juntar outra vez, subentende que, antes, havia plena união, tendo esta sido desfeita, e estando em marcha uma tentativa de restabelecê-la, com a ajuda de revelações. Conclui-se daí que nós, as criaturas, estamos sendo convidadas pela religião a nos acercarmos de Deus, num caminho de retorno.

Mas, por que revelação? Revelar significa 'tirar o véu', 'descobrir'. Só podemos descobrir o que já existe, o que nos indica que situações e fenômenos do universo já estão previstos e resolvidos, desenvolvendo-se independentemente de nosso conhecimento e vontade.

A religião se fundamenta na revelação, tanto quanto a ciência se baseia no seu método, essencialmente experimental, e a filosofia, também no seu próprio, racional. O método científico é utilizado para se obter o conhecimento. O conhecimento científico é resultado do uso acentuado da experimentação. O método, na filosofia, se embasa no raciocínio, em especial no raciocínio dedutivo, na dedução. E a religião, em geral, apela para nossa fé, convicção. Dizia o apóstolo Paulo: "a fé consiste na firme confiança daquilo que se espera, na convicção daquilo que não se vê (Hebreus 11,13, tradução de Huberto Rohden).

Ora, qual dos conhecimentos, o científico, o filosófico ou o religioso é mais confiável? Cada pessoa, sendo militante de um dos três setores do conhecimento humano, provavelmente, dirá que é o seu... E todos podem ter razão, pois os conhecimentos científico, filosófico e religioso possuem diferentes naturezas, são obtidos por métodos diferentes, mas são igualmente conhecimentos humanos. Todos têm virtudes e todos possuem suas falhas. A rigor, nenhum é superior ao outro. Não se pode demonstrar superioridade de um sobre o outro.

Ciência, filosofia e religião buscam a verdade. A ciência procura mais o 'como'; a filosofia, o 'por quê'; a religião, o 'para quê'.

A filosofia, por se constituir no esforço da mente humana na busca pela explicação da fenomenologia universal, pode, em certas ocasiões, acercar-se intimamente da verdade.

Contudo, baseia-se em estruturações urdidas no íntimo da pessoa que as concebeu, indivíduo falível e impossibilitado de abarcar de maneira total e instantânea todo o conhecimento. Por esta razão, as filosofias correspondem, via de regra, a fragmentos das verdades eternas, filtradas por aqueles que se constituem em medianeiros ou porta-vozes delas. São os filósofos, habitualmente, excelentes médiuns inspirados.

A ciência, agindo por meio de exaustivas experimentações, caminha bem mais devagar. Entretanto, cientistas são também inspirados médiuns e não raro captam ideias geniais. Isso não significa que a ciência não enfrente suas limitações, que ela mesma confessa...

A religião, contudo, tem sido sempre alvo de desconfiança de muitos, em especial quando ela não se fundamenta em bases experimentais ou mesmo se apresenta para as criaturas sem explicações claras e lógicas, amparadas em bom senso e no raciocínio.

Nos dias atuais, pretender que as pessoas se guiem exclusivamente pela fé é um equívoco, ainda mais no ponto em que chegamos, na marcha de nossa civilização. Mas há religiões como, por exemplo, o espiritismo, mas não só este, que possuem um belo e coerente corpo de informações em nada discordante do que a ciência e a filosofia nos trouxeram até os dias atuais.

Quando se fala em religião, principalmente em meios mais esclarecidos, mais intelectualizados, a ideia que se faz é a das antigas Religiões, da fé cega, não da "fé raciocinada", conforme nos legaram os espíritos que se comunicaram com Kardec. Por conta desse fato, muitos nem se dão ao trabalho de examinarem o corpo doutrinário de uma religião específica.

Muitas religiões, mesmo em nossos dias, preservam uma fé irracional, agindo de forma ainda muito primitiva e primária em termos de entendimento. Isso pode ter uma interpretação.

Ensina-nos a psicologia que a personalidade humana, do nascimento à morte física, atravessa fases bem estabelecidas e características no seu desenvolvimento. A infância, por exemplo, é marcada pela busca exterior, anseio de descoberta do mundo, impressionabilidade com as coisas fortes, marcantes, objetivas e concretas.

Um conceito abstrato não tem registro na tenra mente infantil. Deus quase sempre é figurado como simpático velhinho de barbas longas e alvas, sentado no seu trono em algum lugar do universo, empunhando o cetro de marfim. A criança é curiosa pelos objetos e aprende através de sua manipulação. Entende melhor a partir de fatos concretos.

O adulto, o homem maduro, ao contrário, volta-se progressivamente para a vida interior. Abandona pouco a pouco o universo exterior e mergulha no outro, o interior, geralmente na busca desesperada de respostas a dúvidas existenciais. Já começa a dispensar mais a forma, valorizando mais o subjetivo...

O mesmo podemos dizer que ocorreu com as religiões. Talvez estas tenham surgido sobre a Terra quando o ser, sentindo uma angústia indefinível ao lado da companheira que acabara de expirar, sem que isso lhe fosse compreensível, identificou no trovão uma força superior à sua, no justo momento em que se situava impotente frente a acontecimento irreversível, a morte. Aí teria nascido também, quem sabe, a ideia do Deus vingativo e poderoso, severo, apenas um reflexo das mentes incipientes e infantis que a conceberam. O pensamento concreto e infantil do silvícola não pode dispensar o sol, a lua, o raio, o trovão, os animais, como objetos de sua crença, verdadeiros intermediários com o Criador. E surgem totens, ídolos, figuras, representando todos eles não a Divindade Única em Si, mas a ideia do que os indivíduos Dela fazem, suas verdadeiras projeções mentais, denunciando-lhes a falta de madureza.

A história caminhou e os ídolos foram sendo substituídos pelos altares, velas, figuras humanas de santos e cerimoniais, numa roupagem nova para condicionamentos antigos. A ideia se refinou, no fundo permanecendo, entretanto, a mesma. A forma divina mudou, tornando-se antropomórfica na figura do bondoso velhinho, até atingir representações mais amorfas como as atuais, quando a ideia divina é concebida mais como um centro de forças, um campo que atrai tudo e todos. Deste modo, a religião perdeu, aos poucos, a forma e ganhou substância...

Todavia, é importante destacar mais um aspecto. A verdadeira religião é a interior, é aquela embasada nos atos do indivíduo, independentemente do credo eventual a que ele pertença. Newton Boechat, em suas palestras, costumava chamar a atenção para um aspecto muito curioso relativo à religião e ao comportamento dos indivíduos.

As leis da vida, que configuram a verdadeira religião, nos exemplificam e explicam que o que realmente conta são as nossas atitudes, independentemente daquilo em que cremos ou cultivemos.

Por isso mesmo e não poderia ser diferente, as leis da vida não levam em conta muito o credo da pessoa, mas sim os seus atos, que representam a adesão à religião de substância. A religião de forma pode significar apenas um credo a ser seguido, a satisfação a uma exigência social.

Para a lei pouco importa a cor da pele do indivíduo, se masculino ou feminino, africano ou chinês, católico, protestante, judeu ou esoterista, lixeiro, padre ou médico. Interessa, isto sim, o gênero de vida que leva, as ações produzidas, as atitudes. Não é a crença individual que propicia a absolvição ou a condenação frente a determinado fato ocorrido, e sim o próprio tribunal individual de cada consciência. Nesse aspecto, boa parte das religiões, acertadamente, ensina que a caridade é o caminho mais curto para a evolução do ser.

A literatura mediúnica está repleta de exemplos de criaturas excepcionalmente situadas na espiritualidade, assim estando por força dos seus atos, por terem exercido a caridade, e não por conta do credo que cultivaram na última encarnação.

É o que expressa o magnífico soneto do padre Mello, captado por Boechat.

Reprodução de obra retratando Newton Boechat
de autoria da pintora Cinira Novaes, quadro que se encontra
no apartamento de Rosa Perez Cardoso no Rio de Janeiro

10. Riqueza Exterior e Riqueza Interior

Em setembro de 1977, o médium recebeu, por audiência, também em uma reunião de estudos do lar, um belo soneto de autoria de Auta de Souza, intitulado:

RIQUEZAS

Há riqueza exterior que esbanja e que procura
Elevar-se vaidosa entre o domínio e a glória,
Buscando projeção na vida transitória,
Em meio à dor atroz, à aflição, à secura.

Há riqueza interior, permanente e segura,
Tesouros mais além... Tens de Jesus a história,
Desabrochava amor no atendimento à escória,
A todos propiciava o conforto e a ternura.

Enquanto é dia, pois, enche, alegre, a tua arca
Com o ouro da bondade e as gemas da harmonia,
De esmeraldinos dons, com brilhantes da paz...

E no instante final, quando chegar a barca
Que leva ao novo porto, em luz de um outro dia,
Um escrínio de sóis em ti carregarás!...

Auta de Souza

No dia 28 de agosto de 1977, em Niterói, antes de iniciar palestra de encerramento da XI UMENIT, no auditório do Centro Espírita Casa de Caridade Aureliano, Newton Boechat recebeu as seguintes quadras do espírito Casimiro Cunha:

POUPANÇA ESPIRITUAL

Se quiseres bem viver
Da Boa Nova o ideal,
Abre agora a caderneta
De poupança espiritual.

Evita palavra azeda,
Não dês ouvido à mentira
Que estraga a tua existência
Com tristeza, pranto e ira.

Mágoa de amor, comumente,
Ataca toda criatura
Que no trabalho não busca
Espiritual estrutura.

Inveja é morcego intruso
Que nos suga no hora-a-hora;
Se buscarmos luz na prece
Ele se vai, sem demora.

Ciúme sempre aparece
A demonstrar-nos fraqueza;
Diluamo-lo, depressa,
No culto da gentileza.

Vaidade é atraso de vida
A situar-nos como centro;
Chega a morte e nos aponta
Deficiências por dentro.

Brutalidade é loucura...
E todo mal-educado
Vai no comboio da vida
Quase sempre rebocado.

Orgulho é qual catarata
Que nos limita a visão:
Devagarinho, coloca
Nosso carro em contramão...

Maledicência é conforme
Colheita enorme de espinhos
De sementes negativas
Que espalhamos nos caminhos.

Egoísmo se assemelha
A furacão pavoroso
Que deixa grandes estragos,
Depois que passa, ruidoso.

Ateísmo é enfermidade
Assinalada em ateus
Que nas belezas da vida
Perguntam onde está Deus.

Tendo a humildade amorosa
Como 'capital de fundo',
Correção e juros podes
Obter em um segundo.

Assim, ao desencarnares,
Terás saldo farto e forte
No banco da Eternidade
Que opera depois da morte.

Casimiro Cunha

Leo Huberman, jornalista, antigo Chefe do departamento de Ciências Sociais do New College, Universidade de Colúmbia, Estados Unidos, na sua famosa obra, *História da riqueza do homem*, entrelaça a história com a economia, explicando o desenvolvimento de uma de acordo com a evolução da outra. Conclui o delicioso livro, repleto de didática e bom jumor, com uma história contada por Arthur Morgan no artigo "Power and the New Deal", publicado no *The Forum*, em março de 1935, e endereçada aos capitalistas, em geral.

Trata-se do processo pelo qual os indianos pegam macacos:

> [...] segundo a história, tomam de um coco e abrem-lhe um buraco, do tamanho necessário para que nele o macaco enfie a mão, vazia. Colocam, dentro, torrões de açúcar e prendem o coco a uma árvore. O macaco mete a mão no coco e agarra os torrões, tentando puxá-los em seguida. Mas o buraco não é bastante grande para que nele passe a mão fechada, e o macaco, levado por ambição e gula, prefere ficar preso a soltar o açúcar [...]

A historieta é significativa e aplica-se a um estudo sobre as riquezas interior e exterior. Os valores monetários e espirituais, embora situados em níveis diversos, encerram uma série de analogias curiosas e exemplificadoras.

No mundo em que vivemos, onde ainda predomina o tipo involuído e sua psicologia, a riqueza não constitui um meio, mas um fim. Os valores econômicos não são canalizados normalmente para os setores que deles carecem, porém encaminhados ao foco que os concentra, gerando desequilíbrios sociais graves.

A economia mundial atual continua a se embasar em mecanismos que concentram recursos em torno daqueles que menos precisariam tanto deles, obedecendo a dispositivos que não atendem às necessidades das criaturas. Sim, porque, quando há os que carecem desesperadamente de algo, é chocante que alguns poucos possuam aquilo que para eles mesmos se configura supérfluo. Não é sem fundamento que a obra *A grande síntese*, de Pietro Ubaldi, classifica o homem atual de "perfeito hedonista", acrescentando que a "ciência que estuda os fenômenos econômicos é a codificação do próprio egoísmo, isto é, do instinto mais desagregador do conjunto social".

As próprias massas, em sua miopia, diz *A grande síntese*, preferem não exaltar o homem benevolente, pois este empobrece, mas aquele ambicioso, que se torna rico. O sistema econômico mundial, que se reflete mais ou menos naqueles dos países, arrasta-se, melancólico, de queda em queda, em meio a atritos contínuos, de crise em crise. E não poderia deixar de ser, tendo em vista ter nascido com erros nas origens. Todo impulso, seja negativo ou positivo, percorre a trajetória proporcional à força que o gerou, antes de extinguir-se, e a economia humana, saturada de egoísmo, e caminhando repleta de enganos, desacertos e choques, não se isenta da subordinação ao mesmo princípio.

O preço das mercadorias, antes de situar-se de acordo com as necessidades dos consumidores, estrutura-se segundo a influência e ganância dos produtores. Há uma total ignorância quanto à função biológica da riqueza. O capital, que deveria ser o resultado líquido do trabalho, revertendo em seu benefício, vive com este às turras, num atrito que não tem solução em horizonte visível.

O comércio entre as nações, comenta ainda *A grande síntese*, influenciado pelas regras econômicas mundiais é, na verdade, uma verdadeira guerra de egoismos, atritando-se entre si, no intuito de mais acumular e esmagar o 'adversário'. O erro está na adoção da competição, desconsiderando-se a colaboração

Como a história já mostrou, recentemente, tal problema não tem solução através da adoção de medidas de fora para dentro, objetivando-se uma uniformização drástica de indivíduos e coletividades. As desigualdades individuais sempre existiram, existem e existirão, e quem acha que elas sejam decorrentes de fatores econômicos e sociais revela agudo desconhecimento da vida, da existência do espírito e da reencarnação. Ensina-nos a doutrina espírita que as desigualdades são fruto das diferenças entre os espíritos, que evoluem há milênios, não se encontrando estes no mesmo grau evolutivo. Por outro lado, a oportunidade de viver é igual para todos, porém, cada qual deve se diferenciar no seu campo, deixando à vida a função de reagrupamento dos vários elementos em um organismo maior, com a respectiva função, assim como as células e tecidos do organismo humano. A uniformização é contrária à natureza, que caminha para a diferenciação e, por conseguinte, antivital. Uma pretensa igualdade de todos é contrária à natureza, sendo meta de governos totalitários, todos eles tendo ruído fragorosamente em mais ou menos tempo, como bem assinala a história. O reagrupamento de todos, num conjunto harmônico, propicia o bem-estar geral, onde todos saem ganhando. Nosso organismo dá um perfeito exemplo de colaboracionismo, pois ele não funciona com seus elementos individuais atuando em regime de competição. Assim, em harmonia, todos lucram. Quando surge um elemento rebelde, egoísta, que gananciosamente pretende se sobrepor aos demais, como a célula cancerosa, por exemplo, instala-se um grande desequilíbrio no sistema, evoluindo para as metástases e, posteriormente, para a morte orgânica: ninguém, no fundo, saiu ganhando!

Enquanto o homem não enxergar tais verdades, nossos sistemas econômicos continuarão se arrastando tristemente na sucessão de crises e atritos que os têm caracterizado na atualidade. Só uma coletividade mais evoluída, mais madura, mais colaboracionista e menos competitiva, contudo, será capaz de estruturar uma economia mais humana e menos egoísta, o que trará benefícios para todos.

A vida age independente do conhecimento ou vontade das criaturas que intentam desviar suas metas prioritárias. O acúmulo indevido de hoje engendra desequilíbrios que se corrigirão amanhã, mediante processos de mesma intensidade e sentido oposto. Quanto mais a criatura se coloca em desacordo com a harmonia universal, que é lei, utilizando-se da desonestidade e agindo com ganância, mais difícil lhe fica a sustentação indefinida da situação, tendo em vista carecer de valores que a mantenham. Assim como a economia afirma que o ouro serve de lastro à moeda, o indivíduo só se beneficia, de fato, frente à lei maior, mediante o acúmulo de lastro inerente à personalidade, que é de natureza moral.

Os valores monetários constituem riqueza exterior, sendo instáveis, fenomênicos e perecíveis. Não é sem razão que o *Talmud* assinala que "o homem nasce com as mãos fechadas, tudo querendo agarrar; e morre com as mãos abertas, na impossibilidade de levar o que amontoou durante a existência". Quem quer que faça deles sua meta de vida estará sujeito a equívocos e desilusões.

Os valores espirituais, no entanto, exibem outras características. Constituem a riqueza interior do indivíduo, são estáveis, permanentes e eternos. Uma vez adquiridos, incorporam-se ao patrimônio de sabedoria e sentimento do ser, quer se denominem bondade, inteligência, cultura, humildade, generosidade, paciência etc. Constituem a verdadeira riqueza, não destrutível pela morte física, pelo empobrecimento ou por oscilações que ocorram durante a vida.

Entretanto, à semelhança dos valores econômicos, os espirituais podem ser atingidos por males que os perturbam. A bondade, quando mal dirigida, dá campo ao excesso de tolerância, descambando para a licenciosidade. A inteligência, se cultivada na ausência de lastro moral, pode cristalizar-se em atitudes frias e calculistas, sintetizadas, por exemplo, na fabricação de uma bomba atômica, fruto de um máximo de inteligência e um mínimo de sentimento. A humildade, se exacerbada sem discernimento, redunda em acomodação, subserviência e ausência de iniciativa, perniciosas. A cultura, estimulada pelo narcisismo doentio, degenera-se na erudição estéril, sem qualquer função social.

Bocchat sempre narrava, com entusiasmo, em suas palestras, a história do humilde barqueiro a receber em sua embarcação um intelectual orgulhoso, ostentando autoridade amparada em erudição. Deixando a margem do rio, a nave dirigiu-se ao lado oposto, quando o intelectual arguiu o barqueiro, quanto ao conhecimento do último em trigonometria; este respondeu-lhe que nada sabia sobre o assunto. O intelectual disse-lhe, então, que ele, barqueiro, perdera um quarto de sua vida. A balsa continuou a viagem, quando nova indagação partiu do mesmo personagem, ao segundo, sobre seu conhecimento em língua grega. Naturalmente, este negou conhecer qualquer coisa, vindo a observação de que perdera mais um quarto da sua vida. O barco navegava no meio do rio quando a terceira pergunta surgiu, objetivando sondar o interesse do timoneiro em anatomia; este, de pronto, retrucou que ignorava a nobre ciência, recebendo a observação de que havia perdido mais um quarto de sua vida. Porém, próximo à margem oposta, formou-se redemoinho, terminando por desequilibrar a embarcação, que acabou por naufragar. Enquanto o intelectual debatia-se, desesperado, procurando manter-se à tona, sem saber nadar e em luta com a torrente de água, o barqueiro se sustentava na superfície, com esforço, por meio de largas braçadas. Gritou, então, sua única indagação: se ele, intelectual, sabia nadar. Face à resposta negativa, acrescentou que lamentava, mas isso significaria a perda da vida inteira...

11. O Lado Feio em Prosa e Verso

Em 4 de maio de 1976, durante o culto do *Evangelho* no lar do sr. Darcy César Soares, Copacabana, Rio de Janeiro, Newton Boechat recebeu, por audiência, as quadras elaboradas por Fidelis Alves, poeta fluminense que viveu em Ponta Grossa, Paraná, intituladas:

O LADO FEIO

Dizia-se seguidor
De São Francisco de Assis,
Porém, no problema alheio
Metia sempre o nariz.

Propagava abertamente
Que caridade fazia;
Sacrificava no tanque
De roupas a velha tia...

Expunha lições sublimes
Sobre o seu desprendimento;
Agarrado sempre ao ouro,
Dinheiro era seu tormento.

Multiplicava conceitos
Em torno da vaidade,

Todavia, ei-lo janota,
Aos oitenta e um de idade...

O orgulho – falava – é praga
Que por dentro nos corrói;
Entretanto se insulava
Qual intocável herói...

Defensor audaz, ferrenho
Dos ensinos de Jesus...
No exemplo era que mostrava
Querer o diabo à cruz...

Animava discussões
A defender a Verdade.
Mas retalhava a honradez
Com açoites da maldade.

O lado feio de nós
Nestas trovas está, sim.
Precisando ser mudado
Para o mal ter seu fim.

Diluir as nossas sombras
Na luz do Mestre e Senhor
É conquistar, aos pouquinhos,
Um reino de paz e amor!

Fidelis Alves

No dia 5 de dezembro de 1974, em reunião espírita no Rio, o médium notou a aproximação espiritual do dr. Alcides de Castro, médico e ex-presidente do Grupo Espírita Regeneração, do Rio de Janeiro, ditando a seguinte mensagem:

PRECE PELO NOSSO LADO FEIO

Senhor!

Neste momento em que aqui nos reunimos, seres desencarnados e seus irmãos que ainda se demoram no mundo das formas, queremos Te suplicar a favor do nosso lado feio.

Todos nós o temos e ele se mantém em nós, prova evidente de que nos encontramos em estado de desarmonia, precisando desfazer nossas sombras no esplendor de Tua claridade!

O lado feio – presença desagradável em nossa tessitura psíquica – vem advertir-nos de múltiplas maneiras, pois que ele é a sedimentação de milenares experiências negativas, feitas em diferentes épocas e locais, associados a inúmeros seres que nos constituíram parceiros ou vítimas!

Piedade, Senhor, para o nosso lado feio!

Manifestando-se por marca magnética infeliz, tem sido nosso companheiro, quer quando permanecíamos no mundo invisível a humanidade, onde sulcamos com a nossa rebeldia a delicadeza da Lei Divina, quer quando palmilhamos, na roda-da-vida, diferentes etapas em que nos desacertamos, optando pela porta larga.

O lado feio estava em Maria Madalena, quando se deixou aprisionar em cárcere de ilusão; em Pedro, quando fraquejou na fé, no pátio do Sumo-Sacerdote; em Anás e Caifaz, quando personificados na inveja e no orgulho, buscaram eliminar-Te; no endemoniado gadareno, que, entre tumbas, Te recebeu como ministro de tormentos: "Que tenho eu contigo, Jesus – Filho do Altíssimo? Peço-Te que não me atormentes!..."; também no desafio do salteador da esquerda, quando, no extremo momento do madeiro, arguiu Tua autoridade: "Se és Cristo, desce da cruz e salva-nos!"; em Paulo, quando na exacerbação de seu zelo à Lei, pretendeu perseguir Teus seguidores em Damasco; nos fariseus jactanciosos que, temerosos de que houvesse ressurreição, pediram a Pilatos reforço da guarda para o túmulo em que Te encerraram...

Compaixão. Mestre Amoroso, para o lado feio do ser e da coletividade!

Que sejamos suficientemente corajosos para transformar o nosso lado feio em faceta de luz que Te reflita, no grande porvir, em Plena Eternidade!

Alcides de Castro

Malba Tahan, o famoso matemático e escritor, autor de extensa literatura apreciada em todo o Brasil, focalizando motivações orientais e matemáticas, conta-nos sugestiva história em estilo inconfundível, contida no livro *Contos e lendas orientais*, e intitulada: "O Livro do Destino".

O autor, retornando de Bagdad, encontrara próximo a Damasco velho árabe, que lhe contara ter salvo um feiticeiro, prestes a ser enforcado, recebendo deste, como recompensa, precioso talismã encontrado dentro do túmulo de santo muçulmano. A pedra facultava o acesso à gruta da Fatalidade, que encerrava o *Livro do destino*, no qual a vida de todos os homens estava escrita. Penetrando na caverna, sabendo que ali poderia permanecer por poucos minutos, a fim de se beneficiar, escrevendo o que desejasse na sua página, gastara os preciosos instantes alterando para pior as páginas referentes aos seus inimigos. O tempo se esgotou e a oportunidade, infelizmente, foi perdida...

Da mesma forma como ocorreu ao árabe do conto de Malba Tahan, temos, de maneira contumaz, através dos séculos e milênios, cultivado nosso 'lado feio'. Imbuídos de cobiça, inveja, ódio e impaciência, atiramos aos semelhantes o sumo azedo de nossa destemperança, esquecidos de que, antes de emprestá-lo a outrem, fazemo-lo crescer inicialmente em nosso próprio 'eu'. A escolha do caminho a seguir, o do Bem, ou o do Mal, é nossa. Os resultados, entretanto, virão.

A questão do 'lado feio' é bem descrito no conto de Malba Tahan e nos leva a pensar sobre a questão do Mal, como surgiu e por que nos defrontamos com ele a cada passo da existência. Como, contudo, teria surgido e Mal e através de quem?

Poderíamos admitir o Mal como originado de Deus ou das criaturas. Se, por hipótese, o Mal tivesse emanado de Deus, este não teria, por definição, os atributos de bondade e justiça, pois estaria impondo às criaturas, que neste caso nenhuma culpa teriam, um castigo imerecido. O Mal, portanto, uma vez se admita a existência de Deus, só pode ter nascido por iniciativa das próprias criaturas. Não que estas tivessem sido criadas más, caso em que teríamos de admitir a maldade em Deus, já que a criação surgiu à Sua "imagem e semelhança". Mas temos de admitir que, uma vez criadas, as criaturas tivessem liberdade para optar pelo Bem ou pelo Mal. O atributo 'liberdade', concedendo às criaturas o livre-arbítrio, conforme frisam os espíritos na codificação, é fundamental, pois Deus deixaria de ser Deus se tivesse criado autômatos ou fantoches, sem liberdade de escolha. O ser deve ter toda a possibilidade de livre-escolha do caminho a seguir.

A afirmativa dos espíritos a Kardec de que estes teriam sido criados "ignorantes e simples" pressupõe entidades conscientes e aptas para optarem pelo caminho a seguir, escolhendo o caminho do Bem ou o do Mal. O *simples e ignorantes* de *O livro dos espíritos* não significa seres atrasados e nulos totalmente de conhecimento; significa seres simples, porém dispondo da qualidade da perfectibilidade, a ser alcançada por força de sua evolução, através das escolhas acertadas, por meio de uso do livre-arbítrio.

Assim podemos concluir ao consultarmos o excepcional *O livro dos espíritos*, onde, respondendo à pergunta 121, as entidades espirituais afirmam a Kardec que "Deus não criara Espíritos maus". Criara-os *simples e ignorantes*, ou seja: "*tão aptos para o bem quanto para o mal*; os que são maus, assim se tornaram por sua vontade". Esta assertiva é mais do que clara quanto ao significado emprestado pelo mundo invisível a "simples e ignorantes", como já falei anteriormente.

Por outro lado, se Deus tivesse formado espíritos *perfeitos*, os teria criado *iguais* a Ele, e não, *semelhantes* a Ele. Por definição, num universo não cabem dois deuses.

Na verdade, as criaturas surgiram *perfectíveis*, passíveis de se aperfeiçoarem, não *já perfeitas*. Disso fica também claro que foi a criatura que idealizou o Mal, quando confundiu *semelhança* com *identidade*, rebelando-se contra a ordem divina, desarmonizando-se a si mesma e inaugurando o seu "lado feio". É notável como a filosofia e também a psicologia já apreenderam essa verdade lapidar. Tanto uma como a outra nos ensinam a procurarmos as causas de nossas desarmonias e sofrimentos dentro de nós próprios, não fora, muito menos em outrem. Pois aqui constata-se uma identidade muito forte entre a revelação espírita, a filosofia socrática ("conhece-te a ti mesmo"), a psicologia (em especial a psicanálise e a psicologia analítica) e a própria medicina.

Surge, então, uma dúvida: por que Deus não 'salva' imediatamente os infratores, retirando-os da desarmonia, livrando-os do Mal e perdoando-lhes inteiramente os desacertos cometidos?

A inobservância desta "salvação" imediata levanta, à primeira vista, a ideia de que Deus *não quereria* salvar-nos, um absurdo, pois neste caso, não seria a Bondade Infinita, constituindo-se num impiedoso carrasco; ou *não poderia*, embora querendo, caso em que não seria todo-poderoso! Se Deus não quer nos salvar, não é misericordioso! Se não pode, não é todo-poderoso. Na verdade, embora Deus viva *na* criatura, não vive *pela* criatura, pois se Deus fizesse o trabalho pela criatura esta não se recuperaria por seus próprios méritos, fazendo jus ao livre-arbítrio recebido. A rearmonização é apenas questão de tempo, pois que fatalmente o ser deverá se recuperar, ou o universo teria defeitos em sua estruturação. Não é sem razão que Jesus, dirigindo-se ao Pai, asseverava que "nenhuma de suas ovelhas se perderia"! A possibilidade de errar, experimentar, mas com a fatalidade da recuperação, é um dos aspectos mais bonitos e justos da lei de Deus, muito mais perfeita do que se a criação tivesse ocorrido sem opção de erro e acerto, sem liberdade, caso em que o ser não seria responsável perante a lei maior.

Encontramos indícios que alicerçam esta tese em *O livro dos espíritos*, quando o professor Hippolyte Léon Denizard Rivail, mais conhecido como Allan Kardec, ao indagar das entidades superiores acerca da "Progressão dos Espíritos", recebeu as claras e incisivas respostas enfeixadas no texto citado referentes às perguntas de números 120, 121, 122, 123, 124, 125, 126 e 262. Com isto, fica-nos o convite: vamos trabalhar o nosso "lado feio"?

12. Dor e Evolução

No dia 24 de fevereiro de 1976, na residência do confrade Cesar Soares, Copacabana, Rio, durante culto do *Evangelho* no lar, o médium captou o seguinte soneto da poetisa L. P.

CRUZES DIFERENTES

A minha cruz de carne, um dia abandonei
No Gólgota da vida, em rude penedia;
Vi-me crucificada em dolorida porfia...
Passaram em tropéis os mitos que eu amei.

Sonhos vãos... Ilusões... Ouropéis que deixei
Na triste retaguarda; eram glórias de um dia...
Esfumaram-se, além... Na realidade fria
Que, depois do sepulcro, aturdida encontrei.

A minha cruz de fel, a cruz da Leonor,
De sombras foi talhada, em séculos de dor,
– Madeiro a refletir-me espiritual pobreza;

Tão diferente, sim, da tua cruz, Senhor!
Mensagem luminosa a cercar-Te de amor,
Içando-te qual Rei de infinita grandeza!...

L. P.

Na noite de 31 de agosto de 1976, ainda em reunião na residência do referido amigo, Boechat captou por audiência um soneto elaborado pelo espírito Auta de Souza, intitulado:

ASCENÇÃO

Vibra da pedra ao gênio a centelha divina,
No vir-a-ser da vida o espírito dá um grito!...
E essa contemplação percute no infinito
De inextinguível luz que se lhe descortina.

Curtido pela Dor, aos poucos se refina,
Arestas aparando. O Seu destino aflito
Vai depurando assim, em desejo bendito,
Qual se fora radiante estátua diamantina.

Caminheiros do Amor! Prossegui, ardorosos,
Nada vos deterá na senda redentora,
A colimar no Bem que sempre ampara e brilha;

Aguardam-vos no Além flóreos lares, ditosos,
Vislumbrados por vós na Fé consoladora,
A levar-vos ao Cristo, em luminosa trilha!

Auta de Souza

Sem dúvida alguma, o estudo do fenômeno "dor" é dos mais difíceis que se podem empreender dentro do campo de interesses da Vida. Olhada sob prisma puramente humano, a dor caracteriza destruição, sofrimento, aniquilamento, morte... Por outro lado, é corriqueiro observarmos grandes dores físicas e morais coexistirem com a genialidade e com grandes criações. Inúmeros exemplos comprovam esta assertiva, e podemos identificá-los dentro da própria religião, da ciência, filosofia e arte.

Chopin, segundo narra George Sand, vezes inúmeras era encontrado, em seus últimos anos de vida carnal, debruçado no piano em paroxismos de tosse, resultado da tuberculose que lhe consumia o organismo físico, ao mesmo tempo em que compunha seus mais belos prelúdios, na solidão de Palma de Mallorca...

Beethoven, em tumultuada existência, convivendo desde tenra infância com as mais variadas dificuldades, foi acometido da surdez progressiva que terminou por roubar-lhe a oportunidade de ouvir a primeira execução de sua obra-prima, a famosa 9.ª Sinfonia, composta já no estado de deficiência auditiva. Após a execução inicial da famosa sinfonia, precisou ser convidado a virar-se de frente para o público e apreciar visualmente a aprovação entusiástica da plateia.

Antônio Francisco Lisboa, o nosso famoso Aleijadinho, assaltado por insidiosa e deformante moléstia, a castigar-lhe com dores atrozes e a privá-lo de vários segmentos corporais, pediu se lhe amarrassem nas extremidades lesadas os instrumentos com que talhou, na pedra-sabão e no cedro-rosa, obras grandiosas, atestado da tenacidade e fulgurância do gênio reencarnado...

Como explicar a dor, aparentemente sinônimo de negatividade, destruição, aniquilamento, com a alta criatividade expressa nas obras dos artistas acima citados, construindo no aspecto mais positivo da evolução?

Em primeiro lugar, devo alertar o leitor para uma das mais curiosas propriedades que a vida possui, e que parece contrariar alguns princípios bem estabelecidos pela física.

A termodinâmica, ramo da física que estuda os fenomenos caloríficos, tem dois famosos princípios, extensamente aplicados quando os cientistas desejam não só estudar os fenômenos de natureza térmica, mas também todos aqueles que ensejam trocas energéticas no universo. O *primeiro* destes princípios afirma que "não ha perda nem criação de energia; apenas transformação de uma espécie de energia em outra, durante os processos." O *segundo* assinala que "num sistema macroscópico isolado, a *entropia* tende a crescer, como consequência da conversão de uma forma de energia em outra." Este princípio diz respeito à 'entropia'.

Mas o que seria "entropia"? De maneira grosseira, imprecisa, mas adequada ao nosso desejo de fácil compreensão, poderíamos comparar a entropia ao grau de desordem de algo. No universo físico há uma tendência natural à desordem, à mistura das coisas. A dona-de--casa, ao preparar um bolo, defronta-se com um exemplo de sistema em que há aumento de entropia ao seu final, um aumento na desordem de seus elementos. No princípio, a farinha estava isolada no pacote, o leite, acondicionado em saco plástico, as gemas, dentro dos ovos, intactos, e o açúcar, contido no recipiente adequado. Partimos de uma situação em que predominava a ordem, os elementos estavam organizados e separados. Ao iniciar-se a mistura, principia uma certa desordem, que aumenta à medida que a dona-de-casa 'bate o bolo'. Os elementos juntam-se devagarinho, resultando numa massa homogênea, pronta para ir ao forno.

Dizemos que a entropia deste sistema resultante é maior do que a do sistema inicial, ou que o primeiro continha mais ordem que o segundo. Consequentemente, por ser a entropia final superior à inicial, dizemos que houve um aumento nela, e falamos de entropia positiva.

Assim verificamos com todos os fenômenos de natureza física ou química, deixados ao sabor do universo. Entretanto, a vida aparentemente contraria este princípio universal, revelando-se como verdadeira criadora de ordem. Por conseguinte, um processo vital é neguentrópico, ou de entropia negativa, pois a entropia inicial do sistema é superior à entropia final. Na elaboração fetal, por exemplo, elementos glicídicos, lipídicos e protídicos, associados a outros fatores bioquímicos, antes dispersos, são organizados, a partir de um homogenado, em órgãos, glândulas, aparelhos e sistemas biológicos, em processo, na aparência, autodeflagrável e autorrealizável, contrariando o segundo princípio da termodinâmica. Seria o mesmo que tomássemos da massa 'do bolo' e conseguíssemos separar os diversos elementos que a tivessem formado, reconduzindo o leite ao saco plástico, a farinha ao pacote, a gema para dentro do ovo, o açúcar, de volta ao recipiente... Não seria tarefa impossível, porém só se viabilizaria mediante processos químicos difíceis e com grande gasto de energia, identificáveis e controláveis por nós. E na elaboração fetal, na construção do corpo físico da criatura, 'quem' ou 'o que' orienta e cede energia para a realização do processo?

O professor Hernani Guimarães Andrade, já desencarnado, diretor do Instituto Brasileiro de Pesquisas Psicobiofísicas, com sede em São Paulo, defende, em suas obras, a hipótese da existência de campos organizadores biológicos que 'guiem' ou 'orientem' este trabalho de organização dos sistemas vivos, caso contrário seria difícil conseguir justificar as complexas construções biológicas a partir do simples acaso, e contrariando o segundo princípio da termodinâmica. Esta tese é exposta e argumentada no precioso livro *Morte, renascimento e evolução*, de autoria deste notável cientista brasileiro.

O dr. Hernani, nesta obra, demonstra também como a vida deve ter se originado, através da seleção de moléculas orgânicas e construção de aparelhos e sistemas complexos, sob a presidência do 'modelo organizador biológico', que mais não é que 'aquilo' que nós, espíritas, denominamos perispírito.

Neste processo, entretanto, verificamos um grande desgaste, muitos atritos em que macromoléculas são experimentadas, umas selecionadas, outras recusadas, até que o organismo perfeito se concretize. Isto significa que a vida, para se construir, exige certo gasto, paga certo preço para tal, e origina certo desgaste da matéria em que se apoia. Ou seja, a vida representa certa 'destilação' do mundo físico-químico, naturalmente sob a regência de um princípio, que acredito de natureza espiritual, não-física.

Tentemos transportar tudo o que vimos até agora para o tema de nosso estudo, dor e evolução. Assim como a matéria, através de seu desgaste, é organizada progressivamente na vida, também a vida, representada aqui pelo biológico, ou melhor, pelo psicobiológico, espírito e corpo, sofre um desgaste que resulta numa criação, numa construção. E essa construção só se pode dar no espírito, nas zonas mais interiores da criatura. Ao fenômeno de desgaste psicobiológico denominamos dor, e à criação resultante, evolução. Embora seja processo em nível diferente do físico, é análogo a este, em que algum resultado se atinge, mediante esforço apropriado. O trabalho na matéria elaborou a vida; a percussão da dor nesta última burila o espírito, propiciando-lhe as mais notáveis ascensões. Aqui também podemos situar o fenômeno como neguentrópico, pois avança no sentido de maior ordem, representada pela criatura mais equilibrada e amadurecida, mais evoluída, após suportar e superar um processo de dor. A entropia final, em consequência, é menor do que a inicial.

Estas conclusões se encaminham pelo raciocínio e pela observação de que o patológico, comumente, contém o supranormal, como verificamos nas vidas dos grandes gênios, e também nas existências de criaturas amadurecidas, quando notamos a dor representando, muitas vezes, a alavanca a proporcionar a libertação do ser.

Desordem na periferia, ordem no centro; sofrimento na forma, equilíbrio e ascensão na substância! Anote bem o leitor que não pretendo, com estes conceitos, fazer apanágio da dor, nem indicar aos indivíduos que a procurem deliberadamente, como se ela fosse o único instrumento da evolução. Não, exponho apenas alguns argumentos que visam permitir o entendimento da dor, que é a reação natural da lei de Deus aos atos impensados que praticamos no passado, surgindo agora no presente como elementos reequilibrantes para nós mesmos. Diz a sabedoria popular que "o que arde, cura", mas isto não quer dizer que devamos procurar a doença e o sofrimento na presunção de que assim o fazendo estaríamos evoluindo. A dor, no indivíduo em que se manifesta, deve ser aceita, quando espontânea e inevitável, como um mal necessário ao seu reequilíbrio, e, na criatura madura, aproveitada como fator criativo e de evolução!

Como bem assinala *A grande síntese*, do professor Pietro Ubaldi, "a ciência fez faiscar em nossas mentes a ilusão de uma possibilidade de paraíso imediato na Terra e desencadeou guerra contra a dor..." Na realidade, a ciência ainda ignora o que seja a dor, e a sua função de rearmonização nos processos da vida. A dor só pode ser aceita se admitirmos ser ela decorrente de atos dissonantes desencadeados anteriormente pela própria criatura, e que a geraram, em seu próprio benefício. As dores que identificamos em todo o mundo, fazendo parte das vidas dos seres, são instrumentos de que se utiliza a evolução para nos fazer avançar. Através do desgaste físico e psicológico que ela provoca, reequilibramos o ontem negativo e preparamos as bases para um futuro mais positivo. Diz *A grande síntese* que, "se a dor faz a evolução, a evolução anula, progressivamente, a dor..." E outro não poderia ser o caminho. Inútil lutarmos contra a dor como se ela representasse um elemento intruso e agressor da vida. Só compreendendo-a em profundidade e aceitando-a com resignação é que obteremos sucesso nas ascensões que nos aguardam. Quando a dor obriga o espírito a dobrar-se sobre si mesmo, ao mesmo tempo em que anula as dissonâncias inerentes à alma, prepara terreno para profundas introspecções, desenvolvendo e despertando potencialidades espirituais.

Para o tipo involuído, de faixa evolutiva mais atrasada, a dor significa condenação, penúria, destruição e morte. Para o medianamente evoluído, do mundo humano, assume o papel de auxiliar na evolução; é mais aceita, o ser a tem como elemento de certa expiação, em seu benefício e como preparação para perspectivas mais altas. Para o biotipo evoluído, do mundo supra-humano, constitui-se em abençoado estopim que desencadeia as mais belas produções oriundas da maturação do espírito imortal, o que é atestado pelas obras dos grandes sábios, artistas e santos, cujo sofrimento constituiu, ao invés de fator bloqueador ou de aniquilamento, precioso fermento da sensibilidade, capacitando-os a materializar na Terra as mais belas virtudes imponderáveis.

Cada criatura sofre segundo seu nível evolutivo, encara e utiliza este sofrimento de forma variada. Como muito bem destaca *A grande síntese*: das três cruzes, iguais, sobre o Gólgota, partiram três gritos diferentes: um amaldiçoando, outro resgatando e, outro, criando e abençoando!..."

13. Quatro Faixas de Consciência

MOMENTO MÍSTICO

Eu quero, meu Jesus, embora a imperfeição
Que trago no meu ser, nas asas desta prece,
Fazer chegar a Ti a minha humilde unção,
No espiritual momento em que minhalma cresce;

Aspiro, Senhor meu, a esta mística união
De a Luz Divina ter, no bem que me enobrece
E minha musa assim, no espasmo da paixão,
Um soneto tecer à paz que aqui floresce;

Eu sei que existe em mim a sombra do passado,
Lacrimosa prisão de lutas e tormentos,
Por enquanto, a impedir-me a suprema alegria;

De joelhos o teu bardo, em sonho acalentado,
Compõe versos de amor, transforma seus lamentos,
Vislumbrando, feliz, a aurora desse dia!...
Azevedo Cruz

O soneto "Momento Místico", foi captado por Newton Boechat no dia 6 de maio de 1975, na residência do confrade César Soares, Copacabana, Rio de Janeiro, durante a reunião do Culto Francisco de Assis. A leitura desse soneto ensejou muitos comentários interessantes na própria reunião e também os que deixo abaixo, para nosso estudo.

A personalidade humana, nos seus múltiplos aspectos, tem despertado a atenção de estudiosos de várias épocas, originando pesquisas que, paulatinamente, nos desvendam os segredos mais íntimos da alma, suas características, suas reações.

O conhecimento sempre nos chegou por diversas vias, desde a antiguidade; pela pesquisa racional, através da colheita de dados objetivos de observação; pela elaboração interior do pesquisador, que tira conclusões; pela revelação proveniente de planos da vida mais evolvidos, em momentos psicológicos adequados e de acordo com o merecimento dos beneficiados. Lamentamos que até agora a ciência oficial, por incompreender o fenômeno da 'revelação', ignore boa parte do mecanismo de estratificação psíquica e limite-se à análise de fatos baseada no pressuposto de que fatores psicológicos tenham origem e construção unicamente numa existência, daí surgindo desperdício de grandes oportunidades de progresso que poderiam favorecer coletividades. Atrapalhados pelo 'preconceito acadêmico', os investigadores atuais se confundem. Prendem-se mais à *denominação* que à *conceituação* e, olvidando ângulos primordiais na abordagem de qualquer assunto psíquico, como o lado ético, atestam ignorância ao agruparem, por vezes, numa mesma categoria, psiquismos de distância evolutiva tão grande quanto o de um gênio e o daquele que ainda luta para distanciar-se dos momentos de animalidade mais acesa.

Com o devido respeito ao método racional-analítico, empregado pela Ciência largamente ainda em nossos dias, sentimos a premente necessidade daqueles que, sem dispensarem o instrumento seguro da *razão*, deixem-se guiar pelas asas da *intuição*, não se permitindo bloquear por premeditações acadêmicas. É impressionante como ainda por aqui surpreendemos manifestações do ser decaído e revoltado, insistindo na perpetuação do orgulho separatista e tentando negar verdades eternas, como se isso pudesse extingui-las. O que ocorre é que Elas continuam a existir, independendo da vontade de quem As negue.

Novos tipos biológicos de cientistas não tardarão a surgir no cenário humano, tipos identificados, por exemplo com o de um Alexis

Carrel, com seu fabuloso *O homem, esse desconhecido*. Discorrendo sobre os tipos psicológicos de cientistas, Carrel assevera que "encontram-se entre eles dois tipos de espírito: o lógico e o intuitivo".

Para Carrel, a ciência "deve seu progresso tanto a um quanto a outro desses tipos intelectuais..." Mostrando grande visão e reconhecendo o grande valor da intuição para a descoberta científica, acrescenta ainda Carrel que "somente os grandes homens, ou puros de coração, podem ser transportados pela intuição às culminâncias da vida mental e espiritual". Concepção bem arrojada para um tipo ideal de pesquisador.

Para melhor nos orientarmos no estudo das estratificações psíquicas, devemos considerar inicialmente a evolução do princípio espiritual pelos diversos campos da natureza.

Na fase por que transitamos, vivemos imersos no 'relativo'. Isto significa que não sabemos ao certo o que as coisas são, não lhes atingimos a essência. Percebemos apenas as suas mutações, através de condição indispensável que é o *contraste*. Para comparação, visualizemos um televisor em preto-e-branco. Ao graduarmos os botões de contraste e da luminosidade, observaremos que há um ponto de ajuste no qual a imagem permanece com nitidez ótima, onde conseguimos bem individualizar as formas e distinguir os objetos. Entretanto, um desajuste mais pronunciado dos botões levará a uma intensificação dos constituintes branco ou preto tornando os objetos de contornos imprecisos e de difícil reconhecimento. O contraste é condição imprescindível para o aprendizado do ser durante o trânsito pelo 'relativo'. À proporção que progredimos, ultrapassamos situações em que as limitações do ser eram mais pronunciadas, havendo como que uma dilatação de possibilidades à nossa frente, por sua vez acompanhada de aumento da responsabilidade.

Na fabulosa simetria observada nos cristais, surpreendemos as primeiras manifestações do princípio espiritual, no campo mineral, prenunciando o instinto de organização, característico de formas mais evoluídas. Na passagem pelos diversos campos, além de estágios em condições para nós ainda inacessíveis, como narra André Luiz em *Evolução em dois mundos*, o princípio espiritual se constrói, desenvolvendo órgão e função; o órgão estimulando a função, e esta aperfeiçoando o órgão. A memória dessas milenares experiências é retida pela vida com a absorção e fixação dos valores adquiridos, destilados e sintetizados, para o interior; o que se alcança é a aptidão, não o conhecimento.

Com a repetição, as novas aquisições se automatizam e irão constituir o *instinto*. Com a continuidade do ser em evolução, surge novo instrumento: a *razão*. O que foi vivido e assimilado é armazenado nos substratos da consciência, na zona que denominamos de *subconsciente*. A economia de energia, determinada pela lei do mínimo esforço, limita nossa consciência ao âmbito das experimentações atuais, quando então se servirá da razão para tal.

O *subconsciente*, portanto, é a zona dos instintos, ideias inatas, qualidades adquiridas: representa o nosso passado e é o repositório de experiências vividas e aí fixadas através de repetições constantes. Tão logo o ato é automatizado, a economia o deixa fora do consciente, que continuará no labor da construção do 'eu'. Compreendemos, então, que *instinto* e *razão* não são mais que duas fases da consciência: o primeiro, já formado e, portanto, em funcionamento automático; a segunda, em vias de formação. O instinto, se é mais sábio que a razão em determinado terreno, noutro é limitado, pois não consegue ser eficaz quando surge um fato externo ou é necessária qualquer definição ou julgamento, coisa que só a razão sabe fazer bem. Para termo de comparação, consideremos dois tipos de profissionais como os encontramos na atualidade, no campo da medicina. Um tipo dedica-se ao aprendizado global, conhecendo as partes mais importantes de cada especialidade; o outro aprofunda-se num ramo, passando a dominá-lo sem hesitação, suponhamos, a cardiologia. Frente a um doente, comprovadamente com alterações cardíacas, é provável que o segundo médico tenha um desempenho superior ao primeiro, já que para resolver aquele tipo de problema encontra-se melhor adestrado. Entretanto, sua provável eficiência será inferior à do primeiro se o paciente a ser examinado sofrer de afecção gástrica ou renal, por exemplo. O *instinto* é um sábio na sua 'especialidade', mas perde para a razão quando a situação se complica e variáveis outras entram em questão. Geometricamente, diríamos que o *instinto* é 'linear', e a *razão*, 'plana'. O primeiro desenvolve-se em linha, a segunda, em superfície.

Estabelecendo um paralelo, imaginemos que nos transportamos ao seio de uma floresta e analisemos as seguintes situações: a) estamos numa clareira, de olhos vendados, havendo à nossa frente um único atalho, do qual sempre nos temos utilizado, para nos retirarmos da floresta. Não ocorre nem escolha: de forma automática, tomamos o caminho tão familiar e obtemos o intento. É verdade que, se a ponte existente nessa estrada estiver danificada ou ocorrer outro obstáculo, como a presença de animal selvagem, ficaremos sem saber como nos conduzir; b) encontramo-nos na mesma clareira, mas, por termos os olhos desvendados, conhecemos diversos atalhos de saída, propiciando-nos opções para o caso de nos depararmos com dificuldades idênticas narradas na situação anterior. Podemos retroceder e escolher via desimpedida; deixaremos a floresta, gastando algum tempo na exercitação do raciocínio; c) estamos no topo da árvore mais alta, localizada no centro da floresta. Podemos, com relativa facilidade, saber qual o trecho que se encontra em melhores condições, prestando-se, por isso, a uma retirada segura, numa operação mais eficiente que as realizadas antes.

Observemos que, na primeira situação, agimos automaticamente, servindo-nos do hábito criado ao sempre transitar por ali. Na segunda, tivemos possibilidade de escolher, utilizando a inteligência para melhor optar. Na terceira, através da visão de conjunto da floresta, possível pela existência da árvore cuja copa superava as demais e da qual nos beneficiamos, vislumbramos a direção ideal a tomar.

Esses exemplos fazem pálida comparação com o modo de atuar do *instinto, razão* e *intuição*, como nos casos acima.

Detenhamo-nos agora na apreciação das três zonas do psiquismo humano: o *consciente,* o *subconsciente* e o *super-consciente.* Para facilidade de exposição, tenhamos em mente uma casa de três pavimentos. Podemos compará-la, com seus três andares (porão, primeiro e segundo andares), ao cérebro humano, onde podemos situar, respectivamente, os lobos frontais, o córtex motor, e as porções basais do sistema nervoso, especialmente a medula espinhal.

Representando o porão da individualidade, onde arquivamos as experiências passadas e transmitidas pelo *consciente*, automatizadas e aí registradas nos melhores detalhes, o *subconsciente* tem sido estudado com afinco pela psicologia do século XX. Nele penetraram Freud, Jung e inúmeros outros, sem, entretanto conseguir defini-lo ou desvendá-lo na totalidade, por lhes faltar a chave da reencarnação, única que poderia explicar a variedade e riqueza dos fenômenos provenientes dessa faixa de consciência. Aí estão o hábito e o automatismo, responsáveis pelas realizações precoces de grandes gênios da humanidade, como Liszt, Gauss, Leibnitz e Chopin, por exemplo. Esses exemplos notáveis se justificam pela existência do subconsciente, com suas sedimentações psicológicas. Expressa-se no campo físico através do sistema nervoso periférico, tronco cerebral e medula espinhal; corresponderia ao porão de nossa casa.

Correlacionando-se no corpo físico com a região intermediária do cérebro, ou seja, o córtex motor, o *consciente* é a estratificação psíquica responsável pelo caminhar evolutivo atual do ser. É a região do labor constante, onde a razão vai trabalhando as circunstâncias, analisando, escolhendo, repetindo até automatizar a experiência e transferi-la ao *subconsciente*, onde se fixará como faixa instintiva. Configura o presente evolutivo e é o local em que se exercitam o esforço e a vontade do indivíduo. Em nossa casa, ocuparia o primeiro andar.

Finalmente, em conexão física com os lobos frontais, exteriorizando zonas ainda silenciosas da massa encefálica, lançadas antecipadamente pela evolução, o *superconsciente* é a faixa psíquica onde moram o ideal e a meta superior a ser alcançada. É a estratificação ainda não reconhecida pela ciência, que não a diferencia do subconsciente, e a classifica em conjunto com este último, sob a denominação de *inconsciente*. Supõe-se, então, que uma visão mística, intuitiva ou profética se origine sabe-se lá de que parte do inconsciente, quando tudo leva a crer que tenha a ver com expansões da consciência no *superconsciente*, verdadeiras incursões intermitentes realizadas pelo ser, levado pela intuição, em regiões onde espaço e tempo não têm representação e a razão é instrumento moroso.

A verdade é percebida de modo integral e instantâneo, por síntese, em verdadeiro *insight*, abarcando vários fenômenos de uma só vez e fora de uma cronometragem.

Se comparássemos o *consciente* a um exército em campanha, poderíamos fazer um paralelo do *superconsciente* com os sapadores que partiram na frente para reconhecer o terreno. Identificamos manifestações do *superconsciente*, por exemplo, em Einstein, quando assegurava "pensar noventa e nove vezes e não encontrar a resposta a um problema; mas bastando que deixasse de pensar uma única vez para que a solução se lhe revelasse, rápida". Processo idêntico deve ter ocorrido com tipos proféticos, quando, afastados de espaço e tempo, vislumbraram, em compacto, acontecimentos principais de séculos porvindouros.

Na arte, o fenômeno intuitivo é trivial. Mozart, Beethoven e outros asseguravam ouvir por vezes sinfonias inteiras, instantânea e sinteticamente. Em seguida, a transcrição era feita sem perda de qualquer detalhe. Quem se interessar pelo assunto poderá se surpreender ao ler a verdadeira história da elaboração do oratório "O Messias", por Haendel...

Característica notável do *superconsciente* é funcionar como que um "tribunal da consciência", onde as leis vão cada vez mais se refinando à proporção que o ser se desloca na direção do bem. Outro fato marcante é que, em verdade, as estratificações adaptam-se à relatividade dos seres em diferentes estágios evolutivos. O que para uns é *superconsciente*, quer dizer, será aquisição, para outros pode ser *consciente*, ou seja, está adquirindo, ou *subconsciente*, já fazendo parte de suas conquistas, estando inclusive automatizado.

Interessante é a coincidência dessa "cartografia do psiquismo" que é a mesma tanto para o espírito André Luiz, quanto para o místico e filósofo Pietro Ubaldi, senão vejamos.

No capítulo três do excelente livro *No mundo maior*,[25] através da psicografia de Chico Xavier, o autor espiritual, André Luiz, nos transmite uma interessante aula do instrutor Calderaro sobre o cérebro.

---

[25] Xavier, F. C. (espírito André Luiz). *No mundo maior*. Editora FEB, 5ª. Edição, Rio de Janeiro.

O capítulo se intitula "A Casa Mental" e Calderaro, após uma demonstração da fisiologia cerebral, indica a André a divisão cerebral em três províncias distintas, adotada no plano espiritual. Essas três áreas correspondem a três setores, a saber: 1) *lobos frontais*; 2) *região situada desde o córtex motor até a extremidade da medula espinhal*; e 3) *gânglios da base*, postados mais inferiormente.

Mais adiante, de maneira didática, Calderaro faz analogia entre o cérebro e um "castelo de três andares". No andar mais baixo, Calderaro situou "a residência de nossos impulsos automáticos"; no intermediário, "o domínio das conquistas atuais"; no superior, "a casa das noções superiores". Acrescentou ainda o sábio instrutor que no primeiro andar residiam "o hábito e o automatismo"; no segundo, "o esforço e a vontade"; no terceiro, "o ideal e a meta superior".

Explicou ainda Calderaro que os três andares poderiam corresponder, respectivamente, a "*subconsciente*, *consciente* e *superconsciente*", representando, respectivamente, "passado, presente e futuro". As explicações de Calderaro são preciosas e coincidem, como já adiantamos, com aquelas que encontramos em outra excelente fonte de pesquisas, *A grande síntese*,[26] de Pietro Ubaldi, obra merecedora de prefácio de Emmanuel por meio do mesmo médium, Chico Xavier.

Em *A grande síntese* também se estuda o cérebro dessa maneira, arquitetado em três níveis distintos.

A ciência começa a trilhar mais claramente o mesmo caminho já delineado por André Luiz e Pietro Ubaldi. É o depreendemos ao ler o "Jornal da Família",[27] suplemento do jornal *O Globo*, de 20-06-2004, na reportagem intitulada "Freud tinha razão".

O artigo comenta e comemora recentes descobertas de neurocientistas, que propuseram um novo mapeamento do cérebro, coincidente com o modelo mental proposto por Sigmund Freud, o criador da psicanálise.

Nesse mapeamento cerebral, concebido após aplicação à neurofisiologia de recentes técnicas de obtenção de imagens tecnológicas,

[26] Ubaldi, Pietro. *A grande síntese*. Editora Instituto Pietro Ubaldi. 20ª. edição. Campos, 1999.

[27] Cezimbra, M. *Freud tinha razão*. Jornal da Família. O Globo, Rio de Janeiro, 20-6-2004.

os neurocientistas identificaram uma espécie de "andar superior" no cérebro, correspondendo anatomicamente ao córtex dorsal frontal e funcionalmente ao que Freud chamou de "superego"; propuseram ainda a existência de um "andar intermediário", correspondendo ao "córtex cerebral posterior" e ao que Freud denominou de "ego".

Por fim, localizaram os pesquisadores um "andar inferior, correspondendo ao tronco cerebral e, em termos de função, ao que Freud denominou de "id". Os protagonistas dessas novas aquisições foram os neurocientistas Antônio Damásio, Joseph Ledoux, Benjamin Libet e Eric Kandel, entre outros. As descobertas motivaram a criação de uma nova disciplina, a neuropsicanálise.

É muito interessante e significativo que na própria reportagem se faça referência ao "andar inferior", tronco cerebral ou "id" como sede de "impulsos inconscientes"; ao "andar intermediário", córtex posterior ou "ego" como área consciente; e ao "andar superior", córtex dorsal frontal ou "superego" como sede de "repressões culturais".

A neurofisiologia e a psicanálise caminham afinal para um entendimento, ao que parece, e essa concordância parece se dar em torno de um modelo para o cérebro que data, na literatura espírita, de 1947 (ano em que André Luiz nos deu *No mundo maior*) e na obra de Pietro Ubaldi, de 1933 (época em que surgiu *A grande síntese*). Não tenho conhecimento de registros anteriores desse modelo para explicar o funcionamento cerebral.

É lícito e oportuno, portanto, que também saudemos e comemoremos a novidade. Também é justo acrescentar, complementando a reportagem "Freud tinha razão", dizendo que André Luiz também tinha razão...

Culminando, temos a situar a faixa místico-unitária, sem representação física, correspondendo a níveis de consciência dificilmente atingíveis por seres encarnados. É um estado que poderíamos identificar nos grandes místicos, tais como Gandhi, Francisco de Assis, Buda, para não citar outros, que naturalmente são poucos.

Trata-se de plano de vida imediatamente superior à superconsciência, onde a criatura já não diferencia seu próprio 'eu' do grande 'Eu' universal, e todos os seres e objetos lhe parecem verdadeiros irmãos, compondo juntos a grande sinfonia da vida! Para nós, ainda em maioria imersos no relativo, é difícil não só a concepção de tal faixa, como também a sua compreensão.

Nessa faixa atingimos os limites para o nosso entendimento atual. Tudo é vida, tudo se afirma, tudo avança, tudo se expande, numa vontade incontrolável de ascensão, em que o psiquismo experimenta, vive, sofre, sintetiza, analisa, concentra, automatiza e progride de maneira incessante, revestindo-se ininterruptamente de formas várias, burilando a consciência, do átomo ao arcanjo...

14. Um Diagnóstico no 'Astral'

> – Duas pessoas que se conhecem podem visitar-se durante o sono?
>
> – Sim, e muitas outras, que pensam não se conhecer, se encontram e conversam. Podes ter, sem que o suspeites, amigos em outro país. O fato de irdes ver, durante o sono, amigos, parentes, conhecidos, pessoas que vos podem ser úteis, é tão frequente, que o realizais quase todas as noites.
>
> (*O Livro dos espíritos*. FEB, trad. Guillon Ribeiro, p. 414.)

O 29 de dezembro de 1984 houvera sido um dia bem agitado para mim! Tratava se de um sábado e recordo-me dos preparativos que fizemos para a comemoração da passagem do ano no apartamento de familiares. A reunião seria na passagem da segunda para terça-feira.

À noite, conversando com Rosa, minha mãe, enquanto assistíamos a um filme na TV, comentei da combinação da ida, no dia seguinte, em companhia do Newton Boechat, à residência do médium César Burnier, em Copacabana. Ao sabê-lo, ela demonstrou vontade em nos acompanhar, o que não seria possível, entretanto, devido a compromissos diversos que teria em nosso apartamento. Dialogamos mais um pouco, nos intervalos de filme mostrado na TV, tendo ela observado (toda mãe é muito observadora, em especial quando se trata dos filhos!) que uma espécie de 'pigarro' havia se instalado em mim nos últimos dias. Respondi que me achava um pouco astênico e com discretas dores musculares recentes, com leve coriza, prenúncio de resfriado à vista, mas não demandando maiores preocupações.

Ao término do filme, deitei-me e dormi profundamente. Acordei de inopino, por volta das 6 horas da manhã do dia 30, acometido de fortes dores ao nível da orelha esquerda. Sem dúvida, tratava-se de uma otite! Levantei-me, dirigi-me à gaveta onde guardava 'amostras' de medicamentos, procurei por um produto, sem achá-lo. Tomei um analgésico e pedi ao Gustavo, meu irmão, fosse a uma farmácia próxima e adquirisse o remédio. Apliquei-o no local da dor, conseguindo alívio em alguns minutos. Tornei a dormir, só despertando por volta do meio-dia, com a campainha do nosso apartamento tocando. Minha mãe foi atender.

Em instantes percebi tratar-se do Newton Boechat, cuja voz inconfundível escutei do meu quarto. Sem que o visse, pude notar, entretanto, que iniciara animada conversação com minha mãe, narrando algo muito interessante. Levantei-me, vesti-me e fui ter com eles na sala, quando soube o motivo do entusiasmo de ambos.

O Newton chegara narrando que, da véspera para o dia 30, de madrugada, houvera me visto em 'corpo astral', ou seja, 'desdobrado' do corpo físico. Tinha ido eu, fora do corpo físico, à sua residência, comunicando-lhe, nesta ocasião, que certamente ser-me-ia impossível acompanhá-lo na visita ao César Burnier, por encontrar-me, naquele instante, acometido de "otite gripal", nas próprias palavras do médium.

Fiquei surpreso com a revelação, confirmando todos os fatos acontecidos, e destaco-a aqui como interessante caso de 'diagnóstico' ocorrido no plano espiritual.

Sim, porque não sou dado a otites quando me resfrio, e não seria provável pudesse adivinhar, na véspera, as condições em que acordaria. Foi curioso diagnóstico, revelado ao Newton por mim mesmo, enquanto ausente do corpo físico por efeito do sono, ao identificar em meu próprio organismo a alteração presente, bem como vaticinando a impressão de que a visita combinada não se efetivaria para mim. Fenômeno muito conhecido, quando o espírito, por ocasião do sono, por exemplo, deixa o corpo físico e pode entrar em contato com outro espírito.

Ultimamente tenho sido procurado por algumas pessoas que apresentam o fenômeno de desdobramento espiritual. Recentemente, fui requisitado por uma aluno da Faculdade de Medicina da UFF, onde sou docente, que relatou episódio claro de desdobramento dele com, imaginem, participação minha! Morando na cidade de Niterói, esse aluno desdobrou-se durante o sono, aparentemente de madrugada; a princípio parecia um 'sonho', mas depois ele viu tratar-se de desdobramento, pois tinha perfeito controle da situação e extraordinária lucidez. Como precisava me fazer uma pergunta acerca de determinado assunto médico, pensou no seu professor e, caprichosamente, se viu diante de mim. A descrição está corretíssima, pois o espírito pode se deslocar com a velocidade do pensamento, bastando para isso que pense aonde deseja ir, a não ser que se trate de espírito muito involuído. Foi, após desejar e pensar, projetado diretamente na minha residência, no Rio de Janeiro. Lá se encontrou comigo, ambos, segundo seu relato, "flutuando" no meio do quarto. Também aqui a informação procede, pois o perispírito é muito pouco denso, não tem o peso da matéria física e pode perfeitamente flutuar no ambiente. Ao se dirigir a mim, observou que eu lhe notara a presença. Ambos, eu e ele, vestíamos trajes médicos, usando branco. O que também é perfeitamente factível, pois o perispírito responde à influência da mente, que plasma a roupagem que desejamos naquele momento. A literatura mediúnica registra inúmeros casos de espíritos que se mostram aos médiuns em roupagens que mais lhes agradam no momento em que se apresentam. Isso depende muito do poder mental do espírito. Nosso diálogo foi curto, pois no momento do encontro, no quarto de minha residência, segundo ainda o seu relato, eu estava examinando uma criança. Na sua própria informação: "dando um parecer sobre o caso". Também aí tudo procede, pois frequentemente trabalhamos de noite, durante o sono, apenas pouco nos lembramos ao despertar. O aluno ficou muito impressionado com o ocorrido e tivemos a oportunidade de conversar longamente sobre o fenômeno, que traz muitos ensinamentos. Inclusive para o jovem estudante que, futuramente médico, teve a chance de experimentar concretamente que nossa vida ativa não se resume ao período que ficamos acordados.

Voltando ao fenômeno de desdobramento que experimentei e relatado pelo Boechat, este ensejou-nos interessante discussão, ali mesmo, com respeito aos fenômenos que acontecem frequentemente envolvendo comunicações não-físicas entre espíritos que se encontram encarnados.

Kardec estuda a questão de maneira magistral em *O livro dos espíritos*, sobre o tema comunicações intervivos, no capítulo VIII, parte II: "Visitas espirituais entre vivos".

Ali, as entidades espirituais esclarecem a Allan Kardec o quanto são comuns esses encontros entre encarnados, enquanto seus corpos dormem; e também entre encarnados e desencarnados. Com o sono, afrouxam-se os laços que ligam o espírito encarnado ao veículo físico, entrando ele em contato com outras criaturas. Quanto maior o poder mental do espírito, tanto mais rápido atingirá o objetivo do que desejou, mentalmente. Quanto mais evoluído, melhores os ambientes que buscará, liberto do corpo, nessas circunstâncias. É de admitir-se, assim, que um assaltante, desdobrado em "corpo astral", procure a companhia dos comparsas com que se afinize, dando continuidade a planos traçados no estado de vigília. Por outro lado, o artista associar-se-á, no invisível, a outros artistas, recebendo inspirações várias, com tendência, no futuro, a se concretizarem, no plano físico, em músicas, peças, danças, esculturas ou pinturas, conforme sua especialidade. Na ciência, como nos demais setores da atividade humana, o fato se dá da mesma forma.

Basta citarmos o interessante caso ocorrido a Otto Loewi, ganhador do prêmio Nobel de medicina e fisiologia em 1936.

Loewi nasceu, em 1873, em Frankfurt, Alemanha. Estudou medicina na Universidade de Estrasburgo, indo, em seguida, trabalhar em Londres. Em 1905, mudou-se para a Áustria, lecionando na Universidade de Viena e fixando-se na Universidade de Graz. Interessava-se pelo estudo do mecanismo da condução nervosa.

O assunto despertava polêmica desde que Galvani, um século antes, demonstrara gozar o impulso nervoso de natureza elétrica. Loewi, entretanto, demonstrou que fenômenos químicos também estavam envolvidos.

Em 1921, ao pesquisar com nervos relacionados ao coração de rãs, mostrou que as substâncias eram liberadas quando da estimulação nervosa. O líquido contendo as substâncias podia ser utilizado para ativar um outro coração diretamente, sem intervenção de atividade nervosa.

A ideia da experiência ocorreu-lhe às três horas da madrugada de duas noites sucessivas. Na primeira ocasião, teve um sonho em que imaginou estar trabalhando em um grande laboratório, diferente do seu; infelizmente, ao despertar, não escreveu as lembranças que tivera, que logo se esmaeceram. Assim, tornou a dormir. Na segunda, após sonhar, logo ao acordar escreveu os pontos de que se recordava, dirigindo-se ao laboratório e levando a cabo a experiência, com sucesso. Denominou a substância que houvera descoberto de "vagustoff" (material do vago, um dos importantes nervos de nosso organismo), porque a obtivera pela estimulação do nervo vago. Posteriormente, recebeu o nome de acetilcolina, conforme é conhecida na atualidade.

Tal exemplo encontramos frequentemente tanto nas ciências, quanto nas artes e mesmo na vida quotidiana.

Imaginemos a importância desse tempo, nunca inferior, em média, a um terço da vida de um espírito encarnado, em que este, semiliberto do corpo por ação do sono, goza de mais amplas possibilidades de escolhas, oportunidades, aprendizado e, às vezes, também, como nesse curioso caso envolvendo a mediunidade de Newton Boechat, de realizar diagnósticos...

15. Quando o Perispírito Adoece...

> [...] se a habilidade de um homem para manobrar determinado idioma pode cessar numa das subdivisões do núcleo da fala, no córtex, persistindo a habilidade para lidar com idiomas outros, assim também o núcleo da visão profunda, no centro coronário, pode sofrer disfunção específica, pela qual um espírito desencarnado contemplará tão-somente, por tempo equivalente à conturbação em que se encontre, os quadros terríficos que lhe digam respeito às culpas contraídas, sem capacidade para observar paisagens de outra espécie; escutará exclusivamente vozes acusadoras que lhe testemunhem os compromissos inconfessáveis...
>
> E esses pesadelos não são realmente meras criações abstratas, porquanto, em fluxo constante, as imagens repetidas formadas pelas partículas vivas de matéria mental, se articulam em quadros que obedecem também à vitalidade mais ou menos longa do pensamento, justapondo-se às criaturas desencarnadas que lhes dão a forma e que, congregando criações do mesmo teor, de outros espíritos afins, estabelecem, por associações espontâneas, os painéis apavorantes em que a consciência culpada expia, por tempo justo, as consequências dos crimes a que se empenhou [...].
>
> (Xavier, F. C. e Vieira, Waldo [Espírito André Luiz]. *Evolução em dois mundos*. FEB, pp. 126 e 127.)

Em meados de 1978, quando eu ainda trabalhava em certo hospital de caráter filantrópico situado no Rio de Janeiro, defrontei-me com o caso doloroso de um paciente que mobilizou toda a atenção da equipe médica e auxiliar do hospital. Tratava-se de rapaz de 21 anos aproximados, na época, eximindo-me aqui, por razões óbvias e por motivo de natureza ética, de identificar, sendo denominado, doravante, apenas por A...

A... chegou ao hospital em cadeira-de-rodas, impossibilitado de se locomover. Acompanhado por parentes, instalou-se num dos leitos sob minha responsabilidade, sendo que sua figura, grotesca, logo chamou a atenção de todos. Era alto, forte, obeso, de uma obesidade generalizada, apresentando alterações nos membros inferiores, longos e disformes, com arqueamento das pernas, o que impedia a deambulação. À altura dos joelhos, lateralmente e um pouco acima, duas cicatrizes extensas, certamente provocadas por incisões cirúrgicas prévias; ausência total de dentes, rosto arredondado, lembrando a clássica "facies em lua-cheia" dos pacientes cushingoides. Queixava-se de dores por todo o corpo, de tal forma ser difícil acomodá-lo no leito em posição confortável. Rosto imberbe e ausência de pelos axilares e pubianos, denunciando atraso na maturação sexual.

Imediatamente foi cercado por diversos médicos e estudantes, curiosos em tentar esclarecer as causas de tão estranha síndrome.

Desde o primeiro contato, tomei-me, sei lá por quê, de grande simpatia por A... Inquietava-me o sofrimento que o assaltava. Ele, rapaz de 21 anos, com certeza, deveria estar convivendo com aqueles problemas há alguns anos. A empatia foi recíproca, pois A... apegou-se a mim desde o início, sempre me solicitando com frequência nos quase seis meses em que perdurou sua internação no hospital. À medida que lhe ganhava a confiança, conhecia-lhe os detalhes de todo o drama.

A... nascera em família humilde, lutando com muita dificuldade. Na infância revelara rara inteligência e excepcional pendor para as artes, especialmente o desenho, a escultura e procedimentos artesanais. No entanto, por volta dos sete ou oito anos, manifestara-se-lhe dificuldade no andar, com curioso arqueamento dos membros inferiores, semelhante a *genuvaro* de evolução progressiva. Certo dia, num exercício mais intenso, na escola, sentiu fortes dores acima dos joelhos, vindo a cair. Levado a hospital próximo, em pequena cidade do interior fluminense, onde residia, foram constatadas fraturas nos dois fêmures, em seus terços inferiores, além de acentuada desmineralização óssea. Foi operado e encaminhado a um serviço de ortopedia, em outra instituição, para investigação do problema. Este, porém, ficou sem solução e A... voltou à casa com recomendações fisioterápicas e medicamentos para tomar. Mais tarde, por volta dos doze anos, observou piora das deformidades nas pernas e surgimento de diurese excessiva: estava urinando de 4 a 6 litros por dia. Nova internação, agora com diagnóstico: *diabete insípido*, doença em que ou há *falta do ADH* (hormônio antidiurético), produzido pela zona posterior da glândula hipófise ou pituitária (na realidade, o ADH é armazenado para uso do organismo, sendo produzido na região do hipotálamo). O ADH reabsorve água filtrada nos rins e é graças a ele que não urinamos continuamente, o que nos obrigaria a caminhar sempre com uma garrafa de água ao alcance, de forma a evitar desidratação. Mas foi o que aconteceu ao A...: vivia dia e noite com uma à sua cabeceira, e cheia de água gelada...

A situação se acentuou a partir daí, com piora das deformidades, diurese aumentada até chegar a cerca de doze litros por dia, ausência de maturação sexual etc.

Os exames hormonais, radiológicos e bioquímicos apontavam deficiências nos hormônios do eixo hipotálamo-hipófise: diminuição de ADH, FSH, LH, ACTH, TSH, com preservação do GH (hormônio do crescimento, daí por que A... crescera, sem apresentar carência nesse setor); ausência de doença renal, que indicava a causa do diabete insípido como sendo hipotálamo-hipofisária e não renal.

Em suma, o caso de A... parecia ser uma síndrome endócrina com várias deficiências hormonais, cujo foco principal, mas talvez não único, situar-se-ia na zona do hipotálamo ou hipófise. Apesar disso, sofisticados exames de imagem não detectaram alterações na área hipotálamo-hipofisária. O diagnóstico da 'causa' do problema, portanto, não foi encontrado, restando a constatação das alterações hormonais, que permitiam fazer algo em favor de nosso paciente.

A reposição dos hormônios poderia reequilibrar moderadamente o metabolismo, embora não revertesse as alterações já instaladas, nem evitasse a progressão de possíveis outras, já que desconhecíamos a etiologia.

A... é visto até hoje, em determinado hospital, em nível ambulatorial.

Estive com ele, pela última vez, já faz muitos anos. Nessa ocasião, lembro-me bem, perdeu peso e conseguia andar, com dificuldade, é certo, e a ajuda de uma bengala. No entanto, ao me avistar, como sempre fazia, abriu largo sorriso.

Há outro lado, entretanto, na história de A...

Certo dia, estando já A... internado, há cerca de um mês, no hospital onde eu trabalhava, resolvemos nos encontrar, para um lanche e uma conversa, em seguida, ali por perto, o Newton Boechat, o inesquecível Roberto Amaro Lima de Barros[28] e eu.

O Newton e o Roberto chegaram quase que ao mesmo tempo. Enquanto eu concluía uma tarefa no setor de internação do hospital, eles, que me aguardavam, tiveram a atenção despertada por um paciente: A...

Ao terminar minhas tarefas, ambos já andavam em franca conversação com A..., ainda mais porque era dia e horário de permissão de visitas aos pacientes. Imediatamente me chamaram a atenção para detalhe que me passara despercebido, sendo realmente curioso: A... aproveitava os frascos de soro feitos de plástico, vazios, para fabricar com eles vários brinquedos engenhosos.

O interessante é que apresentavam, invariavelmente, rodas grandes em relação aos chassis, lembrando sempre tanques, carros-de-

---

[28] Roberto Amaro Lima de Barros – Desencarnado em 11 de fevereiro de 1983, na estrada Niterói-Campos, próximo a Tanguá, vítima de acidente automobilístico. Médico espírita muito dedicado, inteligência notável, fazia conferências e escrevia; professor brilhante, antes de se formar em medicina, deu aulas de biologia em vários cursos e colégios do Rio, como o Planck, Miguel Couto-Bahiense e ADN. No Planck, chefiava o Departamento de Biologia, no qual colaborava ainda o dr. Fernando José Nasser, hoje ilustre professor de psiquiatria da Universidade Federal Fluminense, e eu.

Dias antes de desencarnar, estruturava a fundação de uma sociedade para congregar médicos espíritas de todo o Brasil. Criatura muito amiga e ligada a mim e ao Newton Boechat. Muito estimado entre os colegas e também na Faculdade de Medicina da UFRJ, a qual cursou. Segundo revelação espiritual sobre a qual já me pronunciei, já sabíamos, Boechat e eu, que Roberto já tinha exercido brilhantemente a medicina em outras épocas, tendo feito, há cerca de duzentos anos, um grande bem à humanidade, através de notável descoberta científica, proporcionando até os dias modernos a salvação de milhões de vidas.

-combate, carros-de-assalto etc. Talvez sua brincadeira predileta fosse a 'guerra' e, agora, limitado ao leito, 'regredido', como se denomina em psicologia, à própria infância, pela situação de estar doente, se fixasse nessa fase, sentindo-se mais protegido, mais atendido, pensei comigo...

Newton e Roberto Amparo concordaram e expressaram profundo pesar pela limitação física de A... Física, sim, pois mentalmente saía-se muito bem, demonstrando perspicácia e inteligência agudas, mesmo para quem teve vida escolar interrompida por efeito de doença. Ficamos conjecturando que espírito estaria limitado naquele corpo enorme e grotesco, disforme, jovem, porém já com limitações! Que drama portaria aquela alma, quantas desarmonias teria vivenciado no passado, a ponto de a reencarnação o ter internado num 'veículo denso' cheio de desestruturas, expiando experiências negativas pregressas em leitos hospitalares vários? Ainda me lembro dessas indagações, prato principal das conversações durante aquele lanche, perguntas que ficaram no ar, durante muitos anos...

Vale dizer que A... foi extremamente bem tratado em termos médicos e psicológicos. Tanto nesse hospital onde trabalhei e onde o vi, quanto nos locais onde vem sendo atendido até hoje, conforme tive ciência, vem recebendo adequado tratamento médico.

O interessante é que o caso de A... tem um outro lado, que veremos a seguir. A... foi extremamente bem auxiliado pelo Roberto Amaro. Ao lado do tratamento médico que, repito, foi e vem sendo seguido à risca, encaminhou-o a centro espírita reconhecidamente sério na cidade fluminense onde ainda mora, onde passou a assistir a algumas reuniões espíritas, a receber passes 'fluídicos' e água 'magnetizada'. Com efeito, não se obteve cura, o que não se esperava, naturalmente, mas, pelo menos, conseguiu acentuada melhora, certo alívio e conforto.

É importante que se comente sobre a importância e o efeito que a fé e certas convicções religiosas possam exercer sobre a saúde das criaturas em geral. Estudos científicos já antigos oferecem evidências nesse sentido, como os conduzidos por Alexis Carrel e seu colega Lecomte Du Nouy.

Mais recentemente, sob a temática "Medicina e espiritualidade", ou mesmo "Saúde e espiritualidade", numerosos trabalhos científicos vêm surgindo no sentido de evidenciar o benefício que uma atitude de 'natureza espiritual' exerce sobre a saúde de muitos pacientes, independentemente do tratamento convencional médico que esteja sendo empregado.

O tema "Medicina e espiritualidade" ou "Saúde e espiritualidade" já se converteu em disciplina de cursos de graduação em diversas faculdades de medicina nos Estados Unidos e mesmo em países europeus. No Brasil, algumas faculdades de medicina já possuem essa disciplina oficialmente inserida em seus currículos.

Não se trata de contrapor os conhecimentos científicos tradicionais aos que vêm surgindo e que demonstram, também cientificamente, aspectos atualmente ignorados pela medicina. Importa, sim, em acrescentar aos tratamentos médicos tradicionais outras formas terapêuticas que, embora desconhecidas, possuem efeito constatado, com evidências científicas.

Os espíritos desencarnados não se cansam de aconselhar às criaturas para, em caso de problemas de saúde, procurarem a medicina e os médicos encarnados, que estudam e se preparam para lidar com doentes e doenças. Por outro lado, não se pode deixar de admitir que o conhecimento médico progride e há muita coisa ainda ignorada por nossa ciência médica.

E a própria ciência vem demonstrando que a fé e determinadas práticas 'espirituais', não se confundindo aqui o termo 'espiritual' com qualquer seita ou religião, possuem efeito detectável e efetivo no tratamento ou alívio de muitas enfermidades.

O tempo passou e, muito após esse encontro com o A..., em que o Newton e o Roberto tiveram a oportunidade de conhecê-lo, conversava eu com o Newton sobre como eram dolorosos certos casos com que nos deparamos no exercício da medicina, situações certamente engendradas em função da lei do carma, segundo nossa concepção espírita, quando, subitamente, Boechat pediu que reduzíssemos discretamente a luz, pois percebera a presença do Jardel, ex-sacerdote essênio que se lhe constituiu mentor espiritual nesta última jornada terrena.

Jardel aproximou-se e disse-lhe que me informasse, para efeito de estudo e compreensão, dentro de nossas concepções, que A... fora, em sua última encarnação, "um dos oficiais da Alemanha nazista responsáveis pelo massacre, muito conhecido nos anais históricos, ocorrido na aldeia tcheca de Lídice". Padecia, portanto, no atual momento reencarnatório, um processo semelhante a *sufocação perispirítica*, por excesso de quadros ou clichês das vítimas do massacre, cenas gravadas na mente espiritual, resultando no quadro clínico detectável na atual encarnação. Esta comunicação ocorreu em poucos minutos, no meu apartamento, em 29 de janeiro de 1985. Pediu-me Jardel, além disso, para coligir dados sobre o episódio, ilustrativos do fato, sendo exatamente o que fiz.

Segundo consta na *Enciclopédia Britânica*, Lídice era pequena aldeia da região central da Boêmia, na atual República Tcheca. Representava um dos departamentos de mineração da bacia de carvão-vegetal de Kladno e, antes da II Guerra Mundial, tinha aproximadamente 450 habitantes. Em 10 de junho de 1942 a aldeia foi completamente destruída pelos alemães nazistas. Seu povo, acusado de cumplicidade no assassinato de um líder nazista. A destruição de Lídice se constituiu numa represália. Todos os homens (190) foram fuzilados. As mulheres, deportadas, principalmente para o campo de concentração de Ravensbrück, e as crianças, espalhadas por várias famílias nazistas. Muitas desapareceram sem deixar vestígios. Lídice foi reconstruída como uma espécie de memorial nacional em homenagem à infortunada população.

Eis a razão profunda de tamanhos desequilíbrios: na encarnação anterior, como oficial nazista, um dos participantes do massacre, A... registrara no seu psiquismo as deploráveis cenas da matança. Ao desencarnar, com a percepção dilatada, é de se admitir tenha passado a registrar na mente, e de forma contínua, os desagradáveis clichês. Isto se não foi assediado, também, em processo obsessivo, pelas vítimas do acontecido. Daí, automaticamente, deve ter se seguido a superposição mental do "infeliz filme" de maneira progressiva a sedimentar-se no psiquismo, terminando na "sufocação perispiritual" a que se referiu o mentor Jardel, na falta de termo adequado na linguagem racional humana.

Imagino eu, por hipótese, que essa "sufocação perispiritual" tenha sido responsável pela desarmonia do campo magnético-espiritual do perispírito de nosso antigo oficial nazista, que, ao reencarnar, ligando-se às células físicas, impusera-lhes, através de impulsos magnéticos desequilibrados, captados pela molécula de ADN, as alterações detectadas pela medicina terrena.

Também agora compreendemos os estranhos dotes artísticos de A...: carros-de-combate, jipes, carros-de-assalto e tanques, feitos com os recipientes de soro! Certamente, reminiscências da época crucial, filtradas através da capacidade artesanal do nosso amigo, fabricando os objetos, mais uma vez lembrando o passado remoto, pré-encarnatório!

Tempos depois, acho que já em 1989, fomos fazer uma palestra, Boechat e eu, no Centro Espírita de Jacarepaguá, no Rio de Janeiro, na ocasião dirigido pelo nosso grande amigo Amaury de Souza. Na entrada, no quadro de avisos, uma notícia, em jornal sobre esperanto, sobre a cidade de Lídice. Coincidência, pois a palestra da noite foi sobre o tema "a reencarnação e suas evidências". Boechat abordou a parte religiosa e filosófica, eu a científica. Narrei, como exemplo, o caso de A..., obviamente omitindo qualquer informação que pudesse identificá-lo. Ao término da palestra, fui abordado por um senhor de meia idade, da assistência, que me disse possuir mediunidade. Perguntou-me, então, em sigilo, a um canto do recinto, se o nome do A... não seria... (e referiu o nome exato – de 6 letras – da pessoa em questão, para meu espanto!) Mais uma das 'coincidências' a cercarem o episódio do A... (ou seria a famosa sincronicidade, a que tanto alude Jung ?) e que restam à reflexão e estudo dos espiritualistas e dos materialistas renitentes...

Tudo isso quando o perispírito adoece...

16. Sonetos Mediúnicos Despertam Pompeia de Sono de Dois Mil Anos

No dia 3 de setembro de 1977, na residência do dr. José Pereira Brasil, em São José do Rio Preto, São Paulo, Newton Boechat notou a aproximação espiritual de Lívio Barreto, poeta cearense desencarnado, que lhe ditou o soneto abaixo:

ESPERA

Nada resta hoje em nós das orgias romanas...
Os encontros em Stabia, a loucura em Pompeia...
As bacanais em Roma, em Tiro, em Cesareia...
Folguedos saturnais... Alegres doidivanas!...

Tudo o tempo apagou... As distrações levianas
São lembranças do pó. Marmórea Citereia[29]
Ornamento de lar que te dei na Bereia[30]
E o Vesúvio destruiu em lavas soberanas...

Mudaste tu... mudei-me em arauto do Cristo;
Aspiras sempre ao Bem... No teu hálito existo,
Buscando o vero amor no caminho da luz;

[29] Citereia – nome dado pelos gregos à deusa Vênus.

[30] Bereia – Antiga região de influência grega.

No fim da trilha humana, além, te esperarei,
Teu coração no meu por tesouro terei,
Quando aos pés do Senhor depuseres tua cruz!...

Lívio Barreto

Em 9 de dezembro de 1977, na residência do engenheiro Hernani Guimarães Andrade, Boechat recebeu a visita espiritual ainda de Lívio Barreto, poeta nascido na cidade de Granja, no Ceará, quando de sua última encarnação. Nesta ocasião, ditou o soneto abaixo, dedicando-o a distinta senhora da sociedade paulistana, então militando no movimento espírita e na parapsicologia. Revelou ele, ao nosso médium, que vivera em companhia da mesma quando estiveram encarnados em Pompeia, há quase dois mil anos.

SAUDADES DE POMPEIA

Saudades de Pompeia... Os deuses-lares...
O triclínio dourado... A nossa fonte
A marulhar canções de amor ao monte
– O Vesúvio dos teus e meus pesares...

A Vênus do jardim... Raios lunares
Que prateavam a fímbria do horizonte;
A roseira do Ródano e a ponte
Banhada pelos tons crepusculares.

As flores junto à estátua que te dei
E que o Vesúvio consumiu, um dia...
Tudo em meu ser evoca essa saudade!

Além do véu da carne, esperarei,
Para viver contigo, em alegria,
O que gravamos para a Eternidade!...

Lívio Barreto

Segundo consta a tradição, Pompeia, a famosa cidade que tantas motivações já forneceu ao cinema, literatura e teatro, teria surgido por iniciativa dos povos Oscos, habitantes da Campânia, região da Itália. Isso teria ocorrido por volta do século VIII a.C. Porém, em termos arquitetônicos e urbanísticos, a cidade só se consolidou em torno do século VI a.C. Nesta ocasião, a situação era de pleno domínio grego. Para escapar da ameaça dos etruscos, povos donos do território interior da Campânia, Pompeia fez vários pactos de aliança comercial com os gregos, visando a sobreviver. Mesmo assim, esteve dominada pelos etruscos, voltando ao domínio grego em 474 a.C. Assim ficou por 49 anos, até 425 a.C.

Em fins do século V a.C., entretanto, um povo nativo mais aguerrido, os samnitas, expulsou os gregos do local. A cidade passou a refletir, na arquitetura, língua, religião e costumes, a orientação dos conquistadores. Resistindo bravamente, entre 310 e 80 a.C., ao poderio romano, acabou caindo nas mãos deste povo na última data, sendo oficializada como colônia. Iniciou-se um processo de romanização da cidade. Nobres romanos adquiriam propriedades nas suas vizinhanças. Sua população, todavia, conservava, a despeito da influência romana, o velho espírito regionalista. É curiosa, neste sentido, a narrativa de Tácito, quanto a um episódio ocorrido no ano de 59 a.C.:

> [ ] durante um espetáculo em anfiteatro, por uma discussão banal, daquelas fáceis de surgir entre facções torcedoras por este ou aquele gladiador, estourou violenta luta envolvendo pompeianos e nucerinos presentes; estes, em menor número, perseguidos pelo povo, levaram a pior. O Senado teve conhecimento, decretando a sanção mais dolorosa que podia ser aplicada a um povo cuja paixão pelos espetáculos havia superado à de todos os demais: o fechamento do anfiteatro por dez anos!

Em 63 d.C., novo golpe: atingida por um terremoto, a cidade iniciou reconstrução gradual e penosa.

Porém, no mês de agosto de 79 d.C., sobreveio a ruína definitiva. O Vesúvio despertou, despejando toneladas de pedras, cinzas e lavas sobre a cidade. Conta-se que o fenômeno encobriu o sol. Plínio, o Jovem, relatou a tragédia em duas cartas escritas a Tácito. Pompeia foi soterrada por camada de cerca de seis a sete metros de escombros. Os habitantes, em sua maioria, faleceram no evento. Os que escaparam, morreram próximo ao litoral; aqueles refugiados em porões, sucumbiram pelo efeito das exalações venenosas.

Conta-se que a erupção vitimou o famoso almirante e naturalista Plínio, o Velho. Partindo de Miseno, em socorro das vítimas, só conseguiu, por causa do bloqueio desencadeado pela catástrofe, desembarcar em Stabia, já agonizante, em virtude da aspiração de vapores venenosos.

Contudo, o acontecido com Pompeia permitiu aos arqueólogos o estudo de uma cidade 'paralisada' num determinado momento de sua vida, quando esta era intensa. Daí a oportunidade de reconstituição, única na história, da intimidade das casas, estudo de costumes, interiores, decoração, inscrições, templos.

Mais tarde, entre 1594 a 1600, é que o arquiteto Domênico Fontana, casualmente, ao construir um aqueduto local, encontrou ruínas e inscrições. Curiosamente, mais acessíveis que as de Herculano. Contudo, só em 1763 iniciaram-se escavações sistemáticas, com o apoio do governo francês. Em 1861, o governo italiano tomou a frente dos trabalhos, graças à iniciativa de Giuseppe Fiorelli.

Fiorelli foi quem idealizou o engenhoso artifício para obter reproduções de imagens das vítimas da erupção: injetava gesso líquido no vazio deixado na massa de cinzas daquilo que fora um corpo, anteriormente. A mesma técnica, aplicada a portas, escadas, árvores e móveis, enriqueceu os conhecimentos sobre Pompeia e a vida levada por seus habitantes. Assim obtiveram os conjuntos da "Casa dei Vettii", "Amorini Dorati" e outros mais.

Segundo dados fornecidos pelas pesquisas, a cidade assentava-se sobre um maciço de cerca de quarenta metros acima do nível do mar, formado de lava solidificada.

Suas ruas cruzavam-se em ângulo reto, flanqueadas de paralelepípedos, compondo os meios-fios; pavimentadas com pedras do Vesúvio, eram cruzadas com frequência por grandes blocos, tornando mais cômoda a passagem de pessoas de um lado para o outro da rua.

Em termos de estrutura, a cidade não era uniforme. Esta descontinuidade, entretanto, refletia sua história nos seis séculos de existência, desde o século VI a.C. até o ano 79 d.C., registrando características das civilizações ou povos que a dominaram neste lapso: gregos, etruscos, samnitas, romanos.

A decoração das casas e estabelecimentos também obedecia e refletia estes períodos, podendo ser dos seguintes estilos: de incrustação (entre 150 e 80 a.C.), arquitetural (de 80 a.C. a 14 d.C.), egiptizante (de 14 a 63 d.C., quando do terremoto) e ornamental (de 63 d.C. a 79 d.C.). Este último foi o mais marcante, distinguindo-se dos anteriores pela presença de esquemas fantásticos, irreais, ilusórios, expressando o caráter luxuoso e mercantil de Pompeia pré-erupção. Parecia notável a decoração em mosaico em todas as casas, com predileção pela acentuação cromática.

A casa pompeiana típica era interessante: dava para a rua por estreito corredor (*ostium*); em torno a um pátio central (*atrium*), estavam os aposentos (*cubicula*); o *atrium* era coberto por quatro vertentes de telhado, de forma a captar água da chuva e armazená-la em recipientes do solo para desembocar na cisterna; nas extremidades do *atrium* abriam-se as *alae*. Ao fundo do *atrium* e de frente para a estrada, situava-se o *tablinum*, lugar mais sagrado da casa, onde se faziam as reuniões familiares. Uma passagem lateral dava acesso ao jardim (*hortus*), cercado por altos muros. A casa era semelhante a pequena fortaleza.

O notável, no desenvolvimento da estrutura das casas pompeianas, foi o gosto crescente pela decoração, tornando-se mais rebuscada e viva, quanto à cromática dos ambientes. E também a tendência a poucos andares, ao contrário da maioria dos edifícios romanos que, no lugar da ornamentação e decoração das paredes, inauguraram a era do ladrilho.

A população pompeiana atingia, na época da erupção, aproximadamente vinte mil pessoas.

Em suma, uma rica localidade, surpreendida pela fúria do Vesúvio, deixando-nos impressa nas ruínas um registro único de sua arte, arquitetura, costumes etc.

Fato interessante acompanhou a recepção dos sonetos pelo nosso médium. O poeta Lívio Barreto, desencarnado, além da revelação de sua vida anterior em Pompeia, ao lado da companheira daquela ocasião, na época da recepção do soneto reencarnada em São Paulo, acrescentou o nome "*Amorini Dorati*". Inicialmente, admitiu Boechat tratar-se do nome, àquela época, da personalidade vivida por Lívio Barreto. Ficou esta impressão até o início da pesquisa que originou este capítulo.

Manuseando farto material cedido gentilmente pela minha tia, a conhecida professora Alcídia Perez Pia, de Campos, no objetivo de aprofundar conhecimentos sobre a sociedade pompeiana, encontramos, no canto de uma página de opúsculo obtido por ela quando de estada na própria Pompeia, o nome "*Casa Degli Amorini Dorati*". Apressei-me na consulta, que me interessava sensivelmente. Soube então que a "Casa dos Amorezinhos Dourados" ou a "Casa dos Cupidos Dourados" pertencia a Popeo Abito, proprietário que tinha, por acaso, a mesma origem gentílica que Popeia, mulher do imperador Nero. Era talvez a residência em que se afirmava o gosto artístico mais refinado da época neroviana, em Pompeia. Popeo Abito cultivava hábitos religiosos orientais, como denunciava a presença de pequena capela para o culto de Ísis em dependências da casa. O seu nome, "*Casa Degli Amorini Dorati*" devia-se à decoração do dormitório, pela presença de pequenos discos vítreos exibindo cupidos, finamente gravados em lâminas de ouro.

Newton Boechat na residência da professora Alcídia Perez Pia, quando da elaboração da pesquisa que trouxe elementos para este capítulo.

Mas deixemos de lado, por momentos, Pompeia e as destruições materiais com sua reconstituição para imaginar como o processo poderia ser encarado do ponto de vista espiritual.

Naturalmente, de acordo com os conceitos que aceitamos, sabemos que a destruição física de Pompeia teve suas razões profundas escudadas na necessidade de progresso espiritual daqueles espíritos, por causa de flagelos impostos a outrem, no passado. É o que depreendemos da pergunta nº 737 de *O livro dos espíritos*, de Allan Kardec. Kardec perguntou aos espíritos: " – Com que fim fere Deus a Humanidade por meios de flagelos destruidores?" Respondem as entidades:

> – Para fazê-la progredir mais depressa. Já não dissemos ser a destruição uma necessidade para a regeneração moral dos Espíritos que, em cada nova existência, sobem um degrau na escala do aperfeiçoamento? Preciso é que se veja o objetivo, para que os resultados possam ser apreciados. Somente do vosso ponto de vista pessoal os apreciais; daí bem que os qualificais de flagelos, por efeito do prejuízo que vos causam... Essas subversões, porém, são frequentemente necessárias para que mais pronto se dê o advento de uma melhor ordem de coisas e para que se realize em alguns anos o que teria exigido muitos séculos. (Kardec, Allan. *O livro dos espíritos*. Feb, tradução Guillon Ribeiro.)

Os espíritos não poderiam ter sido mais claros!

Curiosa, ainda, é a ligação de Emmanuel, mentor do nosso grande Chico Xavier, com Pompeia. Na época em que era senador romano, conforme nos narra no romance *Há dois mil anos*, Publius Lentulus Cornelius (Emmanuel) era casado com Lívia, tendo tido uma filha de nome Flávia. O então senador era totalmente dedicado à política. A esposa, ao contrário da mulher romana em geral, "entregue à dissipação e ao luxo excessivo,

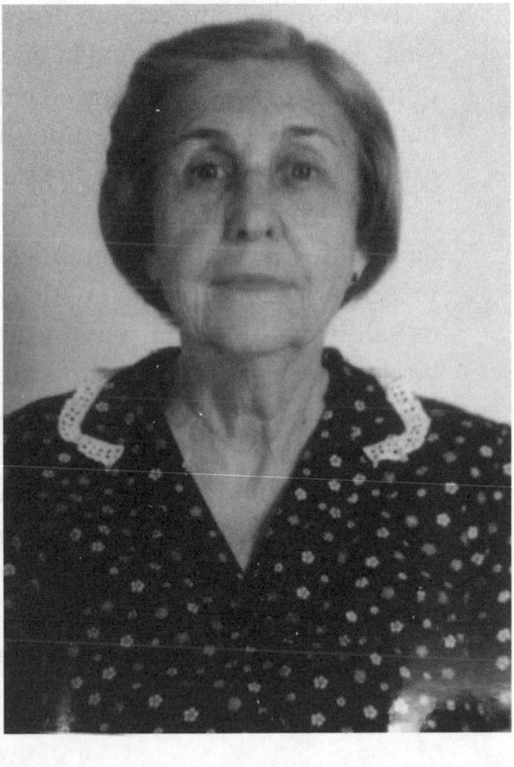

Professora Alcídia Perez Pia, tia do autor, que colaborou na pesquisa efetuada sobre Pompéia..

em detrimento das obrigações santificadoras do lar e da família", seguia os costumes mais brandos da sociedade da época. Estava, portanto, entre aquelas que cultivavam as antigas virtudes familiares. Já a filha, Flávia, sofria com a hanseníase, doença bastante comum e, na época, sem cura.

Conforme narra Emmanuel, Lentulus foi enviado para Jerusalém, onde os ensinamentos de Jesus fervilhavam. Ao ir para Cafarnaum, levando a filha, cuja saúde já estava frágil, defrontou-se com Jesus, sendo tomado de grande emoção, ao ponto de chorar. Jesus lhe exortou, então, a regenerar-se, admoestando-lhe que se achava em ponto nevrálgico de sua existência. Públio ficou tão impressionado que desmaiou.

Voltando ao lar, viu que a filha tinha sido curada, mas, embora o testemunho e os argumentos de Lívia, recusou-se a reconhecer em Jesus o autor da cura. Ao final de sua vida, Lentulus se retirou para residência em Pompeia, e só então começou a entender claramente os ensinamentos que recebera de Jesus naquela oportunidade em Cafarnaum. Lêntulus desencarnou no ano 79 – quando o Vesúvio entrou em erupção e soterrou Pompeia – com outra visão sobre o Mestre dos mestres.

No caso de Pompeia, um grupo de espíritos, comprometidos com a vida, sofreu, em determinada encarnação, o resgate de problemas adquiridos em vidas anteriores. Ao determinar destruição e dor, exterminando a 'casca corporal', permite-lhes a vida verdadeiro processo de 'decantação mental', objetivando estágios mais venturosos para o futuro.

Conforme lembrava Arnald Toynbee, célebre estudioso da história da civilização, antes de grandes traumas civilizatórios detecta-se a presença de certas características nos povos em decadência, quando os valores se invertem, a ambição e o luxo desmedido grassam desarvorados, a desonestidade e o crime, de tão corriqueiros e volumosos, quase se institucionalizam. Não pareceu ter ocorrido algo semelhante a Pompeia, nos seus últimos anos?

O mesmo pode-se dizer quanto a Herculano, cidade também atingida pela erupção do Vesúvio em 79. Também há uma obra muito curiosa, denominada *Herculanum*, de autoria espiritual do famoso conde Rochester, psicografia pela também notável médium Wera Krijanowskaia. *Herculanum* é mais um dos clássicos de autoria de

Rochester, autor tão apreciado por numeroso público — espiritualista ou não. Na obra *Herculanum*, com seu estilo único, Rochester escolhe como palco de sua narrativa o império Romano. Na época encontrava-se encarnado como Caius Lucilius, no primeiro século da era cristã; Rochester descreve com requinte o cenário e os costumes dos habitantes da antiga cidade de Herculanum que, juntamente com Pompeia, é destruída pelo Vesúvio no ano de 79 d.C. Numa narrativa cativante, relata a simpatia e também a animosidade que o ligam a colegas, familiares, amigos e companheiros de antigas encarnações, seguindo juntos o caminho em busca do progresso espiritual.

Porém o livro nos reserva mais uma grande surpresa: narra ele a trajetória espiritual de Allan Kardec (presente na obra através da venerável figura do Pai João — e seu extraordinário encontro com Jesus).

Para quem deseja mergulhar no ambiente que cerca as tragédias ligadas ao Vesúvio em 79, recomendo a leitura dessas duas notáveis obras mediúnicas, *Há dois mil anos* e *Herculanum*.

Acompanhamos, portanto, a história da cidade de Pompeia, as escavações e a reconstituição das casas, templos, edifícios públicos, tudo no terreno material. E no campo extrafísico? Seria possível uma reconstituição espiritual de Pompeia, no sentido de tentar captar-lhe detalhes ainda não apreendidos pelos arqueólogos encarnados? Seria uma espécie de arqueologia do Além?

Acredito que sim. Basta nos reportar aos diversos romances mediúnicos de que temos conhecimento, onde o autor espiritual, convocando os protagonistas do episódio ocorrido há séculos, obtém destes o relato preciso, encerrado em suas memórias espirituais, tanto quanto a reconstituição perfeita dos locais onde se passaram os fatos, mediante mentalização conjunta do grupo de entidades participantes. As emissões mentais combinadas talham na 'matéria psi', ou na matéria não-física, os painéis ou ambientes de tempos remotos, registrados nos seus mínimos detalhes. Isto faculta ao escritor espiritual a descrição mais fidedigna dos acontecimentos.

Assim procedeu, por diversas vezes, o famoso conde J. W. Rochester, autor espiritual de vários romances muito apreciados pelo público, através da mediunidade de Wera Krijanowskaia. Um desses livros, que já citamos, foi *Herculanum*. Outro, romance que se baseia em narrativas de personagens convidados a reconstituírem os ambientes em que viveram é *A abadia dos beneditinos*.

E chegamos ao fim das considerações, nos regozijando pela oportunidade que os sonetos mediúnicos nos ofereceram para despertar Pompeia de um sono de quase dois mil anos!

17. Quando o Além também Receita

O fato que vou narrar a seguir aconteceu no ano de 1980, num grande hospital de caráter filantrópico do Rio de Janeiro, em que eu então trabalhava. Deu-se numa quinta-feira, lembro-me bem, já ao fim do expediente. Eu finalizava algumas atividades junto a doentes, aguardando a chegada do Newton Boechat para lancharmos e irmos, em seguida, à reunião espiritual que frequentávamos nas quintas de noite.

Quase ao fim do trabalho, a enfermeira anunciou a chegada de novo paciente. Vamos chamá-lo de Carlos, ocultando de propósito sua identidade. Veio conduzido numa maca, trazida por dois funcionários e acompanhado de familiares. Carlos aparentava intenso sofrimento, estava prostrado, emagrecido, a todo momento levando as mãos ao abdome, enquanto deixava escapar gemidos, entrecortados pela respiração rápida e ofegante. Vez por outra manifestava acessos de vômitos, com lamentos e grande agitação. Mal conseguia se expressar. Com dificuldade, respondeu a algumas perguntas, julgadas as mais importantes e a equipe médica só obteve as informações restantes com os próprios familiares do paciente.

Foi colocado num leito da enfermaria, teve seu corpo ajeitado para posição mais confortável, ficando sob orientação de nossa equipe médica. Afastando-me, discretamente, obtive algumas informações com a esposa. Carlos tinha quarenta e seis anos de idade, e há cerca de três anos apresentava episódios periódicos de dores abdominais em cólica, anteriormente contidos pelo uso de analgésicos. Há vinte e quatro horas, entretanto, as dores não cessavam, nem com analgésicos, tendo surgido vômitos, com parada de eliminação de gases e de fezes, além do crescimento do volume abdominal. Acompanhado da esposa, procurou um serviço de emergência, onde foi atendido e encaminhado para nosso hospital.

Carlos estava pálido, desidratado, com pulso rápido e fino, pressão arterial baixa, abdome distendido e muito doloroso à palpação. Seu peristaltismo estava acelerado.

Conversamos, os membros da equipe, considerando a sintomatologia, que apontava para um quadro abdominal agudo obstrutivo. Entretanto, havia duas hipóteses como causas prováveis da condição: processo intestinal mecânico, causado por volvo, brida ou tumor, dificultando o trânsito intestinal; ou pancreatite aguda, com todas as repercussões conhecidas.

Seriam necessários certos exames para esclarecimento da causa. Enquanto isso, iniciamos a hidratação do Carlos por via parenteral, aplicando soro, além da introdução de sonda nasogástrica para reduzir a distensão abdominal. A seguir, amostras de sangue foram colhidas para exames rotineiros e, principalmente, para dosagem sanguínea de *amilase*, indispensável para confirmar ou afastar o diagnóstico de pancreatite aguda. Preparamos, ainda, o paciente para fazer uns exames radiológicos. Carlos foi em seguida conduzido ao serviço de radiologia do hospital, onde foi radiografado em diversas posições. Na época, não era disponibilizada ainda em nosso hospital a utilização da ultrassonografia abdominal, que muito ajudaria no esclarecimento do quadro. Retornou ao leito e ficamos todos aguardando os resultados para tomar outras decisões.

Nesse momento, chegou o Newton Boechat. Dirigi-me a ele, tão logo o avistei, para as saudações habituais, iniciando logo em seguida conversação a respeito de nossa reunião noturna. Boechat notou a movimentação em torno do leito do Carlos, pareceu concentrar-se, por um instante e pediu-me para nos afastarmos um pouco, pois precisava falar-me.

Atendido o pedido, disse-me literalmente, que o paciente em questão, que acabara de avistar, estava com pancreatite aguda. Surpreso, indaguei-lhe como sabia, uma vez que não era médico nem trabalhava na área de saúde; não conhecia detalhes sobre doenças, o que sempre me disse que não conhecia; muito menos ainda sabia quem era o Carlos e sequer o que este estava sentindo, pois não houvera sequer tempo para tal.

Respondeu-me, apenas, que estava sendo mediunicamente informado de tal, aparentemente por algum médico desencarnado presente, que não queria se identificar.

E mais ainda: sem querer interferir no nosso diagnóstico e também na terapêutica, sugeria a administração do medicamento Tagamet para o caso de pancreatite aguda.

Fiquei pasmo, pois Tagamet, remédio lançado no mercado há muito pouco tempo, naquela ocasião, era totalmente desconhecido do médium. Tagamet foi um dos nomes de fantasia da cimetidina, remédio utilizado para combater a acidez gástrica e das secreções digestivas em geral, já sendo empregada com êxito no tratamento das úlceras pépticas e, àquela época, preconizada também, como última novidade, no controle clínico das pancreatites não complicadas.

Ainda estupefato que me encontrava, não notei a chegada dos resultados dos exames complementares: a dosagem da amilase sanguínea acusava cifras acima de mil unidades e as radiografias descartaram a possibilidade de processo obstrutivo intestinal mecânico. Com isso, se confirmava o diagnóstico de pancreatite aguda.

Pedi então a uma colega médica da equipe que fizesse o resumo do caso e redigisse a terapêutica adotada, sem minha interferência. Em seguida, mostrei ao Newton: lá, obviamente, constava o nome Tagamet, originando um sorriso de satisfação do Boechat.

Logo depois narrei o ocorrido aos colegas, apresentando-lhes o médium, que não era médico. Se acreditaram? Não sei, pois os espíritos, objetivando sobretudo a caridade, não se preocupam muito na crença ou descrença por parte dos encarnados. Eles gostam muito é de deixar certas marcas no caminho, prontas para pesquisas, para quem assim desejar. Para ter sucesso nessa tarefas, contudo, é preciso despir-se de preconceitos e de vaidades acadêmicas.

Distraídos de uma realidade espiritual, ignoramos que estamos vigiados por "nuvens de testemunhas" (Paulo, em Hebreus 12,1), que a todo momento nos auxiliam, nos intuem e nos inspiram, como o caso em questão nos exemplificou.

18. Considerações Sobre a Reencarnação

No dia 3 de setembro de 1978, na cidade de Caxambu, Minas Gerais, por ocasião de palestras proferidas, Boechat captou mediunicamente o soneto abaixo, de autoria do poeta cearense Epiphanio Leite. Houve dificuldades em se identificar o tipo popular retratado pelo poeta, por haver desencarnado há quatro décadas. A identificação foi feita por hoteleiros há muito radicados em Caxambu.

SINHANA

(Dedicado à amiga desencarnada que viveu nesta cidade há muitos anos em prova de mendicância e limitação mental).

Vejo-te a mendigar na Caxambu de outrora...
Carregas, aloucada, as latinhas na rua...
No morro moras só... Por vela tens a lua...
A molecada xinga a pedinte que chora...

Comes sobras de lixo... A saúde piora...
O frio matinal te encontra quase nua...
Desfias teu rosário em dor somente tua...
Pois ninguém te auxilia e ninguém te deplora...

Difícil vislumbrar na mendiga Sinhana
Seu passado imperial... a distinta marquesa,
Orgulhosa a exibir suas joias fulgurantes...

Mas, além desta vida uma lei soberana
Restaura um coração na espiritual nobreza
A conduzir Sinhana às esferas faiscantes!

Epiphanio Leite

Em 6 de setembro de 1975, Boechat visitou o Centro Espírita Leôncio de Albuquerque, situado à rua Oscar Fonseca, no bairro Fonseca, em Niterói, a fim de rever companheiros daquela simpática organização, bem como abraçar os amigos Júlio César Grandi Ribeiro, médium que militava na Casa Espírita Cristã, de Vila Velha, Espírito Santo, e seu companheiro Dalmir Ferreira dos Santos, dirigente daquela instituição.

Ao anoitecer, após uma reunião, passou-se à conversação informal no pátio interno da Sociedade. Júlio César discorria a respeito de atividades espíritas em Vila Velha.

Aproximou-se, então, um espírito-poeta e começou a ditar o soneto abaixo ao Newton. Este solicitou a Júlio César para escrevê-lo, pois que se encontrava com lápis e papel disponíveis. Assinou-o o poeta Ulysses Sarmento.

A UMA QUERIDA ENFERMA

Eras formosa filha do deserto
Quando passavam grandes caravanas
Bailavas, sorridente, doidivanas
Num oásis do Sahara, a céu aberto;

Cameleiros do Egito, ali por certo,
Pousavam para ter-te, leviana,
Transformaste em cifrão tua cabana,
Ninho de todos, de paixões referto;

Minha odalisca! Eis que te encontro aqui
No catre em que a doença te confina,
A purgar-te na dor que regenera;

Eu bendirei tua cruz porque te vi,
Dois séculos depois em Colatina,
Superando a loucura de outra era...

Ulysses Sarmento

A indagação ficou. Quem seria Ulysses Sarmento? Permaneceu o soneto guardado quase dois meses, pois Júlio César ficou de averiguar. Porém, chegando a Vila Velha, voltou aos seus afazeres e, ainda mais, com enfermidade impeditiva.

Na primeira quinzena de outubro de 1975, o dr. César Burnier, orador e escritor espírita, residente no Rio de Janeiro, recebeu em seu apartamento, na rua Miguel de Lemos, no Rio de Janeiro, a visita da dra. Rafaela Damázio de Jesus, de Vitória. Com ela, no mesmo endereço, esteve o Newton Boechat, tendo aludido ao fato ocorrido no Centro Espírita Leôncio de Albuquerque. A advogada, pessoa muito relacionada em Vitória, propôs-se a apurar o assunto. De volta ao Rio, trouxe os dados que faltavam: Ulysses Sarmento, ou melhor, Ulysses Teixeira da Silva Sarmento, foi escritor e poeta nascido em Vitória a 30 de junho de 1875. Desencarnou no Rio de Janeiro, com a idade de trinta e quatro anos. Filho do professor Miguel Sarmento, foi capitão do Exército (aliás, o Newton Boechat registrou o poeta vestindo farda antiga, rosto cheio e apresentando bigode). Pertenceu à Academia Espírito-Santense de Letras, ocupante da cadeira nº 4, sucessor de Álvaro Henrique Moreira de Souza, conhecido nos meios literários brasileiros pelo pseudônimo de Saul de Navarro. Falecendo este, a cadeira número 4 foi ocupada pelo saudoso poeta Geraldo da Costa Alves. Depois, a mencionada cadeira pertenceu ao professor Aylton Rocha Bermudes e Ulysses Sarmento continua a ser patrono da mesma. Existe em Vitória, na praia do Canto, uma rua com o seu nome.

O poeta gostava muito de explorar motivos orientais, particularmente do Egito, sendo mesmo Cleópatra uma constante em suas poesias. Abaixo, relacionamos um soneto do autor, elaborado na época de encarnado, intitulado "Poeta" e publicado na *História da literatura espírito-santense*, de Affonso Cláudio (1912):

POETA

Este, que a lira de ouro modulando
Passa sereno pela estrada em fora
Que aos astros fala e vive interrogando
A natureza vívida e sonora;

Este, que como as aves vai cantando
Ao bafejo puríssimo da aurora,
Que vive as flores trêmulo beijando,
E algumas vezes se enternece e chora;

Este, repito, há de cantar enquanto
Sentir na ideia a rítmica do verso,
Enquanto aos olhos borbulhar-se o pranto.

Há de cantar a crença, a luz, a flor
Enquanto houver a vida no universo
Enquanto houver nos corações o amor.
Ulysses Sarmento

A ideia da reencarnação é muito antiga na história da humanidade. Os povos primitivos já a possuíam, acreditando que a alma deixaria o corpo durante o sono, sendo da mesma natureza em plantas e animais. Esta concepção baseava-se nos sonhos, interpretados como experiências reais quando do sono físico, ao vagar a alma durante o descanso do corpo. Admitia-se que ela seria bastante pequena para deixar o organismo físico através da boca. Alguns povos identificavam a alma com pássaros pequenos, por exemplo !

Em decorrência, aceitavam a possibilidade da reencarnação, ou seja, a alma vir a nascer em novo corpo. Talvez o antigo hábito de dar às crianças nomes de parentes já falecidos se baseie nessas crenças.

Na esfera do pensamento ocidental, observamos referência à reencarnação nos relatos de Orfeu, no século VI a.C. Nessa concepção, a ideia reencarnacionista aparece combinada a uma teoria sobre a origem do homem, relacionando-se ao antigo tema do 'pecado original'.

O homem ter-se-ia originado da fuligem dos corpos carbonizados dos Titãs, assassinados por Zeus com seus raios, após aqueles haverem assassinado e devorado seu filho Zagreu. Segundo tal crença, o ser humano traria em si um pequeno elemento positivo, divino (Zagreu) e um grande, negativo e perverso (Titã) que lhe competiria eliminar a fim de alcançar o estado divino. No decorrer do processo, do embate, sua alma sobreviveria à morte corporal, sendo recompensada ou punida em outro mundo, reencarnando em corpo humano ou de animal, dando continuidade ao que a tradição chama de 'roda', 'círculo' ou 'ciclo'.

Píndaro (522 a.C. – 443 a.C.), famoso poeta grego, nos legou interessantes relatos pelos quais o 'ciclo' estaria formado por dois mundos adjacentes locais de recompensa ou punição para a conduta tomada quando da passagem pelo outro mundo; os que conseguissem viver corretamente seriam premiados com um estado de felicidade eterna.

Lembro aqui ao leitor a curiosa semelhança dessa crença com o conceito da chamada 'queda espiritual', representando, em algum momento, um 'desvio' ou 'desarmonização' da criatura em sua senda evolutiva. Isso se encontra tão fortemente entranhado nas mitologias e em outras partes do conhecimento que poderia configurar uma espécie de 'arquétipo' da humanidade, usando aqui uma terminologia junguiana.

Apenas como exemplo, o tema se encontra no *Gênesis*, no seu capítulo 3, "a tentação de Eva e queda do homem", versículos de 1 a 24, inclusive; ou no *Evangelho segundo Lucas*, no seu capítulo 15, versículos de 11 a 32, inclusive, a famosa "parábola do filho pródigo"; o próprio *O livro dos espíritos*, nas respostas dadas a Kardec pelos espíritos às perguntas de números 120 e seguintes, até 126, fala no tema já mencionado.

Todo esse material, mitológico ou não, aponta para uma teoria evolucionista que admite que as criaturas estejam, no seu esforço de progresso, retornando a um estado de harmonia do qual se afastaram anteriormente.

A obra *Os quatro evangelhos*, de J. B. Roustaing, editada pela Federação Espírita Brasileira, explica com muita propriedade a temática que ora discuto. O mesmo pode ser visto na magnífica obra de Pietro Ubaldi, em especial nos livros *O Sistema*, *Deus e universo* e *Queda e salvação*, onde é explicada com forte argumentação a chamada "teoria da queda espiritual". Recomendo a leitura dessas obras ao leitor, para sua apreciação.

Curioso é que o mesmo tema, a "queda espiritual", é recorrente e parece estar sempre presente em distintos campos do saber humano. Surpreendemos o mesmo motivo na arte, bastando aos curiosos e estudiosos ouvir e assistir *O Anel do Nibelungo*, de Wagner, composto dentro da mesma temática! E podemos preferir a medicina para pesquisa, onde o assunto se repete. Vejamos o que nos diz James Tyler Kent, em sua *Filosofia homeopática*:

> [...] a Psora é o princípio de toda enfermidade física. Se esta não se tivesse estabelecido como um miasma sobre a raça humana, as outras enfermidades crônicas não poderiam existir e a suscetibilidade às enfermidades agudas não ocorreria. Todas as doenças do Homem fundamentam-se na Psora; por isso ela é a raiz das doenças; todas as demais alterações vieram depois.

Corresponde ao estado desordenado da economia interior da raça humana. Este estado se manifesta sob a forma de diferentes doenças crônicas. *Se a raça humana houvesse permanecido em um estado de ordem perfeita, a Psora nunca poderia existir.* A suscetibilidade à Psora abre uma questão demasiado ampla para ser estudada entre as ciências de uma escola médica. É muito vasta, pois vai desde o mal primitivo (o tradutor cita o termo do original inglês "*primitive wrong*", em que Kent dá a entender que a Psora é o "pecado original"[31] sobre

[31] Aproveito para esclarecer que o "pecado original", no meu entendimento (e também, certamente, no de Newton Boechat, pois muito conversamos sobre o assun-

o qual repousa toda a patologia humana!) da raça humana, a primeira doença verdadeira da raça humana, que é de *natureza espiritual*, desde cujo estado primitivo o ser humano progrediu para o que se poderia chamar de verdadeira suscetibilidade à Psora.

Para quem não conhece, vale a pena dizer que Kent é considerado um dos maiores médicos homeopatas que já existiram, comparável, para alguns, ao próprio Samuel Hahnemann!

Parece que os conceitos órficos teriam influenciado vários iniciados da Antiguidade, tais como Pitágoras e Empédocles, que, tal qual se sabe, ensinavam a doutrina do renascimento. Platão, em diversas obras legadas a nós, advertia ser a alma imortal, ocorrendo regularmente a reencarnação. Seus conceitos foram retomados pela escola Neoplatônica, através do Plotino (que alguns acreditam ter sido uma das reencarnações de Platão).

Na literatura romana surpreendemos Ênio e sua curiosa narrativa como num sonho avistara Homero, lhe assegurando este último que a mesma alma a animar-lhes os corpos teria pertencido, algures, à de um pavão!

No cristianismo, a ideia da reencarnação surgiu com o próprio Cristo. Senão, atentemos para o diálogo entre Jesus e Nicodemos, citado no Evangelho segundo João, capítulo 3, versículos de 3 a 7, inclusive:

> Jesus respondeu e disse-lhe: na verdade, na verdade, te digo que aquele que não nascer de novo, não pode ver o reino de Deus". "Disse-lhe Nicodemos: como pode um homem nascer, sendo velho? Porventura pode tornar a entrar no ventre de sua mãe e nascer?" "Jesus respondeu, e disse-lhe: na verdade, na verdade te digo, que aquele que não nascer da água e do espírito não pode entrar no reino de Deus". "O que é nascido da carne é carne, e o que é nascido do espírito é espírito". "Não te maravilhes de ter dito: necessário vos é nascer de novo".

to), não coincide com aquela, de natureza alegórica, abraçada por antigas teologias. Corresponde, no nosso entender, à "infração primordial" perpetrada pela criatura, despencando-se em "queda espiritual", não uma queda no sentido físico, mas em sentido vibratório, excluindo-se da ordem e da harmonia primitivas.

O conceito da reencarnação parece ter sido preservado por seitas gnósticas durante os primeiros séculos da Igreja nascente[32] e pelos Maniqueanos [seriam os maniqueístas?] no quarto e quinto séculos, tendo sido repudiado por teólogos ortodoxos. Era muito cultivado entre os cátaros, notável povo que viveu no sul da França e no norte da Itália do final do século XI até meados do século XIV. Na Renascença, contou entre seus defensores com Giordano Bruno e o médico e naturalista Jean B. van Helmont.

Nos círculos do pensamento oriental, a crença na reencarnação é fundamental, por exemplo, nas religiões e filosofias da Índia.

Os *Upanishads* (600 A.C.) registram que, após a morte, as almas que viveram existências austeras, sendo caridosas e piedosas, iriam para o mundo de Deus e para a lua a fim de disputar o prêmio merecido por sua retidão anterior. Retornariam à Terra através da chuva, transformar-se-iam em alimento, seriam consumidas pelo homem, passando pelo útero materno a fim de nascer em novos corpos. As protagonistas de existências com experiências negativas renasciam como animais. Daí veio a noção do *carma*. A vida não seria algo fortuito, mas constituiria o efeito de existências anteriores. Observamos aqui a mistura dos conceitos de 'reencarnação' e 'metempsicose', relativo, este último, à reencarnação de uma alma evoluída no veículo corporal de animal evolutivamente inferior, significando um retrocesso. Na realidade, segundo as entidades que responderam a Kardec por ocasião da feitura de *O Livro dos espíritos*, isto não ocorre. Senão vejamos o seguinte trecho:

> P. 193: Pode um homem, nas suas novas existências, descer mais baixo do que esteja na atual?
>
> R: Com relação à posição social, sim, como espírito não!
>
> P. 194: É possível que, em nova encarnação, a alma de um homem de bem anime o corpo de um celerado?
>
> R: Não, visto que não pode degenerar. (Kardec, Allan. *Opus cit.*)

---

[32] Nota da editora: Mesmo entre os chamados pais da Igreja, há os que aceitavam a ideia da reencarnação, como é o caso de Clemente de Alexandria.

Comentário de Kardec:

> [...] a marcha dos Espíritos é progressiva, jamais retrograda. Eles se elevam gradualmente na hierarquia e não descem da categoria a que ascenderam... (*Idem, ibidem.*)

Portanto, a metempsicose não passa de crença veiculada primitivamente no bojo dessas doutrinas, sem qualquer argumentação favorável atual a substanciá-la, tal como ocorre à reencarnação.

Ainda segundo os *Upanishads*, as reencarnações se sucederiam, até que o indivíduo obtivesse a verdadeira identidade entre sua alma (*Atmam*) e o Absoluto (*Brahman*). Neste momento, a alma integrar-se-ia com *Brahman*, ficando livre do carma e subtraindo-se do interminável ciclo reencarnatório.

Já segundo o jainismo, o *karma* seria sutil substância aderida à alma, ocultando sua luminosidade natural, quando encarnada. Embora o *karma* resultasse de qualquer ação, as más, especialmente, originariam matéria cármica densa. O *karma* responsabilizar-se-ia pela perpetuação da infinita sequência reencarnatória. Após o desenlace, a alma, com seu *karma*, renasceria em novo corpo, determinado pela qualidade daquele. O objetivo espiritual seria destruir, pela austeridade e conduta reta, o *karma* antigo, evitando a formação de novo, pela disciplina. Livre do *karma*, a alma passaria a gozar eternamente da onisciência e da inatividade.

O budismo, embora se apoie na reencarnação, não visualiza a alma como ente distinto. Para ele haveria um complexo de elementos psico-físicos, mutáveis pelas diversas situações. Sobrevindo a morte, os cinco grupos de elementos, (corpo, sensações, percepções, emoções e consciência) dissolver-se-iam, cessando a existência. O *karma* da pessoa sobreviveria, passando, sob forma de "germe de consciência", para o útero de uma mulher, encarnando-se em nova forma física. A qualidade do *karma* determinaria a natureza deste novo indivíduo.

As existências se sucederiam até a extinção do *karma*. Para os budistas, isso coincidiria com a anulação de todos os desejos, geradores de ilusões. Através de disciplinas morais e meditações isto ocorreria, interrompendo-se as reencarnações e atingindo-se o Nirvana!

Observe o leitor a semelhança de alguns conceitos até aqui traduzidos com as ideias espíritas e espiritualistas modernas. E também as diferenças, principalmente no que tange à crença na metempsicose!

Entretanto, abandonemos momentaneamente as considerações puramente históricas sobre a reencarnação para abordarmos alguns fundamentos científicos que a apoiam.

Já de algum tempo, diversos autores de renome internacional, parapsicólogos e pesquisadores vários, têm-se preocupado com a questão.

O dr. Ian Stevenson foi psiquiatra, professor da Universidade da Virgínia, Estados Unidos. Publicou interessantes obras intituladas: *Vinte casos sugestivos de reencarnação* e *Cases of the reincarnation type – ten cases in India, ten cases in Srilanka* e *ten cases in Lebanon and Turkey*. Através da coletânea de centenas de relatos colhidos por todo o mundo, com meticulosa pesquisa, o dr. Stevenson selecionou-os, alguns passados no Brasil. Sugiro ao leitor interessado a consulta às obras, realmente de peso no que tange à argumentação científica favorável à reencarnação.

Não menos ilustre foi o dr. H. N. Banerjee, da Universidade de Rajastan, em Jaipur, Índia. Em vinte e cinco anos de estudos, pesquisou mais de mil e cem casos sugestivos de reencarnação em todo o mundo. Publicou várias obras, dentre as quais *The once and future life*, onde lista os casos mais interessantes e conclusivos que mereceram seu estudo.

Faz jus, igualmente, a registro, o livro do dr. Karl E. Müller, *Reencarnação baseada em fatos*. O dr. Müller, norte-americano educado em Zurique, Suíça, pesquisou durante anos o assunto. Foi membro da Sociedade de Pesquisas Psíquicas e conselheiro da Associação Suíça de Parapsicologia. Cooperou com o prof. Stevenson em diversos estudos. Nesta sua obra, encontramos variedade de casos sugestivos de reencarnação, bem como a abordagem dos aspectos que nos levam a investigá-la cientificamente tais como: memórias de crianças, memórias de adultos, percepções de sensitivos.

Fala nos métodos da investigação experimental e aspectos ligados a religiões reencarnacionistas.

Finalmente, não poderíamos deixar de aludir ao dr. Hernani Guimarães Andrade, também desencarnado, e à sua dedicada equipe do IBPP, de São Paulo, na qual desponta, atualmente, a competente professora dra. Suzuko Hashizume. Esta tem-se dedicado a preservar a obra e o extenso acervo do dr. Hernani, como também a dar seguimento a estudos já iniciados.

Tive a oportunidade de conhecer o dr. Andrade pessoalmente, no fim da década de 1980, na sede do IBPP, na capital paulista. Mostrou-me, na ocasião, investigações muito interessantes, não só sobre reencarnação, quanto também sobre *poltergeists* e outros temas da pesquisa psi. Presenteou-me com dois livros recém-publicados e posso dizer que foi um dos encontros mais marcantes que tive em toda minha vida. Nossa correspondência, que já era frequente, ficou ainda mais assídua. Permaneceu assim até muito próximo de sua partida para a espiritualidade, em 25 de abril de 2003. Guardo comigo cartas preciosas que o dr. Hernani me dirigiu, muitas contendo explicações notáveis acerca de suas teorias e pesquisas. Certamente foi o maior pesquisador brasileiro de assuntos ligados à área psi. Compilou o dr. Hernani também farta documentação científica sobre a reencarnação, sendo que, além do material precioso contido em seus arquivos, poderia destacar aqui duas monografias publicadas sobre os auspícios do IBPP que merecem citação: *Um caso que sugere reencarnação: Jacira X Ronaldo* e *Um caso que sugere reencarnação: Simone X Angelina*.

Na primeira monografia, o dr. Hernani inicia narrando o falecimento do jovem Ronaldo, no dia 15 de janeiro de 1951, na cidade de Lins, São Paulo, vítima de suicídio por envenenamento com formicida dissolvido em guaraná. Em 31 de outubro de 1956, nascia Jacira. Aos onze meses começou a fazer referências a uma encarnação anterior, fatos que aumentaram de intensidade até que atingisse os quatro anos. A partir daí a memória para esses foi decaindo até se extinguir, após a puberdade. Jacira fornecia descrições muito precisas sobre a encarnação anterior, quando teria sido o 'Ronaldo', incluindo detalhes sobre a casa onde morara, caminhos e aspectos geográficos das circunvizinhanças do seu lar anterior etc.

Segundo relatou o prof. Hernani Andrade, lembrava-se Jacira inclusive de episódio marcante da infância do falecido 'Ronaldo': certa vez, uma vaca de nome Morena escapou do curral e investiu contra Ronaldo e seus irmãos, que fugiram em pânico. O pesquisador do IBPP admite que o susto deveria ter-se gravado profundamente na memória de Ronaldo a ponto de ser possível recordá-lo, vivendo, agora, na personalidade de Jacira. Outros dados curiosos são observados pelo dr. Hernani: a) desde pequena, Jacira manifestava aversão a líquidos de coloração vermelha; relacionava a cor vermelha de um líquido qualquer, inofensivo, com a do veneno; b) o episódio já citado com a vaca de nome Morena; c) ao apresentar dois anos e meio de idade, recordava-se de quando o seu tio João (irmão mais velho de Ronaldo) caíra dentro de um açude; d) aos seis anos, referiu-se a um episódio em que Ronaldo havia ido pescar em companhia de uma moça, caindo ao correr atrás de um tatu, fazendo-a rir muito; e) ao ter cerca de três a quatro anos de idade, Jacira chorou ao saber que a ex-noiva de Ronaldo iria casar-se.

Concluindo, o prof. Andrade considerou que, sem excluir outras hipóteses como destituídas de valor, a hipótese mais provável seria a da reencarnação, dadas as inúmeras evidências de que Jacira seria a encarnação do falecido Ronaldo.

O material de trabalho da ciência são os fatos. Assim, àqueles leitores que já aceitam a reencarnação, desejosos de alicerçarem suas convicções em bases científicas, sugerimos a consulta às obras citadas. E àqueles que a negam ou não a cogitam em seus pensamentos, também fazemos a mesma sugestão, de forma a se convencerem dela ou a fortificarem convicções contrárias, após exame minucioso dos argumentos prós e contras, baseados em fatos comprovados. Negar sem exame cuidadoso é fácil, até mesmo cômodo. A opinião emitida sem embasamento sobre aquilo que se desconhece, que nunca nem sequer se leu, já começa sem credibilidade. Como muito bem assinala o dr. Hernani:

> [...] a relutância em aceitar-se o heliocentrismo, defendido por Galileu em sua época, não impediu que a Terra gravitasse ao redor do

sol. Era um fato real e ainda continua sendo, apesar das opiniões em contrário manifestadas pelos sábios peripatéticos de outrora.

Recomendo ao leitor a obra *Morte, renascimento, evolução* e *Reencarnação no Brasil*, de H. G. Andrade. Nessas obras o leitor poderá tomar contato com material muito mais aprofundado sobre o tema do que as sintéticas noções que ora registramos nestas páginas.

Convém ainda recordar que nas Escrituras há fartas referências à reencarnação. A própria Igreja Católica a aceitava, inicialmente. Foi rejeitada no Concílio de Constantinopla, em 553. Constituem referências à reencarnação, por exemplo, no *Velho Testamento*: a) **Jó 1,21**: "e disse: nu saí do ventre de minha mãe, e nu tornarei para lá; o Senhor o deu e o Senhor o tomou; bendito seja o nome do Senhor"; b) **Jeremias 1,5**: "antes que te formasses no ventre te conheci, e antes que saísses da madre, te santifiquei às nações e te dei por profeta". E no *Novo Testamento*: a) **Mateus 11,11-14**: "em verdade vos digo que, entre os que de mulher têm nascido, não apareceu alguém maior do que João Batista; mas aquele que é o menor no reino dos céus é maior do que ele"; "e, se quereis dar crédito, é este o Elias que havia de vir. b) **Mateus 16,13-14**: "e, chegando Jesus às partes de Cesareia de Filipo, interrogou os seus discípulos dizendo: quem dizem os homens ser o Filho do Homem?" "E eles disseram: uns João Batista, outros Elias, e outros Jeremias ou um dos profetas"; c) **Mateus 17,12-13**: "Mas digo-vos que Elias já veio, e não o conheceram, mas fizeram-lhe tudo o que quiseram. Assim farão eles também padecer o Filho do Homem". "Então entenderam os discípulos que lhes falara de João Batista"; d) **Lucas 1,13-17**: "Mas o anjo lhe disse: Zacarias, não temas, porque a tua oração foi ouvida, e Isabel, tua mulher, dará à luz um filho, e lhe porás o nome de João". "E terás prazer e alegria e muitos se alegrarão no seu nascimento". "Porque será grande diante do Senhor e não beberá vinho, nem bebida forte, e será cheio do Espírito Santo, já desde o ventre de sua mãe". "E converterá muitos dos filhos de Israel ao Senhor seu Deus". "E irá adiante dele no espírito e virtude de Elias, para converter os corações dos pais aos filhos, e os rebeldes à prudência dos justos, com o fim de preparar ao Senhor um povo nem disposto"; e) **João 3,1-17**: "E havia entre os fariseus um homem, chamado Nicodemos, príncipe dos judeus". "Este foi ter de noite com Jesus, e disse-lhe: Rabi, bem sabemos que és Mestre, vindo de Deus; porque ninguém pode fazer estes sinais que tu fazes, se Deus não for com ele". "E Jesus respondeu, e disse-lhe: na verdade, na verdade te digo que aquele que não nascer de novo não pode ver o reino de Deus". "Disse-lhe Nicodemos: como pode um homem nascer, sendo velho? Porventura tornar a entrar no ventre de sua mãe, e nascer?" "Jesus respondeu: na verdade, na verdade te digo, que aquele que não nascer da água e do espírito não pode entrar no reino de Deus". "O que é nascido da carne é carne, e o que é nascido do espírito é espírito". "Não te maravilhes de ter dito: necessário vos é nascer de novo".; f) **João 8,56-58**: "Abraão, nosso pai, exultou por ver o meu dia, e viu-o e alegrou-se". "Disseram-lhe pois os judeus: ainda não tens cinquenta anos, e viste Abraão?" "E disse-lhes Jesus: em verdade, em verdade vos digo que antes que Abraão existisse eu sou".

Alguém já disse que o termo que melhor se adaptaria como antônimo de morte seria nascimento, e não vida, como usualmente se fala. Isto porque, admitindo-se a reencarnação, a vida sempre existe, passando por inúmeros ciclos nascimento-morte a fim de burilar-se e efetuar o que denominamos evolução.

Mas, se a reencarnação se constitui em pilar tão importante, sustentáculo mesmo das mais modernas teorias evolucionistas espiritualistas, que argumentos se poderia oferecer na defesa de sua existência?

Em primeiro lugar, lembro ao leitor os aspectos históricos, científicos e religiosos já citados, consubstanciando o apoio à tese reencarnacionista. Acrescento, a seguir, argumentos racionais, de natureza filosófica, de forma a fechar o anel de subsídios favoráveis à reencarnação, objeto deste estudo.

A teoria da reencarnação casa-se maravilhosamente com a mecânica universal, nos seus aspectos físico, químico, psíquico ou biológico, ao se enquadrar dentro do famoso princípio da conservação da energia. Lavoisier foi o primeiro a enunciá-lo, baseado em experimentações no campo da química. Posteriormente, os físicos estenderam-no a todo o universo físico, o que pode ser feito também ao terreno biológico e psicológico. Entretanto, verifica-se, nestes dois últimos planos, com relação a certos fenômenos verificados, um 'escape', contrariando aparentemente esta lei. É o problema da diminuição da entropia, observada em certos processos psicobiológicos.

Este assunto já foi objeto de abordagem anterior. A vida parece contrariar a tendência que existe na natureza para a desordem. Ela consegue tirar ordem de dentro da desordem. Isto à custa de energias que não poderiam ser físicas, pois não são detectadas. Daí o aparente paradoxo. Contudo, elas se originam do que denominamos espírito, ente habitante na natureza, em nível de estruturação diverso do da matéria. A admissão destes aspectos estende à psicologia e à biologia a lei de conservação de energia na natureza. Daí, não ter sentido, numa natureza que nos deu e dá amplas demonstrações de sabedoria, de economia e de transformações contínuas, a ocorrência de uma vida de setenta a oitenta anos, quando o grau de experiências adquiridas atinge o seu máximo, sem finalidade posterior. Quer dizer, o indivíduo vive décadas, assimila conhecimentos, torna-se apto para, repentinamente, tudo isso, resultado de sacrifícios, esforços e trabalhos árduos, perder-se no vácuo. Onde a sabedoria da natureza? Ela, que guarda ciosamente nos cromossomos e nos genes os caracteres hereditários principais necessários à perpetuação das diversas espécies? Atuaria esta sabedoria seletivamente? Mas aí não poderíamos falar em sabedoria, ordem, voltando a admitir o acaso e a evolução do universo através de tentativas e erros!

E os falecimentos em tenra idade? Qual o objetivo da natureza ao criar um ser de molde a viver um ou dois anos somente? Não pareceria um desperdício? Se admitirmos a reencarnação, o ciclo nascimento--morte, de qualquer duração que tiver, representa apenas um segmento no evolver da vida, necessário ao seu desenvolvimento e preservação.

Que dizermos, por exemplo, das ideias inatas e dos grandes gênios? Por que essa prodigalidade da natureza para com uns poucos, em detrimento de muitos? Não seria mais lógico admitirmos o gênio como uma alma melhor dotada por causa de suas múltiplas encarnações de trabalho contínuo, em que a genialidade constituiria o prêmio natural ao próprio esforço despendido? A experiência nos ensina que o universo estrutura-se dentro de uma lógica férrea, fazendo com que repugne ao nosso entendimento a aceitação do acaso ou de quaisquer exceções sistemáticas na economia da vida!

Mas há outras facetas interessantes a estudar. Por exemplo: na elaboração fetal, a embriologia surpreende a presença de estágios, até o amadurecimento definitivo, equivalentes às diversas classes e ordens animais inferiores ao homem. Em outras palavras, a ontogenia recapitula a filogenia. Seria mais ou menos como se o feto humano permanecesse, temporariamente, em curtas frações, em estágios biológicos correspondentes àqueles que identificamos nos animais progressivamente inferiores a nós. E não seria o espírito, que encerra as experiências milenares nas várias espécies, o melhor condutor desse processo de recapitulação, através dos automatismos adquiridos nas múltiplas encarnações? Mais uma vez a lógica prevalece na explicação de um processo que até hoje desafia a biologia. Basta a chave da reencarnação!

E poderíamos invadir até o campo da psicologia, psiquiatria, psicanálise, para oferecermos a reencarnação como explicação lógica a intrincados problemas.

Cabe agora, uma vez tenha tocado na psicologia e na psicanálise, responder a uma objeção sempre levantada por alguns profissionais destes ramos do conhecimento, em grande parte, quanto à teoria da reencarnação. Alegam eles que a 'crença' em outra vida e na reencarnação constituiria um mecanismo de defesa das pessoas adeptas do espiritualismo, em geral, de forma a amenizar a sua angústia quanto à fatalidade da morte e ao caimento no 'nada' após o desenlace físico! Posso retrucar, utilizando o mesmo raciocínio psicanalítico de pensar, supondo que muitos profissionais negam a reencarnação em virtude também por desenvolverem mecanismo de defesa do ego frente à possibilidade do novo, sabendo-se que o novo traz sempre grandes surpresas e instabilidade, em especial ao provocar revisões no conhecimento aceito e, por extensão, na própria estruturação da prática. Mudanças de paradigmas assustam.

Finalizando, destacamos duas pérolas de síntese do professor Pietro Ubaldi, referidas no livro *Problemas atuais*, num estudo minucioso sobre a teoria da reencarnação.

O que nasce deve morrer. Somente o que não nasce não deve morrer. Se não quisermos dar à vida um fim com a morte, não lhe podemos dar um princípio com o nascimento. Não há que fugir: se a alma foi criada no momento do nascimento, deve terminar com a morte. Se não termina com a morte, deve preexisitir ao nascimento.

A teoria da reencarnação está em harmonia com as leis da natureza que conhecemos, como a indestrutibilidade da substância pela qual se as mudanças se operam só na forma, a personalidade humana poderá mudar, mas não ser destruída. Essa teoria é a ampliação, no campo moral, da lei de conservação de energia, estabelecida pelos físicos.

19. Fidelis Alves e as Surpresas que a Morte Traz

Na tarde de 18 de dezembro de 1976, no momento da inauguração da Casa Transitória de Fabiana de Jesus, de Ponta Grossa, Paraná, Newton Boechat captou as quadras abaixo, de autoria do poeta desencarnado Fidelis Alves:

RETRATOS SEM RETOQUES

No dia do grande adeus
– Corpo duro no caixão –
Faz a Justiça Divina
Necessária avaliação.

Muita humildade, por vezes,
Encenando a hipocrisia,
Falará por nós, veemente,
Ao romper daquele dia.

Não basta desencarnar
Querendo metas de luz;
Existem cruéis tiranos,
Que têm na boca Jesus.

Se nos pesa o 'homem velho'
Nas lutas de cada dia,
Vamos domar dita fera,
Fazendo filantropia.

Zona infernal, sempre e sempre,
Começa dentro da gente:
É a soma de negações
Que elaboramos na mente.

Trapaça, arapucas, laços,
Que armamos pelo caminho,
Transformam-se em densas redes,
A prender-nos, de mansinho...

Por certo, ninguém descrê
Que a nossa Mãe é Maria,
Contudo, ela não endossa
Golpes e velhacaria.

A tua senda, sempre aclaram
Mentores espirituais,
Mas nada podem fazer,
Se na preguiça te vais...

A hierarquia sublime
Inspira-te muito amor,
Porém, se afasta ao buscares
Trilhas que originam dor.

Na sessão espiritista,
Pregaste desprendimento;
Estás, no entanto, atrelado
À sombra do teu lamento.

Lamentas por qualquer coisa,
A vida dizes ruim,
Convocado ao bem te isolas
Numa torre-de-marfim.

Se fosses alma tão pura,
Sem nódoa alguma que enfeia,
Na Terra não nascerias
A falar da vida alheia.

Quando a retratista Morte
Bater-te a fotografia,
Em vão, tu lhe falarás:
– Agora não! Outro dia!...

Os retratos, sem retoques,
Aos milhares, aos milhões,
No além existem em série,
Testando-nos condições.

Cuidado! Muito cuidado!
Precaução te peço agora,
Pois a tal da retratista
Costuma vir sem demora...

Abraços com simpatia,
Nesta tarde de beleza!
Fidelis Alves às ordens,
Na festa da gentileza!...

Fidelis Alves

Na noite de 19 de fevereiro de 1976, no culto do lar da sra. Zillah de Magalhães Chaves, Botafogo, Rio de Janeiro, Boechat captou as quadras abaixo, também elaboradas por Fidelis Alves:

A OUTRA FACE DA MOEDA

Há muita gente pensando,
Em falsa suposição,
Que para o intercâmbio nosso
Basta apertar um botão.

Crê que o médium é robô
Computando a vida, além...
Para obter, a granel,
Mensagens do Sumo Bem.

Nem dá conta de si mesmo
Muita vez, o 'falecido',
Projetado a labirintos
Após da Terra haver-se ido.

"Alma boa! Caridosa!"
Alguém exclama, contrito;
E passa então a endeusar
O pobre do Benedito.

"Mariazinha era santa!"
Fala a família chorosa;
No entanto, a desencarnada
Era muito presunçosa...

"Etelvino, oh! Que amor
Na ternura e na bondade!"
Porém, nunca se mediu
A sua perversidade.

"Dona Felícia, coitada!
Dormia em gelado chão!"
Transformou em cofre-forte
O seu surrado colchão...

"Doralice fez do lar
Um verdadeiro hospital"
Todavia, transformava
A existência em carnaval.

Seu Zequinha, aos quatro cantos,
Proclamava: "sou um puro!"
Mas seu mundo interior
Era poço de monturo...

Ninguém tinha mais saber
Do que Bebeto Furtado;
Carregando enciclopédias,
Voltou de canto-chorado...

Ilusões não agasalhem,
Pois a morte faz sua ronda;
As aparências enganam,
Nada vale tirar onda...

Há surpresas para todos,
Quando levanta a barreira,
A separar esta vida
Da existência verdadeira.

Quem, entretanto, tiver
O Evangelho praticado,
Pode aguardar bem confiante
Seu ressurgir no 'outro lado'.

A outra face da moeda
Mostra o que estava escondido
E boia, medonha, à tona,
Deixando o ser confundido.

Agradeço ao irmão Tullio[33]
A 'carona' do momento,
Para fazer-lhes chegar
A ondas do pensamento.

É preciso que eu me vá,
Embora o papo gostoso;
Fidelis Alves às ordens[34]
Deste culto luminoso!

Fidelis Alves

Frequentemente, por ocasião de realização de palestras nos mais diversos pontos do território brasileiro, Newton Boechat sempre apreciou fazer referência a interessante conto dado a nós por Monteiro Lobato e do qual me sirvo 'por empréstimo', tanto ao autor quanto ao narrador, para aqui ilustrar meu pensamento. Aliás, cumpre fazer merecida homenagem a Lobato, que preencheu não só a minha, mas a infância de muitos de nós com histórias muito instrutivas e gostosas de ler. Não por acaso, e com grande mérito, é considerado o pai da literatura infanto-juvenil brasileira. A leitura de suas obras deveria ser muito indicada e cultivada pelos mestres dos mais diversos educandários no solo brasileiro.

É curioso ainda registrar que Lobato era admirador do espiritismo e tinha como livro de cabeceira *A grande síntese*, de Pietro Ubaldi. Esta obra ele indicou, com entusiasmo, em carta dirigida a outro grande educador, Anísio Teixeira.

Consta que Lobato participava de reuniões mediúnicas em seu grupo familiar. Parece que ele mesmo redigia as atas das reuniões.[35] Desde 1900 Lobato se interessava pelo espiritismo, lendo autores importantes, como William Crookes. O método usado pelo grupo fami-

---

[33] Refere-se o comunicante ao espírito Tullio de Saboia Chaves, desencarnado no Rio de Janeiro em 1º de julho de 1971, e, marido de dona Zillah. Foi médico homeopata distinto e espírita militante.

[34] J. Fidelis Alves – poeta fluminense, tendo vivido, algum tempo, em Ponta Grossa.

[35] As atas das reuniões mediúnicas de que Monteiro Lobato participou, escritas por ele mesmo, encontram-se na obra *Monteiro Lobato e o espiritismo* (Lachâtre).

liar de Lobato envolvia o uso de um copo que, psicocineticamente, se movimentava apontando letras, que formavam palavras e frases. Parece ainda que a principal médium do grupo seria a esposa de Lobato, dona Purezinha. As reuniões se sucederam frequentemente no período entre 1943 e 1947. Lobato desencarnou repentinamente em 1948, deixando uma frase que ficou famosa: "estou ansioso por verificar, pessoalmente, se a morte é vírgula, ponto e vírgula ou ponto final".

A história referida por Boechat em suas palestras é intitulada "o compadre da morte" e que resumirei a seguir.

Narra Lobato ter existido, no interior paulista, um homem que, à custa de muito esforço, e boa dose de sorte, conseguira fazer fortuna. Entretanto, o nosso personagem, a despeito de ter amealhado vastos recursos econômicos, ser proprietário de fazendas e imóveis vários, de grande valor, de ter se casado, conseguido filhos e caminhar juventude afora cercado de facilidades e privilégios, guardava agora, ao adentrar os anos maduros da existência, dolorosa inquietação! Isso porque antevia, embora talvez ainda distante no tempo, o momento fatal em que seria atingido pela morte, e de forma alguma a ideia lhe agradava, imaginem só, ter de largar para trás todos os benefícios e riquezas que lhe custaram anos de esforços e preocupações! Todavia, esperto como era, e de maneira alguma poderíamos negar essa característica ao nosso personagem, arquitetou plano para tentar escapar ao acontecimento fatal: como deveria assistir, proximamente, ao nascimento do que seria o último filho, convidaria a Morte para ser sua madrinha, objetivando obter certos obséquios, desses que só se concedem entre compadres! E assim fez: na data acertada, a Morte veio e batizou a criança, após o que, naturalmente em meio à festa, elogios e rapapés, se viu sondada pelo nosso fazendeiro quanto à possibilidade de poupar-lhe o desenlace. Isso mesmo, desejava ele permanecer na Terra, "vivinho da silva", alegre e fagueiro para gozar as delícias do que amealhara nos anos! Porém, a Morte esquivou-se de conceder-lhe o favor, alegando que o desenlace era fenômeno da natureza, impossível de ser derrogado, estando acima de suas possibilidades, dela, Morte, impedi-lo! Por outro lado, como já eram compadres, ela se comprometeria a vir avisá-lo de sua próxima partida rumo ao Além vinte e quatro horas antes do fato, para que se preparasse a contento. Não era o desejável, mas o que fazer? Melhor assim do que nada! E assim foi feito! Transcorreram os anos, continuou a prosperidade reinando até que, certo dia, de inopino, a Morte apareceu, notificando ao compadre fazendeiro do imperativo de sua partida para daí a vinte e quatro horas! Prometeu então vir buscá-lo no dia seguinte à mesma hora, solicitando que se preparasse.

Obviamente que o compadre de há muito vinha urdindo em silêncio um plano que julgava infalível no sentido de ludibriar a comadre Morte! Mandara um artesão confeccionar duas máscaras da melhor qualidade possível, uma idêntica ao seu rosto, outra à de um velho serviçal e auxiliar que trabalhava na administração da fazenda. Ao aproximar-se o momento aprazado, ordenou ao serviçal que se despisse, fazendo, ele próprio, o mesmo. Em seguida, disse ao outro que pusesse suas finas roupas, vestindo, por sua vez, os trajes modestos utilizados pelo serviçal, afivelando, cuidadosamente, no seu rosto, a máscara daquele e vice-versa. Após isto, ordenou-lhe permanecesse na varanda da casa andando de um lado para o outro, à espera de alguém que viria para encontrá-lo. Travestido em serviçal, adentrou sua própria residência, pegou um cachimbo e sentou-se ao lado da mesa que habitualmente era ocupada pelo seu empregado.

Não demorou muito para que a Morte surgisse, chamando pelo compadre! Contudo, que curioso! O serviçal que, disfarçado no fazendeiro, deveria estar na varanda, lá não se encontrava. Algum acontecimento havido na fazenda momentos antes da chegada da Morte desviara-lhe a atenção, obrigando que se ausentasse por instantes. Por isso, não vendo ninguém, a Morte entrou em casa, chamando pelo fazendeiro, sem ser atendida. Ao fim de certo tempo, cansada, queixou-se com a esposa do nosso compadre pela sua ausência e também que ela, a Morte, já estava ficando velha, cansada e míope, sem forças para grandes investigações! Por isso, pedia para dizer ao compadre que não o levaria dessa vez e, como não gostasse de perder a viagem, conduziria, na falta do outro, aquele serviçal... E dito e feito!

A história de Lobato, tanto quanto as quadras de Fidelis Alves, nos alertam para as surpresas que a morte pode nos fazer. Não só pelo inesperado de sua chegada, já que, encarnados, desconhecemos o momento fatal! Mas também pelas surpresas encontradas após a desencarnação.

Com alguma frequência observo uma ideia equivocada, cultivada em muitos locais, de que com a desencarnação ocorreria uma verdadeira 'transmutação sublimativa' da criatura, numa santificação imediata!

É evidente que tal crença se constitui num doloroso engano, pois transgride as mais elementares leis naturais, não tendo qualquer fundamento. Observemos as revelações mediúnicas acerca da vida dos espíritos! Pelo contrário! Ao se comunicarem, as entidades espirituais nos apontam com constância as condições dos recém-desencarnados, via de regra idênticas ao período pré-desencarnatório. O desenlace apenas permite ao espírito livrar-se da 'casca', da forma, do corpo físico, sem que se lhe alterem as disposições íntimas e muito menos se lhe subtraia algum defeito, a menos que isso resulte de longo e laborioso esforço!

Em todas as boas e recomendáveis obras mediúnicas, temos notícias de onde vão se situar os desencarnados após a grande viagem de retorno. Muitos, desequilibrados, vão para o umbral; outros, mais intensamente desequilibrados, instalam-se nas chamadas regiões abissais; outros tantos permanecem na erraticidade, número expressivo nem tendo noção de que a desencarnação sobreveio, podendo até mesmo frequentar o mesmo ambiente dos encarnados com quem conviveram na última romagem terrena. Há ainda os que vão se localizar nas colônias espirituais, lugares onde moram os espíritos, e as há diversas, em diferentes níveis.

Há casos realmente curiosos como, por exemplo, aquele de que fala o livro *Quando se pretende falar da vida*, psicografado por Chico Xavier. Enfeixa esse livro um punhado de mensagens espirituais psicografadas por Chico e endereçadas à família Muszkat. A edição é da GEEM. O livro reúne mensagens do jovem Roberto Muszkat, desencarnado em 14 de março de 1979, subitamente, aos dezenove anos, e que, cinco meses depois, retornou pela psicografia do Chico para consolar familiares. E contou nas mensagens, que viraram livro, sua vida no além.

Relatou que vive numa colônia espiritual onde são cultivadas as tradições de sua religião, a religião judaica, exatamente como fazia ele quando ainda encarnado. Antes que o leitor se surpreenda mais, quero dizer que o livro tem um magnífico prefácio de Emmanuel, que dá uma verdadeira aula de como vivem e se aglutinam os espíritos desencarnados.

Destaco algumas palavras do generoso guia apenas para nossa maior compreensão:

> [...] é do conhecimento público, em mais de um século de comunicações do mundo espiritual... que os espíritos, desatrelados do veículo corpóreo de natureza mais densa, se reúnem, no Mais Além, atendendo aos princípios de afinidade em agrupamentos ou coletividades, segundo ideias que esposavam na Terra...

Continua Emmanuel de forma esclarecedora, mostrando o porquê de o jovem Muszkat estar no além cultivando todas as práticas de sua última religião na Terra:

> [...] todas as religiões são respeitadas, além da morte, na pauta das convicções que lhes caracterizam os profitentes e que a criatura humana, após o estágio educativo ou reeducativo, na existência terrestre, receberá sempre o resultado das próprias obras, independentemente do modo de crer na Providência Divina...

E persiste o nobre mentor, ao comentar a atual posição do Roberto:

> [...] em que preceito nos basearíamos para recusar as manifestações de Roberto Muszkat... unicamente porque se faz leal seguidor dos antigos profetas?

Por essa e outras notícias que nos chegam, da espiritualidade, podemos entender a afirmativa de Jesus de que "na casa de meu Pai há diversas moradas".

Outro caso muito conhecido foi o do famoso dirigente espírita Fred Figner, que narra suas dificuldades após desencarnar no livro *Voltei*, psicografado por Chico Xavier, e de autoria do próprio, utilizando-se do pseudônimo de Irmão Jacob. Figner conta as surpresas com que se defrontou após a desencarnação.

São as advertências amigas de Fidelis Alves, invocando as novidades que a morte traz!

20. Nem tanto ao Mar, nem tanto à Terra

Na noite de 6 de julho de 1976, em Copacabana, Rio, Boechat compareceu ao culto do lar do confrade César Soares, recebendo mediunicamente, as linhas que se desdobram:

'PAPO' NORDESTINO

Celina:[36]

Seja conosco a paz de Deus! "O mundo dá muitas voltas" – é mais do que certo o ditado! Quem diria que um dia eu viria num lugar assim![37]

Mas, minha prezada, não pense que falará ao seu coração um ser redimido ou alguém que se tenha transferido às altas esferas. Nada disto!

Eu sou eu mesmo e só lamento não estar aqui presente a companheira querida.[38]

O 'sinal verde' se abriu para mim e não para o Wilson.[39]

Eu sou completamente desconhecido desse moço que me serve de intermediário. Nunca ouviu falar de mim e jamais soube que habitei o plano dos vivos e dele tivesse sido 'risca-

---

[36] Mensagem dirigida à sra. Celina Lugon, funcionária da L. B. A. no Rio, presente no culto. Dona Celina hoje reside em Vitória, Espírito Santo.

[37] Referência ao culto espírita do lar.

[38] A esposa do desencarnado, dona Antônia Faro Andrade, residia, então, na cidade de Santos, São Paulo.

[39] Wilson – trata-se de Wilson Lugon, esposo de dona Celina, desencarnado em Vitória, Espírito Santo, em 11-11-1951.

do'. 'Riscado' é maneira de dizer, porque Celina, a maioria dos 'riscados' continua 'dando trabalho' aos que aí se encontram...

Ajeito aqui meus óculos[40] *fluídicos – lembrando o velho hábito terreno – para dizer que o agarramento às coisas do mundo é um fato a dificultar-nos. Muita gente que conheci aí continua por aqui a desprezar a água viva que Jesus ofereceu à mulher samaritana e permanece preferindo a 'água-de-coco'...*[41]

Falei no 'sinal verde' para mim e não para o Wilson, porque o médium não recebe comunicações de pessoas conhecidas dele, pelo excesso de escrúpulo.[42] *Vamos respeitar-lhe o livre-arbítrio. Gente à beça está nesta sala, fora do controle visual da assembleia física.*[43]

Tenho, tanto quanto possível, procurando ouvir os guias – julgados por mim 'gente fumaça' – quando ainda vivia respirando nessa Terra.

O consolo é saber que, no futuro de luz que nos aguarda, melhoraremos nossa estatura espiritual. Humildemente lhe falo: ainda me encontro nas 'duas estaturas'. Você entende...[44]

Ninguém pense que só se vive rezando no plano diferente. Lembrança aos de casa.[45]

Elimine aborrecimentos eventualmente nascentes em seu mundo interior.[46] *Mágoas por isto ou por aquilo não dão ca-*

---

[40] O comunicante na Terra era bastante míope e usava óculos.

[41] Refere-se a bebida tradicional no Nordeste do Brasil.

[42] Isto acontece realmente. O receptador da mensagem evita receber informes de entidades que lhe foram familiares ou amigas, salvo em condições excepcionais.

[43] Outros instrumentos mediúnicos sempre têm confirmado isto. O sr. Francisco de Paola, médium do Rio Grande do Sul, que sempre vinha passar temporadas frias no Rio, registrava também grande quantidade de espíritos no recinto, em sua maioria, de sofredores.

[44] O signatário da mensagem, quando encarnado, era de baixa estatura daí a comparação com a estatura espiritual, evidentemente, nesta passagem, por dilatada humildade.

[45] Recomendações às duas famílias, do comunicante e da senhora presente, que são muito íntimos.

[46] Problemas com os quais sempre as criaturas se encontram envolvidas.

misa a ninguém. Rompa essas ilusões que são bolhas de sabão, antes que a realidade não as estoure mais tarde. Adeus!

Sou muito grato aos abnegados amigos que me ensejaram este instante de felicidade, que vocês não podem aquilatar. Foi colher-de-chá.

No porvir, quando os médiuns que nos vestem os pensamentos forem em maior número, será um chuá! Até lá nos relacionaremos pelos fios da intuição – nos momentos de prece.

Porque todos nós – encarnados e desencarnados – somos filhos de Deus – Ó xente![47]

Waldir Andrade[48]

É muito comum nos meios espiritualistas, suscitando com frequência mordazes críticas daqueles mais ligados ao materialismo, o pensamento de que a vida espiritual encontra-se totalmente desligada da existência na crosta terrena. Conversando, diversas vezes, com confrades do próprio movimento espírita, surpreendo a concepção de que os desencarnados são inteiramente diversos de nós, encarnados, quanto à personalidade, vivendo dissociados de preocupações afetivas, problemas, dificuldades e ilusões... Acreditam eles ainda que os espíritos adotariam uma espécie de 'vida monástica', de enclausuramento e contemplação, furtando-se ao trabalho contínuo e a qualquer esforço mais pronunciado! Em uma palavra: o pensamento de boa parte dos encarnados, incluindo-se alguns dentre os adeptos do espiritismo, é que os espíritos apartados da carne têm um corpo semelhante a 'fumaça', levando uma vida de 'menor esforço', não labutando e passando a maior parte do seu tempo em contínuas orações e petições ao Criador!

A vida espiritual corresponde a uma continuidade da material, apenas em outra estruturação da matéria, em nível vibratório diferente. Entretanto, basta que atentemos às comunicações dos espíritos através de Francisco Cândido Xavier, de Yvonne Pereira e muitos sen-

---

[47] Linguajar tipicamente nordestino.

[48] Waldir Barreto Andrade. Foi médico, cirurgião e obstetra. Desencarnou aproximadamente em 1972, após pertinaz enfermidade. Nasceu e residiu em Aracaju, até 1968.

sitivos mais para que percebamos aspectos interessantes do 'lado de lá' com incríveis analogias com o 'lado de cá'.

No plano espiritual existem cidades, arquitetadas e construídas por espíritos-engenheiros com base na própria matéria astral, matéria essa que, se é intangível para nós, é sólida e impenetrável aos desencarnados situados no seu plano vibracional equivalente. O perispírito ou corpo espiritual do desencarnado tem consistência; um espírito não pode interpenetrar outro que se situe num plano do mesmo peso vibratório específico, embora os dois o possam fazer em se tratando de planos materiais, em relação aos quais se situem vibratoriamente acima.

As cidades espirituais contam com vida organizada, repartições funcionantes, arquivos, sistemas de transportes para a maioria, veículos adaptados ao meio, escolas, hospitais, gabinetes etc.

Conta-nos André Luiz a vida de intenso trabalho levada por um desencarnado em Nosso Lar, em que entra em jogo até mesmo certo tipo de remuneração, o chamado "bônus-hora", correspondente ao tempo efetivo de trabalho realizado por determinada entidade no plano invisível. Uma moradia não padronizada, não convencional, em Nosso Lar, só se a consegue mediante a apresentação de determinado número de "bônus-horas".

Desta maneira, lamento desiludir aqueles que pensavam diferentemente, mas posso prever, com segurança, aos que se aproximam da desencarnação, ou mesmo àqueles que iniciam a vida e já vislumbram 'descansos eternos', que se preparem com afinco, pois muito trabalho haverão de encontrar, como depreendemos deste nosso gostoso "Papo Nordestino".

21. Escaramuças Sentimentais

Na noite de 12 de dezembro de 1977, pouco antes de iniciar a conferência intitulada “Chico Xavier: 50 Anos-Luz... de Mediunidade”, no Centro Espírita Emmanuel, de Votuporanga, São Paulo, o nosso médium recebeu a visita do espírito Cornélio Pires, captando as seguintes quadras:

DECLARAÇÕES DE AMOR

“Ah, você é oxigênio
Na minha vida, Dircinha!”
Continua a respirar
Raul dos braços da Dinha...

“Se o mundo for destruído
Quero morrer com você!”
Dizia Zequinha à Joana
A quem há muito não vê...

“Irei contigo ao inferno
Carlota, minha querida!”
Juca, porém, muito cedo,
Trocou Carlota por Cida.

"Faustino, sem ti, a vida
Não tem mais motivação!"
Proclamava Filomena.
Pensa agora no Frazão...

"Dilermando, és para mim
Sonho de amor que alimenta!"
Exultava Maria Rosa
Mas, hoje, diz: "Quem te aguenta?"

"Berenice, meu amor
Se me deixares um dia,
Tudo acabado, em meu ser!"
Dirceu está com a Lia...

"Oscar, meu bem, podes crer,
Ponho em tuas mãos meu destino!"
Rosália, após cinco anos,
Fala o mesmo ao Minervino...

"Namorada, noiva ou esposa
Nini, és minha ternura!"
Agora João desabafa:
"Deus do Céu! Ninguém te atura!"

"Até debaixo da ponte
Irei contigo viver!"
Hoje, Isabel, entretanto,
Do Gino não quer saber...

"Orlando prá mim resume
Toda a beleza do mundo!"
Diz o mesmo Vicentina
Mentalizando o Edmundo...

"Se me deixares, um dia,
Não mais viverei na Terra!"
Proclamava Demerval
À sua esposa, a quem faz guerra...

"Ah, Consuelo, não me deixes!
Sem ti a vida é vazia!"
Foi Paulo quem a deixou
Pelos encantos da Pia...

"Por ti, Mirinha, eu enfrento
Dez touros em grande arena!"
Dorico repete a frase
E nela acredita Helena...

"Mariinha, não te esqueças:
O nosso amor não tem fim!"
O amor durou quatro meses
Na boca do Serafim...

Cuidado! Amigo! Tuas juras
Não faças a três por dois,
Pois podes colher, choroso,
Contrariedades depois.

A vida dá muitas voltas
E ninguém sabe, de fato,
Qual é em definitivo
O caminho mais exato.

Promessas de amor, talvez,
Na base da exaltação,
Podem causar embaraços
Vindo a desencarnação.

Quando puderes, é bom,
Exercitar a prudência,
Evitando os dissabores
Na trama da tua existência.

"Peixe morre é pela boca"
Bem esclarece o ditado.
Pode o exagero da frase
Te deixar atrapalhado.

Pesa a palavra, meu irmão,
A quem falas, que, quando e onde,
Falando sem ajuizar
Errado, tomas teu bonde.

Cornélio Pires te deixa
Seu abraço fraternal
Nesta noite de alegria
Com o Mestre Divinal!...
Cornélio Pires

Em interessante mensagem intitulada "Uniões da Terra", publicada na obra *Novas mensagens*, captada mediunicamente por Alayde Assunção e Silva, o espírito Luiz Sérgio esclarece-nos muita coisa com relação aos processos vinculativos no campo do afeto.

Diz-nos ele que o casamento, na maioria, ocorre entre criaturas objetivando determinada missão a cumprir. Dentre estes, destaca três possibilidades diferentes:

1º) pode tratar-se de um par espiritual gozando de certa amizade recíproca e que se casa no intuito de receber filhos difíceis. Naturalmente, neste caso, os últimos podem representar inimigos do passado ou criaturas altamente prejudicadas em vidas anteriores pelos pais, fazendo jus às retificações adequadas a serem levadas a efeito mediante o casamento, possibilitando as reencarnações e constituição de família;

2º) uma segunda hipótese é o reencontro, no casamento, de antigos desafetos ou antipatias e o processo, neste caso, objetivaria uma vivência reencarnatória em novas bases, encoberta pelo esquecimento de vidas passadas, com a finalidade da reeducação dos cônjuges pela convivência diária. Nem sempre esses casamentos chegam ao fim, pois o atavismo de antipatia e aversão muitas vezes emerge durante o matrimônio, em atritos decorrentes de contrariedades aparentemente sem importância, mas que, na realidade, passam a exprimir as profundas cisões ocorridas no passado.

Se o par conseguir se tolerar, o ódio votado reciprocamente acaba se diluindo, pelas ações adotadas no sentido do auxílio e benefício mútuos, podendo a prova concluir-se com saldo favorável. Entretanto, frequentes vezes isto não acontece, ocorrendo a separação;

3º) outra hipótese se dá quando espíritos grandemente afins, de várias encarnações, muitas vezes já tendo sido casados, objetivam a união terrena de forma a se auxiliarem mutuamente em importantes missões, visando o benefício não só dos filhos que recebem, mas também de coletividades várias, em diversos campos da atividade humana. São casamentos de exceção, onde surpreendemos já méritos apreciáveis de parte a parte.

No entanto, fora estas três possibilidades, há aqueles que se unem aleatoriamente, por decisões tomadas no uso de livre-arbítrio de cada um. Isso porque assim como nem toda reencarnação é precedida do mesmo cuidado técnico no seu preparo, entrando aí naturalmente o mérito do espírito, as características da sua vida futura, do que lhe está reservado, de suas intenções, também nem todos os espíritos reencarnantes necessariamente escolhem o par com que deverão se consorciar futuramente ao reencarnarem. O processo então corre de acordo com seu livre-arbítrio e isso acontece com boa parte das entidades pouco evoluídas, não dispondo, por enquanto, de ingredientes vivenciais e psicológicos que determinem missões ou que definam escolhas de pares futuros. Muitos deles deveriam vir para viver sós. Entretanto, casam-se, sendo mais ou menos felizes na experiência de acordo com eles próprios e com os parceiros eleitos, numa vivência a dois.

Uma porcentagem pequena destas criaturas acaba fazendo união relativamente harmoniosa, que chega a atingir suas finalidades. A maioria, contudo, passa pela experiência do desacerto e de desenganos múltiplos, tendo de aguardar tempos futuros, numa madureza maior, para alcançar a estabilidade em termos afetivos.

Outros há ainda que combinaram o casamento, mas que, no uso do livre-arbítrio, no momento esperado optam por não se casar.

Notemos que o plano espiritual absolutamente *não impõe* às criaturas quaisquer experiências, redundem elas posteriormente em harmonia ou em desarmonia. As desarmonias decorrem do estado de imaturidade das mesmas, o que lhes impede uma correta escolha, tanto quanto uma união com desenvolvimento feliz!

Entretanto, há ainda certos casos nos quais a programação reencarnatória não incluiu o casamento, antes, o celibato. Neste caso incluímos as almas que deverão desempenhar certas missões altamente espinhosas e absorventes, não se coadunando com as experiências humanas que as uniões impõem na Terra. Neste caso, permanecem solteiras, conforme determina sua intuição, de forma a exercer certas funções em benefício de coletividades em vários setores. Há espíritos reencarnados nessa condição particular, porém em pequeno número, relativamente à maioria, que se consorcia.

Bem, expus tudo até agora em teoria. Disse "em teoria" porque já estamos demasiadamente familiarizados com a máxima de que "a teoria na prática é outra" e, no campo afetivo, complica-se a questão em função de "outra" ou "outro", infelizmente! Isso porque, em maioria, estamos muito longe de um estado de madureza que nos permita a compreensão mais profunda da finalidade de uniões que se estabelecem encerrando atritos e dissensões, tanto quanto essas lamentavelmente ainda representam a maior parte dos casamentos terrenos, pelo menos por enquanto. Daí serem comuns as deserções no meio do caminho, as desilusões afetivas pouco após o consórcio ou os desencontros que povoam as vidas de grande parte dos casais! A reencarnação explica!

Assim, o importante é caminharmos gradualmente de forma a conceber e respeitar cada criatura dentro do seu grau de madureza, aceitando-a tal qual é, em seu nível, e não lhe exigindo aquilo que não pode dar, tarefa que se torna ainda mais importante nas uniões. Somente assim poderemos errar menos no terreno do afeto, declinando de participarmos cada vez mais de 'escaramuças sentimentais'.

22. Nós e a "Primeira Pedra"

No dia 6 de setembro de 1974, no culto do lar do dr. Roberto Messano, em Icaraí, Niterói, Boechat captou as quadras abaixo, de autoria do espírito Belmiro Braga. Estavam presentes no recinto o dr. Roberto Amaro Lima de Barros, jovem e inesquecível amigo nosso, médico, desencarnado prematuramente em fevereiro de 1983 e o autor destas linhas.

JULGAMENTO E AMOR

Meu amigo, o julgamento
É assunto delicado,
Por isto Jesus nos pede
Tenhamos nele cuidado!

Julgar desta ou doutra forma
Vizinho, amigo ou parente,
Pode, em verdade, mostrar
O nosso lado doente.

Todos, pois, necessitamos
De indulgência no caminho,
A fim de que venham, sim,
Aqueles que deem carinho.

No caso da pecadora
Apedrejada na praça,
Jesus Cristo evidenciava
Toda a impiedade que grassa.

Na fieira do passado
Deixamos faltas demais,
Que agora surgem à tona,
Provocando muitos ais!...

Como julgar a quem cai
Sem nenhuma compaixão,
Se nossa estrada é coberta
De fel, de lodo e ilusão?

Tendo o amor por sol da vida,
Muito iremos nós lucrar.
Nossa voz, nossos conceitos
Serão estrela a brilhar.

O vão orgulho e a soberba
Como a ignorância e a vaidade
São nódoas tristes mostrando
As nódoas da leviandade.

Tenhamos condescendência,
Entendendo o companheiro.
E Jesus fará do nosso
Coração, grande celeiro.

Condenar pessoas, coisas,
Aqui, alhures e além,
Cometendo as mesmas faltas
É falsidade também.

Usemos contra o juízo
Precipitado, o amor,
A fim de que prossigamos
Transformando espinho em flor.

Agradecendo o momento
Que surge na reunião
Quero também lhes trazer
Minha colaboração.

Adeus! Estou indo agora
o falso juízo é praga,
Não se esqueçam de vibrar
Pelo irmão Belmiro Braga.

Boa noite! Realizações
Na estrada cheia de luz;
E que marchem confiantes,
Nos ensinos de Jesus!

Belmiro Braga

Diz o *Evangelho segundo João*, no seu capítulo 8, versículos de 1-11:

> A MULHER ADÚLTERA
>
> Porém Jesus foi para o monte das Oliveiras. E pela manhã cedo tornou para o templo, e todo o povo vinha ter com ele e, assentando-se, os ensinava. E os escribas e fariseus trouxeram-lhe uma mulher apanhada em adultério.
>
> – E na lei nos mandou Moisés que as tais sejam apedrejadas. Tu, pois que dizes?
>
> Isto diziam eles, tentando-o para que tivessem de que o acusar. Mas Jesus, inclinando-se, escrevia com o dedo na terra.
>
> E como insistissem, perguntando-lhe, endireitou-se e disse-lhes: – Aquele que vive dentre vós e está sem pecado seja o primeiro que atire pedra contra ela.

> Em tornando a inclinar-se, escrevia na terra.
>
> Quando ouviram isto, saíram um a um, a começar pelos mais velhos até aos últimos; ficou só Jesus e a mulher que estava no meio.
>
> E, endireitando-se Jesus, e não vendo ninguém mais do que a mulher, disse-lhe: – Mulher, onde estão aqueles teus acusadores? Ninguém te condenou?
>
> E ela disse: – Ninguém, Senhor. E disse-lhe Jesus: – Nem eu também te condeno; vai-te e não peques mais.

A lei judaica, herança de Moisés, ao tempo de Jesus, era extremamente rigorosa com relação ao crime considerado de adultério. As mulheres eram especialmente visadas, recebendo, se condenadas, o castigo da lapidação, consistindo no apedrejamento até a morte. Entretanto, ao observar esta notável passagem evangélica, tentemos dela tirar algumas ilações interessantes à nossa compreensão.

Temos neste capítulo joanino, frente a frente, três protagonistas: Jesus, a mulher adúltera pega em flagrante e levada frente a Jesus já temerosa da pena que fatalmente deveria enfrentar e os fariseus, que a conduziram à presença do divino Mestre, objetivando apreciar-lhe a decisão, testando-o tanto no seguimento da lei mosaica, quanto à possibilidade de o virem em contradição aos ensinamentos de bondade e indulgência que distribuía, no caso de ordenar se cumprisse a lei.

Mas o Mestre, pautando-se na profunda penetração psicológica de que dispunha, surpreende no íntimo daquelas criaturas o drama milenar de que eram protagonistas, com suas carências e desencontros. Assim, aponta aos fariseus no seu próprio íntimo os defeitos que pretendiam identificar apenas na adúltera, desmascarando-lhes o pseudomoralismo e expondo-lhes as chagas psíquicas com que se viram desanimados a persistir na condenação. Por outro lado, declina de inculpar a adúltera, preferindo compreender-lhe as fraquezas íntimas e estimular-lhe o desenvolvimento de aspectos positivos de personalidade.

Muitos confundem a figura da adúltera, relatada nessa passagem, com a de Maria de Magdala, que tem sua história magistralmente contada na obra *Boa Nova*, de autoria do Irmão X, psicografia de Chico Xavier.

Aliás, quem escreveu um capítulo em seu livro *Materializações de Chico Xavier e outras recordações*, abordando de forma muito própria a figura de Maria de Magdala foi nosso amigo Gerson Simões Monteiro. O capítulo intitula-se "Quem foi, de fato, Maria de Magdala" e, apoiando-se nas seguras informações veiculadas por irmão X, comenta que Maria Madalena, "depois de levar uma vida de prazeres, em companhia de patrícios romanos, tomara-se de admiração profunda por Jesus". Nenhum registro no sentido de que ela pudesse ser taxada de adultério ou algo parecido. A revelação por meio do Irmão X aponta, no livro *Boa Nova*, fatos não registrados pelos evangelistas. Como adverte Monteiro, a mensagem:

> [...] mostra quem era, de fato, moralmente, Maria Madalena; sua conversão ao cristianismo; o trabalho de autoaprimoramento por meio do amor ao próximo (passou a viver em companhia de hansenianos e a atendê-los no vale dos Hansenianos, próximo a Jerusalém) e sua bela passagem (já em Éfeso) de retorno ao mundo espiritual, recebida por Jesus, como aquela que conseguiu vencer a si mesma e muito amar.

Entretanto, caberia aqui mais uma indagação de nossa parte, aproveitando esta bela lição evangélica: e o adúltero? Oportuna-se esta pergunta, porque muitos de nós mesmos, ao examinarmos os versículos citados, concentramo-nos especialmente na mulher adúltera, esquecendo-nos de que para que haja *uma adúltera* necessariamente tem de haver *um adúltero* em igualdade de condições e sintonia. Contudo, nós próprios, quais fariseus, à frente do divino Mestre, esquecemo-nos de que ninguém cai sozinho perante a vida e que em matéria de "primeira pedra" muito ainda haveremos de aprender com a evolução.

23. Quando os Desencarnados dão Presença

Sem dúvida, as identificações de desencarnados com os aspectos probatórios que se seguem à pesquisa das condições de captação mediúnica e das particularidades ventiladas representam um dos aspectos mais interessantes dos fatos ditos paranormais, contribuindo para a fé na sobrevivência do espírito e espalhando o consolo às pessoas beneficiadas com tais comunicações.

Selecionei, neste capítulo, três circunstâncias em que Newton Boechat se constituiu em intermediário do Além com estas finalidades.

* * *

No dia 10 de junho de 1975, no culto do lar do confrade César Soares, em Copacabana, Rio, Boechat captou as quadras abaixo:

RECADO DO PEITO

Meu querido general[49]
Vai falando de mansinho
Pois enquanto você fala,
Jesus aplaina o caminho.

Riqueza de coração,
Que não faz barulho ou tine,

[49] General Jayme Ferreira, presente à reunião. Era cego.

Belo roteiro define
De luz e de redenção.[50]

Diz o Ladário Teixeira[51]
Que você é muito esperto,
Não tendo a visão da carne,
Anda bem nesse deserto.

Deserto de sentimentos,
Fora da luz do Senhor,
Onde sobra muita pompa
Em meio a ausência de amor.

Jesus continua, sim,
Sereno, batendo à porta,
Mas o egoísmo diz: – Não!
Acrescenta o Zico Horta.[52]

Persistamos no combate,
Refinemos nossos 'eus',
Agora a sombra provoca,
No final, há paz em Deus.

O recado aqui termina,
Nesta festa de alegria[53]
Mentalizemos o bem
Na aurora de um novo dia!

Casimiro Cunha[54]

---

[50] Comentava-se o texto do *Evangelho* referente à pobreza e à riqueza.

[51] Ladário Teixeira, antigo saxofonista, amigo do general, camaradagem de hotéis do interior mineiro. Era cego.

[52] Zico Horta, amigo do general. Militou no movimento espírita do Estado do Rio de Janeiro, principalmente de Barra Mansa, onde há instituição com o mesmo nome.

[53] Culto espírita do lar de César Soares.

[54] Poeta cego de Vassouras, RJ. Colaborou em vários jornais do seu tempo e, desencarnado, constituiu-se num dos poetas da magnífica obra *Parnaso de Além Túmulo*, recebida pela mediunidade de Chico Xavier, em Pedro Leopoldo, Minas Gerais.

* * *

A sra. Cinira Novaes, na época moradora em Copacabana, Rio de Janeiro, é talentosa pintora, além de dedicada militante dos ambientes espíritas desta cidade.

Entretanto, naquela terça-feira, anos atrás, quando a sra. Cinira ainda não se incluía nas hostes do Consolador, conversavam ela mais a pintora Policena Barroso de Souza e a sra. Maria Francisca Alves Ribeiro. Atalhou a sra. Novaes: – Quando visitamos Cherubina Azevedo no hospital, ela se encontrava em coma e não nos reconheceu. Com a morte total do corpo, a alma também desapareceu! Morreu, acabou! Isso de alma eterna, não acredito!

A convite de Policena, nessa mesma noite, as duas amigas foram ao culto do lar do confrade César Soares, em Copacabana, encontrando-o já iniciado.

Ao término da reunião, que contou com a presença do Newton Boechat, este atalhou: – Junto com as senhoras veio uma entidade que deu o nome de Cherubina.

Para não se esquecer, o nosso médium escreveu o curioso nome: Querubina. A entidade, que o médium via se afastando, repentinamente retornou, acrescentando: – Meu nome é Cherubina com 'ch' e diga a elas que *eu não morri*.

Cinira ficou abismada, pois a amiga, encarnada, sempre fez questão de duas coisas, das quais não abria mão: o 'ch' do nome e o tratamento de 'senhora'. Eram características bem dela, conhecidas de Cinira e desconhecidas dos presentes, incluindo o sensitivo, que nunca se privara anteriormente com a pintora!

E foi assim, por um 'ch', como ela própria me revelou, que Cinira tornou-se espírita!...

* * *

Transportemo-nos agora para a autoestrada Gênova-Pisa e o carro corria veloz, ao volante o sr. Antônio Rosaspina, diretor-presidente do Movimento Spirítico Italiano. No interior do veículo, ainda, a sra. Cinira Novaes e Newton Boechat. Repentinamente, Boechat disse: – Meu mentor espiritual, Jardel, avisa que está presente Ferdinando Calzamalli.

Rosaspina e Cinira protestaram, acrescentando que se deveria tratar de Calzamaglia, mais comum em italiano. Boechat retrucou, dizendo estar escutando muito bem, Calzamalli, aduzindo tratar-se de espírito protetor das reuniões de desobsessão dirigidas por Rosaspina. A entidade revelou ainda ter feito, em vida, certos estudos que gostaria que fossem reconhecidos pelo Rosaspina, a fim de retomá-los, para o que receberia a devida assistência. Rosaspina disse acreditar, mas não ter tempo para pesquisas, por dirigir um hotel, o Movimento e a publicação Vita Nuova. Agradeceu, esperando continuar a merecer a proteção, mas sem pesquisas...

O grupo seguiu seu rumo: almoço em Pisa, conferência de Boechat à noite em Florença. Passam-se alguns dias... Boechat e Cinira foram a Milão, porque o conferencista deveria fazer uma palestra no Movimento Spiritico. Ao chegarem, encontraram o Rosaspina com expressão de espanto. Ao seu lado, um rapaz pobre, vendedor de livros, acabara de lhe oferecer livros usados. Na lista, o segundo nome era Ferdinando Cazzamalli, professor da Universidade de Milão, tendo dois livros publicados!

Tempos depois, quando eu já havia colhido esses preciosos dados com a sra. Novaes para registro na presente obra, estando urdido, inclusive, o capítulo em voga, bateu às mãos de Cinira um número do mês de Julho de 1985 de *Jornal Espírita*. No suplemento interno, à página 3, para sua surpresa, um trabalho intitulado "Por que a ciência tem medo do espírito?" O dito vinha assinado por Bruno Arcuri, de *Vita Nuova*, Milão. Fazia referência ao trabalho do distinto professor milanês, lamentando ser ele desconhecido no Ocidente, enquanto na Rússia suas pesquisas estavam sendo resgatadas, proporcionando grandes avanços científicos. Ao lado, dados biográficos: nasceu em Crema, a 4 de agosto de 1887, desencarnado em Como, a 30 de dezembro de 1958. Era neuropsiquiatra. Formou-se em medicina e cirurgia, foi docente da escola de aperfeiçoamento em clínica neuropsiquiátrica da Universidade de Modena. Autor de trabalhos experimentais de psicobiofísica, presidente da Associação

Italiana Científica de Metapsíquica, foi deputado no parlamento italiano. Foi pioneiro da eletroencefalografia e da pesquisa experimental dos fenômenos eletromagnéticos originados do cérebro humano. Seu famoso trabalho "*Le onde elettromagnetiche in correlazione com alcuni fenomeni psicosensoriali del cervello umano*" tem valor não só pelo fato de ter demonstrado as ondas eletromagnéticas emanadas do cérebro, mas também de ter distinguido a receptividade eletromagnética do cérebro e alguns fenômenos psíquicos paranormais.

Entretanto, há término diferente para este caso: quando um resumo deste era lido para a sra. Cinira, sem naturalmente os dados biográficos acima, presente Newton Boechat, deu-se a aproximação de Jardel, seu mentor espiritual, esclarecendo: – A sra. Novaes (Cinira) enganou-se mais uma vez: *Cazzamalli* é com dois 'zz' e não com 'lz'.

Confirmação plena, 'do lado de cá', dias depois, ao chegar a nossas mãos o artigo publicado no *Jornal Espírita*, onde líamos: Ferdinando Cazzamalli!

24. Quando do Além se Faz um Gol

No dia 25 de dezembro de 1974, Newton Boechat encontrava-se em Campos, minha terra natal, passando a data maior da cristandade em companhia de nossa família, na residência de meus pais, Rosa e Talvani, atendendo a convite feito anteriormente, no Rio de Janeiro.

Ao visitar o jornalista Hervé Salgado Rodrigues, na redação do prestigioso *A Notícia*, então dirigido pelo competente profissional, comentou sobre a mensagem abaixo, recebida na véspera, na residência de meus pais, por audiência espiritual:

Casal Talvani e Rosa Cardoso, pais do autor, em cuja residência, em Campos, Newton Boechat recebeu diversos comunicados mediúnicos.

AO AMERICANO

Meus amigos:

Neste dia falo ao coração de vocês com a mesma emoção com que vibrou o Polycarpo Ribeiro[55] *quando da decisão do Campeonato da cidade em 1930.*[56] *Agora, naturalmente, face à minha desencarnação, vejo-me situado noutra esfera de cogitações.*

Os valores, evidentemente, são outros. Quem cala gol é aquele que vence as más paixões e se reajusta a si próprio. Quando os dois amigos entraram,[57] *afastei-me da roda de amigos junto ao campo,*[58] *a fim de dar presença.*

Como jornalista, associo-me aos companheiros da permanente luta sem armas materiais.

Agradeço, penhorado, o generoso mentor[59] *que me ensejou falar-lhes ao coração.*

---

[55] Polycarpo Ribeiro nasceu em 26 de janeiro de 1909, em Conceição de Macabu, município de Macaé, desencarnado em Campos, RJ, onde sempre morou, a 13 de agosto de 1983, aos setenta e quatro anos de idade, no Hospital da Sociedade Portuguesa de Beneficência. Integrou a famosa equipe do Americano F. C. de Campos, na década de 1930, conquistando vários títulos. Era ponteiro-direito, formando com seu companheiro de equipe, Ary Bueno, a mais perfeita ala direita de uma equipe de futebol de que se ouviu falar no antigo Estado do Rio de Janeiro. Mesmo sendo proveniente do interior, chegou à seleção brasileira de futebol, viajando, em 1930, ao Uruguai, a fim de disputar a I Copa do Mundo. Participou da partida de estreia do Brasil, em Montevidéu, no Estádio Parque Centenário em 14 de julho de 1930. Foi contra a Iugoslávia, sendo a equipe brasileira constituída de: Joel, Brilhante e Itália; Hermógenes, Fausto e Fernando; Poly, Nilo, Araken, Preguinho e Theófilo. Infelizmente, o Brasil foi derrotado por 2 X 1, embora tivesse apresentado muito maior volume de jogo que o adversário.

[56] Ganho pelo Americano F. C., clube de Poly.

[57] Referência a mim, Gilberto, e ao Newton Boechat, que chegávamos à residência de meus pais, em Campos, à rua Tenente Coronel Cardoso nº 193.

[58] Campo do Goitacaz F. C., ferrenho rival em conquistas e glórias futebolísticas do Americano F. C., e cujo estádio situa-se a alguns metros da residência de meus pais, em Campos. O Americano, neste dia, enfrentou e derrotou o Rio Branco, de Vitória, ES.

[59] Jardel, mentor espiritual de Boechat.

Os espíritos desencarnados se manifestam em diversíssimos graus. Embora o tempo tenha passado, eu não estou em clima de santidade.

A rigor, nem lá, nem cá. Vou ficando pelo meio ou, se preferirem, jogando no meio-do-campo, evitando cometer foul, para não ter a grande partida da evolução adiada.

Através do Polycarpo, abraço americanamente a todos e aos valorosos filhos da terra.[60]

Eugenio Bricolan[61]

---

[60] Referência aos campistas, em geral.

[61] Eugênio Bricolens, suíço de nascimento, dirigiu o jornal *O Monitor Campista*, um dos mais antigos do Brasil, em 1840. Esse jornal foi fundado por Bernardino José Maciel em 1838, segundo o historiador Horácio de Sousa, funcionando até os nossos dias. Na redação de *A Notícia*, através do jornalista Hervé, é que Boechat e eu soubemos que Bricolens estivera ligado ao jornalismo campista no século passado. Curioso foi o fato do médium ter grafado o nome "Eugenio Bricolan", conforme *ouvira* mediunicamente, e não como se escreve, 'Bricolens'. Poly já era nosso conhecido, na época, encarnado, e famoso na cidade de Campos.

25. Estudando os Clichês Astrais[62]

Em 5 de novembro de 1974, no culto do lar do confrade César Soares, Copacabana, Rio, Boechat captou o soneto abaixo, de autoria do poeta campista, desencarnado, Azevedo Cruz:

DE VOLTA AO SOLAR DOS AIRISES[63]

Selene beija em cheio o vetusto solar
De Airises; madrugada... Os seus umbrais transponho...
Na patamar, de pé, eu rememoro, sonho
Ver uma jovem bela um cravo a dedilhar...

Movimentada noite! A fachada a brilhar!
Há bulício de festa! Em momento risonho
Cláudio do Couto e Sousa em minha mente ponho,[64]
Parecendo-me vê-lo a todos abraçar...

[62] Queremos agradecer à professora Alcídia Perez Pia pelo levantamento de dados de pesquisa que possibilitaram a concretização deste capítulo.

[63] Solar dos Airises: sobrado centenário, de perfeito equilíbrio de formas em sua fachada de 45 metros. Foi construído no início do século 19 por ordem do comendador Cláudio do Couto e Souza, localizado na margem direita do rio Paraíba do Sul, a seis quilômetros da cidade de Campos. Trata-se de prédio típico dos imensos sobrados das fazendas de Campos no período colonial. O material empregado na construção do prédio foi: esteios de madeira de lei e tijolos, madeiramento de peroba, pau-brasil e outros. O local serviu de cenário para o escritor Bernardo Guimarães escrever *A escrava Isaura*.

[64] Comendador Cláudio do Couto e Souza, fundador dos Airises, casado com a sra. Maria Francisca de Souza Lima. Encarnou-se em 1806, desencarnando em 1903.

Desencarnados vêm ao recanto de Airises...
Anfitriões do solar, os atores e atrizes,
Convivas de outro tempo... escritores e poetas...

Retornam hoje, sim... A vida continua...
Feliz e emocionado, anoto a branca lua
Ninando o Paraíba em suas águas quietas...[65]
Azevedo Cruz

Um dos aspectos mais curiosos e interessantes que surpreendemos ao estudar as obras mediúnicas e relatos de incursões astrais por pessoas diversas é o da estruturação do plano não-físico, com seus 'clichês astrais'.

Isto porque, possuindo a 'matéria astral', ou 'matéria psi', conforme batismo efetuado no campo da parapsicologia, propriedades plásticas, adapta-se, molda-se de forma extraordinária à determinação mental do espírito que a manipula. Neste processo, devemos considerar a própria matéria astral, com suas características, e o poder mental do espírito, de que também depende, e muito, o objeto ou cena que se formará em sequência.

Temos notícias do plano espiritual de como entidades constroem edifícios, casas e aparelhos, 'manuseando' (aqui o termo é impróprio, pois nestas faixas trabalha-se mais com a mente, menos com as mãos) a matéria astral de acordo com os impositivos do momento. Existem verdadeiros 'espíritos engenheiros', 'arquitetos', 'mestres-de-obras' e 'operários' que edificam pacientemente as construções, imprimindo na matéria astral o plano construtor previamente elaborado de forma a concretizar as muitas ideias urdidas pelos 'arquitetos espirituais'.

Porém, ao lado destas construções, mais duradouras e sólidas (sólidas, porque a matéria astral, embora possa nos parecer algo 'nebuloso' e 'vaporoso', tem consistência apreciável para as entidades que com ela se relacionam), pode o espírito desencarnado plasmar, me-

---

Contemporâneo do poeta Azevedo Cruz, a quem convidou por diversas vezes a participar de festas dadas no solar, em fins do século XIX.

[65] Rio Paraíba do Sul, que banha a cidade de Campos.

diante a potência de sua vontade, objetos, quadros e até cenas, constituindo os 'clichês astrais', de existência mais fugaz, conforme seja o seu desejo. É o caso, por exemplo, de certas reuniões mediúnicas que ocorrem com frequência nos nossos centros espíritas. Muitas vezes, no intuito de impressionar a entidade desencarnada que se comunica através da incorporação, os dirigentes espirituais desencarnados 'projetam' cenas no ambiente astral para serem vistas pelo ser que se beneficia do encontro.

Por ação da vontade do espírito dirigente, assessorado por outros, altamente especializados nesse mister, a matéria astral ganha formas e contornos, configurando objetos, cenas e ambientes que possam auxiliar no processo da 'doutrinação' do espírito.

Esta mais não é do que verdadeira psicoterapia de urgência, contando com recursos adicionais, proporcionados pelo 'aparato' instalado no centro espírita pela equipe desencarnada. Poucas pessoas, espíritas mesmo, inclusive, desconfiam que, frequentemente, por trás da modéstia, da pobreza, da simplicidade de um simples 'centro do interior', ergue-se formidável estrutura espiritual, contando com técnicos ultra-

Na fila de trás, Newton Boechat, o autor e Alcídia Perez Pia. Na frente, Ana Carolina Cardoso da Fonseca, irmã do autor. O local é a entrada do "Solar dos Airizes", em Campos

No interior do solar, num dos cômodos, vemos, da esquerda para a direita: dr. Elias de Souza Neto, campista, hoje engenheiro morando em São Paulo; Newton Boechat e o autor. Na frente, Ana Carolina Cardoso da Fonseca, atualmente morando em Haia, na Holanda, onde mantém o Grupo Newton Boechat.

-especializados na manipulação de fluidos, muitas vezes capitaneados por ex-expoentes da ciência da Terra, desencarnados, e exercitando-se agora no plano invisível em continuidade às pesquisas outrora efetuadas! É um misto de aparelhos eletrônicos, dispositivos modernos e equilíbrio mental e emocional perfeitos, garantidos pela conduta equilibrada daqueles escolhidos pela vida maior para esses trabalhos.

No plano espiritual a matéria e a máquina subordinam-se ao 'homem' e não vice-versa, como ocorre no plano físico! E a afetividade e a mente harmoniosa são os primeiros fatores levados em conta, acima de inteligência, sagacidade, como requisitos para um espírito poder atuar nessas equipes operosas de auxílio!

Temos, então, neste soneto de Azevedo Cruz, um exemplo de como um desencarnado, poeta, vai plasmando, mediante sua vontade, as cenas de que fora assistente no século passado, quando da visita ao saudoso solar dos Airises. À medida que elabora a poesia, vai compondo no ambiente os quadros correspondentes aos fatos e vivências que lhe marcaram a individualidade, atestando que nada morre, tudo é vida, tudo é movimento, tudo é pensamento, conforme nos mostram os clichês astrais!

Elias, Ana Carolina, Boechat e o autor, em dependência do "Solar dos Airizes", em Campos.

26. Pessimismo X Otimismo

No dia 20 de agosto de 1974, no culto do lar do confrade César Soares, Copacabana, Rio de Janeiro, Boechat captou o soneto abaixo relacionado, de autoria do poeta capixaba Benjamin Silva. Durante muitos anos, quando encarnado, trabalhou no centro nervoso do comércio cafeeiro, no Rio. Foi autor do livro *Escada da vida*, prefaciado pelo ex-senador Atílio Vivacqua.

ESCADA DO INFINITO

Quando tristonho, palmilhei a escada
Da vida, carregada de amargores,
Julguei que o mundo não fosse morada
De sofrimento só, de dissabores:

Hoje, face à figura idolatrada
Do Cristo, em Seus ensinos Salvadores,
Sei que esta escada mal iluminada
Se alumbra, agora, em santos esplendores.

Subindo, de alma opressa, a amargurada
Estrada de problemas redentores,
Trasmudam-se desejos meus, em luz!

Deponho, aqui, por isto, esta orvalhada
Prece de gratidão, canto louvores
Pela vitória de encontrar Jesus!...

Benjamin Silva

Naturalmente que, analisando esta "Escada do Infinito" de Benjamin Silva, poeta da simpática cidade capixaba de Cachoeiro do Itapemirim, e comparando-a com a outra escada, a "Escada da Vida", feita quando ainda encarnado, observamos dois aspectos oportunos, o que faremos após registrar, aqui, este outro soneto:

ESCADA DA VIDA

Julguei da vida haver galgado a escada,
Esta escada de mármore polido
Que nos conduz à estância desejada
De um grande bem, raríssimo atingido.

Hoje vejo, porém, que quase nada
Consegui, afinal, haver subido,
Ficou-me longe o termo da jornada
Em que exausto, me quedei vencido.

Pelos desvãos da escada, mal me erguendo,
Já sem a fé e sem noção que anima,
Nem sei se vou subindo ou vou descendo...

Por isto, os seus extremos jamais acho:
Vejo degraus, olhando para cima,
Vejo degraus, olhando para baixo...

Em primeiro lugar, notamos a semelhança de estilo, o que não poderia deixar de acontecer, em se tratando do mesmo espírito, elaborando dois sonetos, separados no tempo e também pela desencarnação do seu autor.

Em segundo lugar, ressalta-nos a mudança de perspectiva, de ótica do poeta, em relação à vida!

Em "Escada da Vida", surpreendemos um Benjamin Silva externando pessimismo e desânimo! De maneira semelhante a milhões de criaturas encarnadas, lutava o poeta contra o fantasma do ateísmo, expressando em nome destas os sintomas da depressão, da ilusão, da negação, do aniquilamento e desapontamento.

Não é sem razão que o fabuloso professor Pietro Ubaldi assinala sabiamente em seus livros a cadeia à qual nos prendemos e que termina por nos acorrentar às ilusões da vida: nosso mal primordial é a *ignorância* (em sentido absoluto) que induz ao *erro*, desaguando na *dor*. A *ignorância* implica em nosso desconhecimento de uma realidade espiritual, o que frequentemente nos induz ao *erro* e este, à *dor*.

A *dor* decorre do nosso despreparo, objetivando, por sua vez, nossa educação, a retificação de nossas ações, gerando o conhecimento das coisas, com que anularemos a *ignorância*, com isso evitando novos *erros*, dispensando processos dolorosos! Genial conclusão! Contudo permanece ignorada por milhões, infelizmente, consciente ou inconscientemente...

Na "Escada do Infinito", observamos outro Benjamin Silva. Não no seu estilo de versejar, muito pelo contrário, mas nas intenções e na exteriorização mental, totalmente opostas àquelas expressas no soneto precedente. Agora já comunga com as claridades espirituais, albergando gérmens de otimismo e sedimentada fé, riquezas espirituais proporcionadas pela visão de conjunto advinda da desencarnação. No lugar da depressão, o bom ânimo; da ilusão, a realidade; da negação, a afirmação; do aniquilamento, a criação constante: da dor, alegrias imensuráveis!

É verdade que o nosso poeta deveria apresentar ingredientes interiores que lhe permitiram desabrochamentos progressivos de visões maiores após a desencarnação, o que nem sempre ocorre com a maioria das pessoas. Sua poesia mediúnica nos demonstra um ser muito sensibilizado e amadurecido espiritualmente...

Porém, não devemos aguardar a morte para que transformemos de hora para outra a nossa visão das coisas. Precisamos nos aprimorar aqui e agora para que não nos deixemos pegar desprevenidos quando soar o momento da transformação, ao trocarmos a "Escada da Vida" pela "Escada do Infinito"...

27. Nos Bastidores de uma Reunião Espiritual

No dia 6 de maio de 1975, no culto espiritual do lar do companheiro César Soares, Copacabana, Rio, Newton Boechat recebeu a comunicação abaixo, pelo espírito Aura Celeste:

> *Meus amados:*
>
> *Entorpecidos como vos encontrais no instrumento de carne que vos atende às necessidades das expiações, provas, tarefas ou missões, não podeis atentar no que aqui se passa, enquanto com os vossos sentimentos e pensamentos auxiliais na constituição de um campo magnético na sustentação de superiores objetivos.*
>
> *Vejamos: desde as primeiras horas do dia, abnegados amigos comparecem a este núcleo de preces para rarefazer a atmosfera fluídica. Ela receberá então, mais tarde, quotas de substâncias que são desmaterializadas lá fora e rematerializadas aqui dentro a fim de serem canalizadas para os convalescentes da morte física ou doentes de etiologias conhecidas ou não.*
>
> *A chamada roda-da-vida, com seus atritos e competições, deixa-vos na aura – vigoroso centro*

da mente, magneticamente irradiante – clichets de desencanto e cansaço que são pulverizados aqui.

Congestionamentos orgânicos e glandulares, oriundos de alimentação mal dosada ou feita às pressas, diminutas formações microbianas, excitações originárias de tensões pueris, ansiedade de esperas desarrazoadas que no mais das vezes não se concretizam, aspirações sem nexo e desejos negativos em contraposição ao que é melhor ao espírito eterno, tudo isto, neste culto, toma melhor encaminhamento, porque estais discernidos ou tendentes ao discernimento justo.

Já dizia o Apóstolo: "Todas as coisas me são lícitas, mas nem todas me convêm". (I Coríntios 6,12 e 10,25).

Habituada a assistir às criaturas que retornam à pátria que agora nos abriga face à desencarnação, colho, a cada momento, diversas perspectivas, demonstrando-nos amiúde que nem sempre o melhor é o que imaginamos.

Habitualmente o pior que nos acontece na carne é o melhor para nossas necessidades espirituais.

Temos presenciado, vezes múltiplas, a doação de moratória às criaturas que iriam se afastar do mundo físico. Valorosos irmãos, portadores de créditos incontestáveis por elas solicitaram adiamento da partida...

Aconteceram resultados surpreendentes: o tempo em que permaneceram na Terra – concedido pelo Mais Alto – se converteu perigosa e dolorosamente nos piores momentos das almas, pois se complicaram nas experiências, assumindo responsabilidades que se diluirão em mais longo tempo...

Conscientizemo-nos, amados! Não transformemos a vida humana num fim e sim numa finalida-

de mais alta, para que ela seja abençoada advogada nossa quando um dia revertermos ao Plano Invisível.

Aura Celeste

O entorpecimento e a limitação impostos pela matéria ao espírito reencarnado são os grandes responsáveis pela parca compreensão observada mesmo entre criaturas adeptas de filosofias espiritualistas, com relação às reuniões espirituais, em geral.

Sabemos que essas reuniões são de espécies várias, de acordo com a finalidade a que objetivam, e também no mundo espiritual, como seria lógico acontecer, há as chamadas especializações. Entretanto, em cada um dos diferentes tipos de reuniões ocorrem procedimentos comuns, adotados pelos espíritos que as supervisionam do mais alto.

Desta forma, o trabalho 'do lado de lá', antes do início das tarefas 'do lado de cá', inicia-se muito precocemente. Se uma reunião tem lugar à noite, com frequência a movimentação espiritual no ambiente da ocorrência começa a se dar já pela manhã. Espíritos-técnicos especializados nesse mister 'pulverizam' energias negativas incrustadas no ambiente, ao mesmo tempo em que situam espíritos-guardiães na orla ambiental de forma a impedir a entrada de entidades mentalmente desarmonizadas. A seguir, técnicos espirituais confluem para o ambiente recursos semimateriais colhidos à natureza, de origem vegetal ou animal, conforme o caso e o tipo de trabalho a ser executado. São armazenados, aguardando a hora de serem utilizados em benefício de algum encarnado ou desencarnado que os necessitem. 'Aparelhos' espirituais altamente sofisticados, construídos sob o requinte e técnica eletrônica avançada, são postos no recinto, vindo a auxiliar em certas tarefas de cura.

Esta é a movimentação comum a qualquer reunião espiritual, havendo, naturalmente, as distinções de acordo com a especialização e objetivo de cada uma delas.

Por exemplo, uma reunião familiar do tipo 'culto no lar' costuma contar progressivamente, à maneira que se desenvolve e se repete no tempo, com plateia cada vez mais numerosa e acréscimo de trabalhadores espirituais que objetivam trazer conforto, através de mensagens intuitivas ou pela mediunidade ostensiva, tanto quanto medicamento espiritual para os frequentes desajustes psicofísicos portados pelos encarnados. Muitas vezes, entidades rebeldes são trazidas especialmente para ouvirem os estudos feitos pelos encarnados, num processo educativo. Os técnicos espirituais costumam selecionar os espíritos que se adaptem justamente ao assunto ou temas programados com antecedência para a reunião, mesmo sem a consciência dos encarnados, que costumam ser simples instrumentos, nessas ocasiões.

Outro aspecto curioso, e aí me apoio em observações de médiuns amigos, incluindo-se o Newton Boechat, é que o ambiente espiritual correspondente à sala onde se dá a reunião, com frequência, é muito 'maior' que a metragem da primeira.

O termo 'maior' é impróprio de ser utilizado, pois o tempo e o espaço no plano espiritual não têm o mesmo significado emprestado a eles por nós, encarnados. O fato é que o médium desdobrado 'vê' o ambiente astral coincidente à sala de reunião muito maior e totalmente diverso! Surpreende ele, aí, por vezes, um verdadeiro laboratório ultrafísico, um parque de repouso ou até mesmo um hospital, com salas cirúrgicas, enfermarias para doentes espirituais, pessoas recém-desencarnadas etc.

Ouço tais relatos frequentemente de médiuns sérios quando compareço a reuniões espirituais diversificadas.

O assunto torna-se mais complexo em se tratando de uma reunião de 'desobsessão', por exemplo. Para os que ignoram, diremos que uma reunião de 'desobsessão' corresponde àquela em que ocorre a aproximação e o relacionamento de um espírito desencarnado sofredor, desarmonizado, com um médium encarnado. Pode a entidade desencarnada, através deste expediente, conversar com um encarnado, chamado de 'doutrinador'. Este último tem a tarefa de esclarecer o primeiro, dialogando com ele, executando assim uma verdadeira psicoterapia.

Participo de uma reunião desse tipo, atuando como 'doutrinador', ou seja, como uma das pessoas que dialogam com os desencarnados, há quase trinta e sete anos, e já tive a companhia do Newton Boechat nessas reuniões durante cerca de dezessete anos, enquanto esteve ele encarnado. Nossas reuniões seguiam modelo muito próximo ao sugerido pelo notável confrade Hermínio Correa de Miranda na excelente obra *Diálogo com as sombras*. Posso contabilizar nessas reuniões o atendimento a diferentes casos e situações espirituais, em diferentes modalidades de atenção ao desencarnado, algumas surpreendentes! Para narrar as experiências de nosso grupo seria necessário escrever nova obra, tal a variedade de casos que testemunhamos.

Uma questão a suscitar dúvidas no meio dos próprios espíritas é o porquê da necessidade dessas reuniões. Alega-se que, se a entidade sofredora está desencarnada, ser-lhe-ia mais fácil o relacionamento com um espírito desencarnado que lhe prestasse auxílio, um médico espiritual, por exemplo, dispensando o seu mergulho temporário na 'corpo' do médium!

A observação procederia e não é desprovida de certa razão. Contudo, o que acontece é o destrambelhamento mental dessas entidades que, ao desencarnarem, constroem em volta de si as imagens mentais desarmônicas em que se fixam, num monoideísmo, a lhes impedirem a visão dos próprios desencarnados socorristas com os quais se relacionariam. Por ação do baixo padrão vibratório mental, densificam os seus psicossomas e embotam suas sensibilidades, colocando-se fora do raio de sensibilização por parte das entidades mais evoluídas. Por isso não prescindem do mergulho na 'matéria', quando ouvirão alguma voz humana (a do doutrinador), conselhos, orientações, esclarecimentos. O contato com o corpo do médium também lhes favorece a drenagem para o físico de certas vibrações negativas. Tudo funciona como se o corpo físico do medianeiro fosse imenso mata-borrão, absorvendo resíduos psíquicos e impressões negativas que podem datar desde o momento da desencarnação.

Numa reunião de desobsessão, contam os técnicos espirituais com 'telas fluídicas' no ambiente, tornadas visíveis ao obsessor incorporado. Nelas os hábeis psicólogos do Além podem projetar imagens que impressionem o primeiro, cenas de sua última existência, tanto quanto aquelas, de antigas reencarnações, que possam guardar ligação com o desajuste emocional manifesto no presente. E assim por diante...

Temos colecionado, em nosso grupo, ao longo desses quase trinta e sete anos de experiência nesse terreno, atendimentos diversificados a desencarnados. Fora os diálogos com sofredores, suicidas, desequilibrados, acidentados, contabilizamos socorros a doentes que prolongam suas enfermidades no Além, retirada de 'aparelhos parasitas' de desencarnados tornados robôs por entidades perversas, retiradas desses mesmos 'aparelhos' em encarnados que se encontram sob influência de obsessores, atuação à distância do médium desdobrado e supervisionado por mentor até contato direto com obsessores e muitas outras situações, podendo muitas delas bem corresponder às que Hermínio relata em sua preciosa obra e em outras onde narra casos concretos. Em todas as situações, é bom que se diga, a iniciativa ocorre sempre por parte da equipe espiritual que nos supervisiona.

E nossa atuação é sempre cautelosa, amorosa e paciente, nunca recorrendo a expedientes agressivos, mesmo porque sabemos que muitos desses processos não possuem solução imediata e, na verdade, são conduzidos pelos mentores espirituais, que descortinam o cenário do caso com muito mais visão de conjunto do que a nossa, de encarnados.

O mais interessante diz respeito às reuniões de curas ou efeitos físicos. Além dos dispositivos presentes nas anteriores descritas, contam estas reuniões com recursos adicionais e vigilância redobrada, pois aqui está envolvida a integridade física do médium que cederá o ectoplasma.

Num momento de cura, por exemplo, os espíritos mobilizam aparelhos especializados em 'anestesiar' certos nervos do corpo humano por processo ainda desconhecido para nós, de forma que áreas a sofrerem incisões cirúrgicas não manifestam sensibilidade, como pude anotar em 'operações espirituais' a que assisti pessoalmente. Também tive oportunidade de verificar, em cirurgias transcendentais, curiosa ausência de infecção pós-operatória, após intervenção sem cuidados prévios de assepsia e antissepsia e uma também interessante tendência a coagulação sanguínea espontânea e rápida, logo após as incisões cirúrgicas. Os mecanismos, desconheço.

De outras vezes, aparelhos projetam 'luzes' de diversas frequências sobre o campo operatório, na realidade energias altamente ionizantes e que enfraquecem a virulência de diferentes microorganismos, concorrendo para a assepsia do campo cirúrgico, o que se comprova pela ausência de infecção pós-operatória, a despeito do procedimento se realizar em ambiente físico aparentemente contaminado e contaminável. Assisti, na década de 1980, a algumas intervenções transcendentais dessa natureza, em que, para explicar os resultados alcançados, fica difícil se recorrer apenas às explicações médicas convencionais.

Isso sem falar nas reuniões de materializações de espíritos, quando estes se densificam portando aparelhos estranhos para aplicar em diferentes tratamentos; tanto quanto a presença, no ambiente não-físico correspondente, de laboratórios ou engenhos processadores de energias necessárias à realização das ectoplasmias.

Talvani Sanfim Cardoso, meu pai, já desencarnado, tirou curiosa fotografia durante reunião de materialização havida no Grupo Espírita Aracy, em Campos, com o médium Peixotinho, na década de 1950. Segundo me narrou, a entidade dirigente dos trabalhos chamou-o – ele que se responsabilizava pelas fotografias espirituais tomadas nesses acontecimentos, por determinação do Alto –, pedindo que penetrasse na cabine para registrar um fato diferente. Lá chegando, foi instruído no sentido de bater uma foto do que seria a usina energética utilizada pelos espíritos naqueles trabalhos, cuja cópia fiel materializar-se-ia por instantes, para ser captada pela película sensível. E assim aconteceu... Essa interessante foto encontra-se em Campos, pertencendo à minha mãe, Rosa, fazendo parte do conjunto de fotos feitas por meu pai, na ocasião, no Grupo Espírita Aracy, de espíritos materializados em função da mediunidade iluminada do Peixotinho!

São aspectos de que em geral não nos damos conta e que se encontram ocultos, porém atuantes, por trás da singeleza e modéstia de muitas casas espíritas e de muitos lares humildes, defesas inteligentes e eficientes do plano maior contra as ambições e o despreparo dos afoitos, nos bastidores das reuniões espirituais!

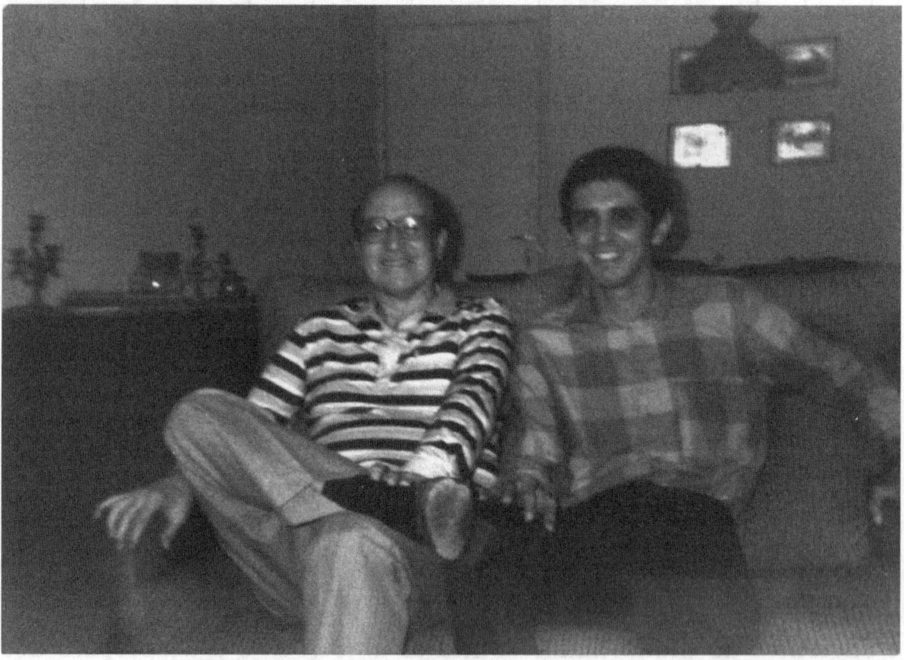

Newton Boechat e o autor na residência do casal Rosa e Talvani Cardoso,
no Rio de Janeiro, antes de se dirigirem a uma reunião espiritual

28. Ciência e Amor

No dia 6 de setembro de 1976, no culto do lar do confrade Roberto Messano, em Niterói, Boechat recebeu a mensagem abaixo:

CIÊNCIA E AMOR

Amigos:

Desejo-lhes a paz de Jesus, o Mestre Divino.

Encontro-me de passagem a fim de transmitir-lhes votos de estímulos espirituais.

Sempre que nos convertemos à Luz, a Luz se fará em nós.

Na vida, tudo se desdobra em base de sintonia e relacionamento. Sublimemo-nos, ainda que lentamente, pois de outro modo não venceremos o pretérito que teima em permanecer em nossa intimidade.

Os espíritos superiores mais sugerem, ao invés de compelir. De forma que não podem violar-lhes a liberdade, o que seria infração às leis divinas.

Muitos surgem, nas atividades humanas, dizendo que o mundo espiritual é algo brumoso e o que importa é viver o 'lado prático', com seus variados convites. O problema, no entanto, é de perspectiva: após a desencarnação, o que se nos afigurava estável converte-se em areias movediças e as chamadas pequenas virtudes que desprezávamos avultam-se de interesse...

Simplesmente somos seres em evolução. Situamo-nos em diversíssimos graus, correspondentes aos degraus prefigurados naquela escada que Jacob viu em sonho, segundo nos informam as páginas escriturísticas.

O planeta terreno é morada de criaturas ricas de técnica, mas pobres de afetividade e, por isso, está oscilante. Agonizam-lhe as estruturas. Falta-lhe o equilíbrio que somente as leis éticas, consubstanciadas no Evangelho, podem proporcionar.

"A ciência incha, mas o amor edifica", dizia o Apóstolo dos Gentios. Se a tecnologia sem amor pode criar e expandir o utilitarismo, também se transforma em expectativa ou desespero, nos mortíferos engenhos situados em foguetes de balística, podendo dizimar pessoas e coisas.

A pólvora que auxiliou o progresso foi a mesma que se usou na extinção de povos. A energia que beneficia a vida social é a mesma que aniquila corpos no assassínio oficializado em eletrocuções de condenados à pena máxima.

Busquemos o progresso, melhoremos a técnica, aperfeiçoemos o relacionamento, incentivemos a comunicação, mas não nos esqueçamos de fecundar tudo isto com o amor evangélico, para que não tenhamos, mais cedo ou mais tarde, a tristeza da civilização em ruínas.

March[66]

---

[66] Guilherme Taylor March nasceu em Teresópolis, a 21 de agosto de 1838, filho do inglês George March e de Ignácia March, brasileira. Aos vinte e um anos formou-se em medicina. Casou-se, no Rio, em 1860, com Francisca de Paula Correia March, indo residir em Niterói, onde clinicou intensamente, por muito tempo. Espírita e homeopata, dedicou sua vida aos pobres, que muito o amavam. Foi fundador e presidente honorário do Instituto Hahnemaniano do Brasil, e, durante muitos anos,

O professor Pietro Ubaldi, médium de "Sua Voz" na belíssima *A grande síntese*, o "Evangelho da Ciência", segundo o espírito Emmanuel (através da mediunidade de Chico Xavier), filtrou nesta obra grandiosas e esclarecedoras observações. Diz-nos este livro, no seu primeiro capítulo, intitulado "Ciência e Razão", que cada século da história da nossa humanidade tem a função de agasalhar determinada ideia emersa das profundezas da vida, desenvolvendo-a, fixando-a nas consciências e, finalmente, depurando-a, após ter sido aproveitado o seu cerne. A substância do pensamento estabiliza-se nos estrados profundos da consciência individual e também coletiva. Passando a ser aquisição, é abandonada aos 'porões psíquicos' do indivíduo e da sociedade, que passa a se ocupar, a partir de então, com novos problemas e aptos a receber novas ideias.

A ciência, no dizer de Ubaldi, foi a ideia que germinou e se desenvolveu nesse século 20, embora possamos surpreender em tempos precedentes os embriões do pensamento que tomou conta da nossa era, o científico. E foi lógico e bom que assim tivesse ocorrido, pois a ciência trouxe e ainda traz, ao homem, o conhecimento capaz de o libertar do talvez mais negro dos infortúnios: a ignorância! Como ainda nos aponta o preclaro prof. Ubaldi, a ignorância leva o indivíduo ao erro e este, à dor, que termina por alertar a criatura para o desencontro, corrigindo o primeiro elo da cadeia tripla. A dor, então, tem a finalidade de esclarecer o ser, o qual, atingido em sua intimidade, passa a conhecer, tornando-se menos suscetível a errar. Desta maneira a natureza sabiamente vai ensinando a todos, livrando-nos da ignorância, tornando-nos mais aptos ao acerto.

Por isso, muito longe está do nosso objetivo qualquer crítica à ciência, sem dúvida ramo do conhecimento humano com inspiração verdadeiramente divina, construída à custa do martírio de vários e valorosos

---

editor dos *Anais* do Instituto. Nos últimos anos de sua longa e profícua existência, não mais podendo atender sua clientela por se encontrar paralítico e cego, desdobrava-se do corpo doente e, em espírito, passou a fazer o receituário mediúnico através de diversos médiuns do Rio de Janeiro. Seu desenlace se deu a 21 de junho de 1922, após oitenta e quatro anos de laboriosa existência. O velho invólucro carnal foi sepultado no cemitério do Maruí, em Niterói, com enorme acompanhamento. (Rocha, Alexandre. *Dr. March em dois planos*. IEBM, Niterói, 2012.)

espíritos que reencarnam em existências de notável abnegação, construindo para a civilização na clausura e isolamento de laboratórios, institutos e organizações variadas, esquecendo, por vezes, os familiares. A ciência teria de vir, como efetivamente veio, para livrar a criatura humana de preconceitos variados, para afastá-la de misticismos estéreis, para libertá-la de um certo 'amordaçamento' imposto às coletividades por vertentes religiosas e políticas diversas, durante séculos, não com o objetivo de trazer o verdadeiro conhecimento 'esotérico', no sentido mais profundo do termo, mas tentando manipular o povo através de acenos apetitosos, para a época... Mesmo aí devemos recorrer à máxima popular de que "cada um tem o que merece"!

Lembramos ao leitor amigo que a *religião*, em si mesma, não pode ser confundida com os *religiosos*, ou a *hierarquia religiosa*, ou o *poder religioso* ou as *instituições religiosas*. A Religião, com todo o seu conteúdo e conhecimento é, em si mesma, neutra. O mau uso, ou o *uso distorcido* que dela foi feito é que é condenável. Mas não nos esqueçamos de que foram *os homens* instituídos de religiosos é que o fizeram. E ainda aí se tratavam de *homens*, não de *santos*, ou de *aspirantes à santificação*, como eles mesmos frequentes vezes se diziam, com fins escusos. É muito importante raciocinarmos *sem preconceitos* e separando "o joio do trigo". Por isso mesmo, nos surpreendemos e lamentamos quando pessoas bem formadas cientificamente (e a ciência pretende ensinar às pessoas que a cultivam a examinar os fenômenos com isenção, sem preconceitos) recusam-se a examinar fatos paranormais ou a estudar seriamente fenômenos ou conceitos religiosos sob a alegação de 'místicos'. Detestam seu envolvimento com o que chamam de 'misticismo', esquecendo-se de que o horror ao que apressadamente classificam dentro do setor 'religioso' acaba por lhes cunhar um comportamento anticientífico! Sim, porque anticientífico é todo aquele que classifica fatos preconcebidamente sem exame (paranormais, místicos, religiosos). Portanto, a rigor, não se poderiam intitular 'cientistas'...

Mas se a verdadeira religião (sistematização de conhecimentos esclarecendo a natureza divina e a natureza, origem e finalidade do homem) não deve ser confundida com a sua representação terrena (as várias instituições religiosas, seus representantes e acólitos), o mesmo deve ser alertado quanto à ciência. Esta não é boa nem má, em substância. Apenas se desenvolve, na medida em que mais pessoas a praticam e maior número de descobertas e conhecimentos surge. O essencial é a sua utilização, a finalidade com que é empregada pela sociedade. A energia elétrica não é positiva nem negativa. Pode se prestar à iluminação de um hospital, tanto quanto animar a cadeira elétrica e destruir vidas. A força atômica não é nem harmônica, nem desarmônica. Aplicada por mentes iluminadas, poderá gerar recursos de forma a fazer funcionar indústria, proporcionando empregos e progressos. Por mentalidades distorcidas, consubstanciar-se-á num petardo atômico, pronto a dizimar cidades, estados, países, continentes... Tudo é questão de perspectiva.

Aí nos lembramos do mal do nosso século. Em absoluto ele pode ser identificado na ciência, que muito fez e tem feito pela humanidade, mas na *defasagem entre* o teor de *sabedoria* e de *sentimento* existente na criatura humana, em sua esmagadora maioria. Sabemos pensar, mas ainda não aprendemos a amar. E as advertências são constantes e antigas. Poderíamos lembrar o *Gîta* dos Indus, o *Novo Testamento* dos cristãos, a *Doutrina Secreta* dos teosofistas e assim por diante. Entretanto, preferimos extrair estas advertências da própria ciência, ao nos referirmos a ilustres cientistas. Alexis Carrel, por exemplo, no seu clássico *O homem, esse desconhecido*, assinala que:

> [...] a ciência não deve ser cultivada unicamente para ela mesma, para a elegância de seus métodos, para a claridade de sua beleza. Ela tem por finalidade o adiantamento material e espiritual do homem. Devemos dar tanta importância aos sentimentos quanto à termodinâmica...

Em *O homem perante a vida*, Carrel analisa a atitude do homem ocidental frente ao sentimento e à inteligência, atalhando:

> A civilização no Ocidente distingue-se pela sua predileção a favor da inteligência. Não há razão nenhuma para dar primado à inteligên-

> cia sobre o sentimento. É erro evidente o de classificar a juventude segundo os exames nos quais o valor moral e orgânico não tem lugar. Dar como finalidade ao pensamento o próprio pensamento é uma espécie de perversão mental.

Prossegue ele:

> Com efeito, a atividade intelectual, do mesmo modo que a atividade sexual, deve ser exercida de modo natural. Destina-se não a satisfazer-se a ela própria, mas a contribuir em união com as outras atividades orgânicas e mentais, para a satisfação de todas as necessidades do indivíduo.

Noutro trecho, critica a formação exclusivamente intelectual estimulada aos jovens:

> A formação exclusivamente intelectual da juventude constitui também infração a uma lei essencial do progresso do espírito, porquanto este se manifesta tanto em atividades não-racionais, como atividades racionais, isto é, o senso moral, o sentido estético e o sentimento místico, desempenham papel importante na construção da personalidade. Temos cometido o erro de desprezar a formação afetiva da criança.

Palavras de um *cientista*, vencedor de prêmio Novel e dos maiores sábios que a humanidade já conheceu...

Assim sendo, atentemos para o chamado de Guilherme March, tirando de nossa mente a ideia de uma ciência destinada somente à multiplicação de comodidades. Colaboremos para o crescimento harmônico de nossas personalidades em ciência e em amor, pois "necessitamos tanto de *um amor que saiba*, quanto de uma *ciência* que *ame*" no dizer de Emanuel no livro *Pensamento e vida*.

29. Nos Domínios do Ectoplasma: a Missão de Peixotinho

O termo 'ectoplasma' foi cunhado pela primeira vez por Charles Richet, famoso médico francês, professor da Faculdade de Medicina de Paris e ganhador do prêmio Nobel de medicina e fisiologia em 1913 pela descoberta da anafilaxia. Ao observar fenômenos de efeitos físicos provocados pela médium Eusápia Paladino, verificou certas "protuberâncias parecendo sair do próprio corpo da médium", denominando-as, então, de "ectoplasma". A palavra resulta da combinação das raízes gregas '*ektos*', significado 'fora' e 'plasma', 'formação'.

Necessário é não confundirmos o 'ectoplasma' estudando inicialmente pela metapsíquica e, em seguida, pela parapsicologia e psicobiofísica, com o ectoplasma estudado na biologia. Neste último caso, denomina ele a porção mais externa do citoplasma, em oposição ao endoplasma, terminologias referentes à célula, unidade da matéria viva.

O ectoplasma constitui substância visível e palpável no plano material, tendo sido estudado exaustivamente por sábios diversos no início deste século. Tem consistência, peso (já foi pesado por diversas vezes mediante pesquisas feitas por investigadores sérios) e demonstra, em geral, grande sensibilidade à luz, quando tende a se desfazer... Possui ainda a propriedade de se movimentar segundo o comando mental do médium pelo qual se exterioriza, adotando formatos e configurações diversos sob a influência também dos encarnados presentes à reunião de ectoplasmia. É substância altamente plástica, suscetível de ser talhada pelo pensamento e vontade da pessoa. Dirigida pelos desencarnados presentes à reunião de efeitos físicos, molda-se ao campo magnético representado pelo corpo espiritual destes, fazendo-os visíveis e tangíveis à assistência física. O processo assemelha-se à clássica experiência do ímã e da limalha-de-ferro: as partículas de limalha, dispersas ao acaso sobre uma folha de papel, desarrumadas, adotam aspecto organizado, exatamente na configuração das linhas-de-força magnéticas de magneto situado logo abaixo do papel. Desenha-se neste, pela arrumação da limalha, em decorrência da atuação do campo-de-força, a figura do ímã.

O ectoplasma parece se compor, de acordo com informações obtidas por vários cientistas, de material proteico, gorduroso e celular, onde abundariam leucócitos, segundo Scherenck-Notzing. Já James Black, analisando a matéria ectoplasmática, chegou à fórmula química: C_{120} H_{1184} S_5 O_{249}, o que corrobora a predominância do material proteico. Entretanto, se nos ativermos a essas informações, apenas tocaremos nos aspectos físicos do ectoplasma, já que, conforma nos indica o espírito André Luiz, em obras psicografadas por Chico Xavier, este tem uma parte material e a correspondente espiritual. Segundo o que depreendemos dos livros *Nos domínios da mediunidade* e *Missionários da luz*, o ectoplasma parece se compor de *elementos materiais*, extraídos do médium, dos encarnados assistentes às reuniões, de plantas e de animais; e de *recursos espirituais*, referidos por André Luiz em *Nos domínios da mediunidade* como 'fluidos A', reservando a designação de 'B' aos recursos do médium de efeitos físicos e dos encarnados da assistência e 'C' para aqueles tomados à natureza terrestre. O professor Hernani Guimarães Andrade, diretor do Instituto Brasileiro de Pesquisas Psicobiofísicas, com sede em São Paulo, propôs ainda os termos *ectomineraloplasma* para designar o ectoplasma extraído de corpos minerais; *ectofitoplasma*, tirado de vegetais; *ectozooplasma*, retirado de animais, inclusive o homem. É deste notável pesquisador o estudo mais interessante e completo sobre as 'ectoplasmias' na atualidade, incluído na fabulosa obra de sua autoria, intitulada *Espírito, perispírito e alma*, "Ensaio sobre o Modelo Organizador Biológico", Editora Pensamento. Aliás, recomendamos ao leitor interessado a referida obra, no sentido de aprofundar conhecimentos sobre o assunto.

Daí gostaríamos de desenvolver este estudo sobre as ectoplasmias, tocando em aspectos que nos parecem interessantes, sendo fruto de nossas próprias observações e informações colhidas com amigos e conhecidos.

O ectoplasma, na sua contraparte material, realmente parece conter elementos celulares. Prova disto foi uma interessante pesquisa executada no Rio de Janeiro pelo dr. Roberto Silveira, médico e amigo nosso de anos, companheiro de estudos espirituais desde o início das reuniões do Grupo dos Oito, a que já nos referimos no livro *Do átomo ao arcanjo*. O dr. Roberto desenvolve inestimável labor, alcançando ao mesmo tempo os intentos da caridade e o da pesquisa, no Grupo Espírita Regeneração, no Rio. O dr. Silveira, certa vez, conseguiu alguma quantidade de ectoplasma em reunião de efeitos físicos realizada no Grupo Espírita Regeneração com o médium Fábio Machado, desencarnado em 1985. Foi um trabalho delicado e que exigiu presteza e argúcia por parte do dr. Silveira. O material teve que ser colhido no escuro e transportado em tal estado, rapidamente, desde o Grupo Espírita Regeneração, situado na rua São Francisco Xavier, até o laboratório, na rua Barão de Lucena, no bairro de Botafogo. O dr. Roberto teve de fazer a preparação do conteúdo com pressa, em várias lâminas, já prevendo a desintegração do mesmo em pouco tempo, após a exposição à luz do microscópio óptico. De fato, ao contato com esta, o tecido se desintegrava, dificultando a focalização. Entretanto, a substituição rápida das lâminas permitiu a visualização do ectoplasma, que foi fotografado antes de se desintegrar, através da incidência da luz. Ficaram registradas em notáveis fotografias, pertencentes ao dr. Silveira, células do ectoplasma, semelhantes em tudo às células vivas, excetuando-se o fato de serem desprovidas de núcleo. A experiência não poderia ter sido conduzida por alguém mais gabaritado, uma vez que o dr. Silveira é conceituado citologista no meio médico carioca, tendo sido até presidente da Sociedade Brasileira de Citologia.

O ectoplasma parece emanar das cavidades naturais existentes no corpo físico do médium, tais como boca, narinas, ouvidos e reto, sua exteriorização provocando, por vezes, diminuição de peso e de tamanho do mesmo. Sobre isto, tenho o precioso testemunho de meu pai, Talvani Sanfim Cardoso, já desencarnado, na ocasião residente em Campos, Estado do Rio. Como tive chance de assinalar em nosso livro *Na madureza dos tempos*, fora ele designado pelo Alto para fotografar os espíritos que se materializavam através de faculdade do Peixotinho, durante as memoráveis reuniões ocorridas no Grupo Espírita Aracy, em Campos, na década de 1950. Narrou-me vários fatos a merecerem citação, relativos àqueles eventos: certa vez, convidado por Scheilla, enfermeira materializada naquela ocasião, penetrou na cabine, contígua ao salão de reuniões do Grupo Aracy. Ali costumava se recolher o Peixotinho, no início das reuniões, permanecendo deitado numa modesta cama até o final das mesmas. Ao adentrar o recinto, meu pai se espantou: o médium se apresentava fisionomicamente idêntico ao aspecto conhecido por todos, deitado de lado, em sono profundo, só que com o corpo físico reduzido à metade das dimensões normais, guardadas as proporções anteriores de cabeça, tronco e membros! Aliás, muito se poderia falar daquelas notáveis manifestações. Conheci pessoalmente o Peixotinho, embora nunca tivesse tido a chance de observar diretamente alguma das reuniões com ele, visto ter desencarnado em 1966, quando eu estava apenas com treze anos. Contudo, guardei na mente a imagem de sua figura modesta e desprendida, a derramar bondade em torno de si. Neste ponto, cumpre referir-me a alguns dados biográficos e a fatos significativos que marcaram a última jornada terrena deste grande médium.

Francisco Peixoto Lins, ou Peixotinho, como todos os conheceram, nasceu a 1º de fevereiro de 1905, em Pocatuba, Ceará. As informações que se seguem foram fornecidas pelo seu filho, dr. Guilbert Vieira Peixoto, e publicadas em *Reformador* de agosto de 1966, logo após a desencarnação do médium. Passou a infância em Fortaleza, criado pelos tios, pois ficara órfão de mãe precocemente. Iniciou sua educação em um seminário. Nesta época começaram a se lhe manifestar dúvidas sobre a existência de Deus, assim como se inconformava com as diferenças sociais e o nascimento de crianças anormais.

Espírito Garcez, fotografado por Talvani Sanfim Cardoso
no Grupo Espírita Aracy, em Campos, numa reunião
de materializações com o médium Peixotinho

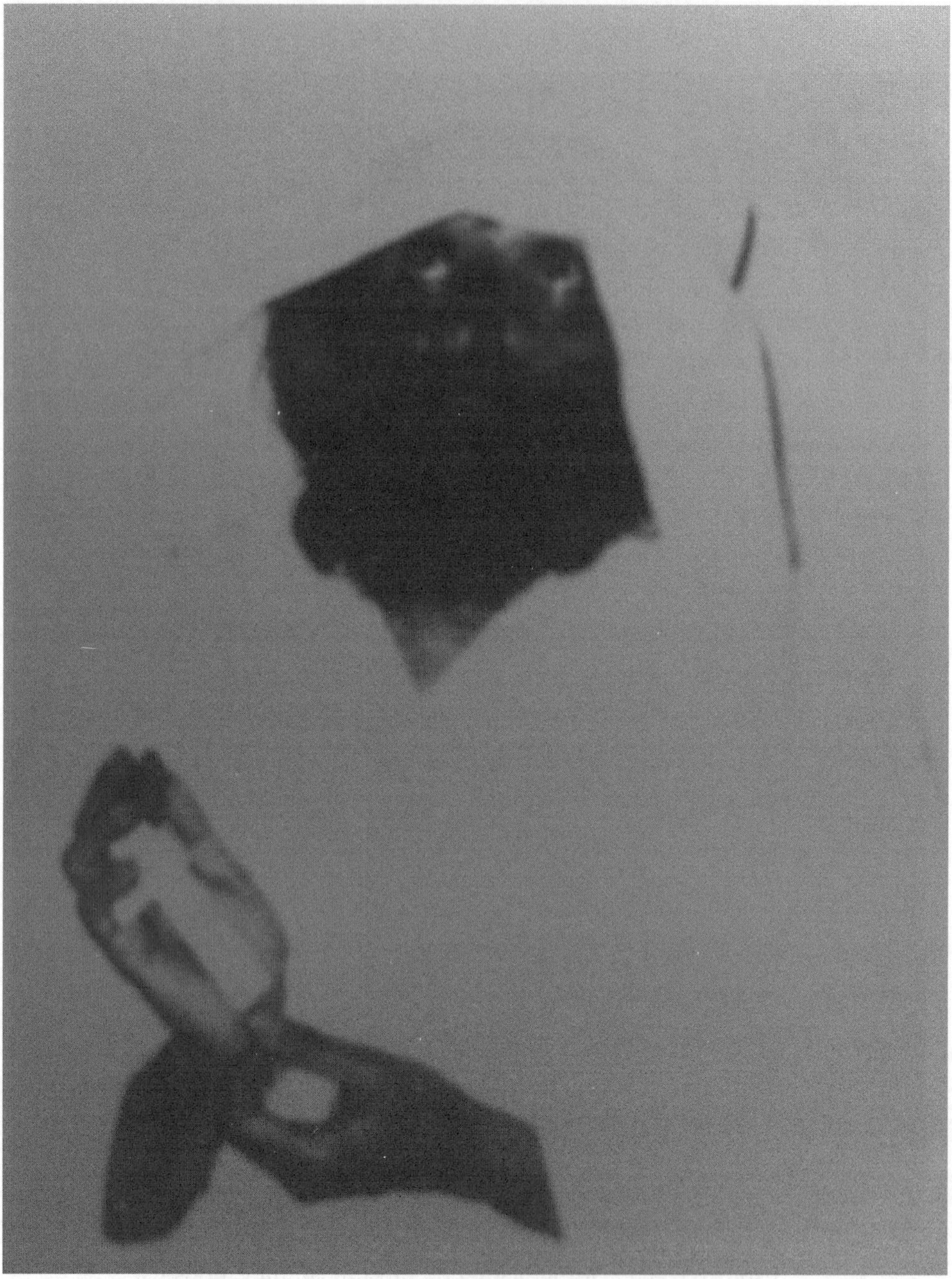

Espírito Garcez, fotografado por Talvani Sanfim Cardoso
no Grupo Espírita Aracy, em Campos, em reunião de
materializações com o médium Peixotinho, na década de 1950

Aos catorze anos, deixou sua terra e embrenhou-se na Amazônia. Durante dois anos trabalhou na extração de borracha nos seringais, enfrentando perigos e tendo de conviver com a solidão e exiguidade de recursos.

Retornou ao Ceará, quando se lhe manifestou a mediunidade, sob forma obsessiva, visto que, no início, era envolvido por espíritos sofredores que o faziam um 'valentão'. Apesar do físico franzino, possuía enorme força de vontade, evitando sair de casa para não ser influenciado por obsessores e causar perturbações. Isso depois de um episódio em que, após travar luta com vários homens, foi transportado para praia deserta, ileso. Mergulhou, certa vez, em estado de catalepsia, sendo considerado morto, estado de que despertou após mais de vinte horas de amortalhado. A seguir, foi acometido de paralisia que o prostrou por seis meses, sem perspectiva de cura. Um dia, a União Espírita Cearense, sabedora do seu caso, enviou confrades a visitá-lo e esses companheiros, com preces e passes, o libertaram da falsa enfermidade. Começou, então, seu aprendizado no espiritismo, sendo Viana de Carvalho um dos abnegados orientadores.

Em 1926, veio para o Rio de Janeiro, então capital da República, e se apresentou para servir ao Exército, na Fortaleza de Santa Cruz, em Niterói. Posteriormente, foi transferido para Macaé. Em Macaé, iniciou seus serviços no espiritismo, fundando o Grupo Espírita Pedro com outras pessoas. Na mesma cidade veio a se casar com Benedita Vieira Peixoto, conhecida pelo apelido de Baby.

Sua vida militar foi intercalada de transferências. Para onde era transferido, porém, fundava um posto de receituário mediúnico homeopata. Assim ocorreu em Imbituba, Santos, Rio de Janeiro, Campos etc.

Em 1946, foi transferido de Imbituba para a Fortaleza de São João, no Rio de Janeiro. Reencontrou-se com velhos amigos. Das reuniões semanais na residência de um deles, Antônio Alves Ferreira, nasceu um culto doméstico que se transformou no Grupo Espírita André Luiz, cuja sede provisória funcionou no escritório de Jacques Aboab, à rua Moncorvo Filho, 27, sobrado.

Do Rio transferiu-se para Santos, em 1948. Lá frequentou o Centro Espírita Ismênia de Jesus. No mesmo ano encontrou-se com Chico Xavier. Realizou, com este, em Pedro Leopoldo, várias reuniões de materialização e de tratamento.

Transferido para Campos, em 1948, iniciou seus serviços no Grupo Espírita Joana D'Arc. Pouco depois, com o crescimento da frequência ao seu culto doméstico, nasceu o Grupo Espírita Aracy, sua guia espiritual e que, na última encarnação, fora-lhe filha. Dedicou ao Grupo Aracy seus últimos anos na carne.

Sofria de asma brônquica, compreendendo ser essa a sua provação. Apesar de tudo, era alegre e brincalhão. Como médium, sempre teve comportamento exemplar e inatacável, nunca comercializando a faculdade. Viveu pobre e exclusivamente dos vencimentos de oficial da reserva do Exército, no posto de capitão. Dedicou-se muito ao tratamento de casos de obsessão, chegando mesmo a levar doentes para o próprio lar, onde os hospedava junto à família. Passou por testemunhos sérios e sofreu ingratidões que soube perdoar, não desanimando nunca de servir.

Desencarnou às seis horas da manhã do dia 16 de junho de 1966, em Campos, deixando viúva e nove filhos.

Talvani, meu pai, manteve constante convívio com o Peixotinho durante seus últimos anos de encarnado. Observou muitos outros fatos interessantes durante as reuniões de materialização. Certa vez, foi convidado por Scheilla, então materializada, a tocar o abdome do dr. Albano Seixas Filho, médico e professor famoso em Campos, participante assíduo das reuniões, notável estudioso do espiritismo. Scheilla embebeu-lhe os dedos numa substância que se lhe afigurou gelada, pedindo que tocasse a parede abdominal do médico, estando deitado, na direção de um ponto luminoso estampado na altura da vesícula biliar. Grande foi sua surpresa ao perceber a penetração de seus dedos através dos tecidos, sem qualquer resistência. Repetiu a experiência várias vezes, sentindo no interior do órgão fragmentos de maior consistência (cálculos biliares?). O dr. Albano não referiu dor nem evidenciou qualquer reação, tão comum nas pessoas operadas ou naquelas portadoras de processos abdominais agudos, quando a estimulação do peritônio provoca náuseas e vômitos. Curioso é que a substância gelada trazida pela enfermeira espiritual permitia a penetração da matéria através da matéria, sem resistência, sem dor e sem resultar em infecção, como veio a constatar. Parece que as moléculas se afastavam à aproximação da matéria especialmente tratada – os dedos com a substância gelada, retornando ao seu lugar primitivo quando da retirada desta última, não restando sequer cicatriz! Parecia ocorrer um perfeito reacoplamento, sem descontinuidades.

De outra vez, houve uma reunião especialmente programada em benefício do meu avô, Oscar Sanfim Cardoso, que viria a desencarnar em 1954. Havia pouco que um linfoma fora detectado em seu organismo e o encontro objetivava levar-lhe algum tratamento espiritual. Deitado numa maca posta no salão de reuniões, sofreu o exame e a intervenção de alguns médicos espirituais materializados. Em seguida, um dos espíritos chamou pelo meu pai e pelo dr. Albano Seixas, levando-os a um canto da sala. Ali expôs sobre algo semelhante a um negatoscópio (tela fluorescente usada em hospitais para iluminar radiografias), uma chapa ou algo parecido, de regiões corporais do meu avô, demonstrando, com precisão, em imagem cintilante, os setores acometidos. O diagnóstico não deixava dúvidas: tratava-se realmente de um linfoma, um tipo de câncer dos gânglios linfáticos, com metástases disseminadas, atingindo já o cérebro, o que definia mau prognóstico. Cabe aqui assinalarmos que, na Campos de 1954, mal se conseguia uma radiografia simples de pulmão, quanto mais processos de diagnóstico mais sofisticados. Tal exame assemelha-se às modernas cintilografias por radioisótopos e tomografias computadorizadas, métodos de introdução muito mais recente na medicina.

De outra feita, meu avô Oscar foi submetido a uma cirurgia na Santa Casa de Campos, presente o dr. Mário Goulart, médico cirurgião muito amigo de nossa família, gozando de elevado conceito científico entre a comunidade médica daquela cidade, inclusive ultrapassando suas fronteiras. O Peixotinho, sabedor do momento exato em que se realizaria a intervenção, concentrou-se, deitado, em sua residência, na rua Miguel Herédia. Talvani, meu pai, teve acesso ao centro cirúrgico, acompanhando toda a operação. Foi feita uma incisão ampla, a partir da axila e em direção ao dorso para retirar massas e gânglios tumorais. Este foi o exame que confirmou histologicamente a hipótese de linfoma. O cirurgião fechou a incisão, tendo permanecido a cicatriz, suturada, no local correspondente ao corte. Saindo da Santa Casa, dirigiu-se meu pai à residência do Peixotinho. Surpreso, encontrou-o a despertar, referindo dores na axila e região dorsal. Ao tirar a camisa, meu pai visualizou no corpo do médium uma linha avermelhada nas regiões citadas, perfeitamente superponível em localização à incisão executada pelo cirurgião no meu avô Oscar!

As reuniões, além de trazerem lenitivo físico aos que dela participavam, também reforçavam a convicção na imortalidade, através dos notáveis fenômenos ocorridos. O ectolplasma do Peixotinho diferia daquele que observamos corriqueiramente, pela característica de se apresentar luminoso e tanto mais quanto maior fosse a elevação da entidade materializada. Eu, pessoalmente, já assisti a algumas reuniões de materialização com o médium Fábio Machado, desencarnado na década de 1980, e também com outros medianeiros. Entretanto, a obscuridade prevalece e os espíritos só podem ser bem observados por nós ao se colocarem muito próximos. Contudo, tornam-se visíveis à distância por conduzirem objetos fosforescentes que os identificam quando afastados. Isto não tira, em absoluto, a autenticidade do fenômeno, pois já assistimos a objetos pesados flutuarem junto ao teto, executarem movimentos e oscilações, conduzidos pela força ectoplasmática de forma a anular a gravidade ou seguir trajetos impossíveis de serem executados por qualquer pessoa fisicamente presente, que estivesse desejando fraudar. Isto sem contar as precauções adotadas antes do início das reuniões a que assisti, como a contenção do médium, o isolamento das pessoas presentes, a colocação de talco, certos objetos ou fitas em pontos-chaves do recinto, impedindo entradas, movimentações ou saídas dos presentes, no decorrer dos trabalhos. O ectoplasma do Peixotinho, por ser luminoso, clareava totalmente o recinto, tornando visíveis os espíritos, o médium e os encarnados, inviabilizando por completo qualquer fraude. Flores surgiam no ambiente, trazidas de regiões distantes, sem que existissem nas imediações. Objetos eram transportados até o teto e faziam evoluções notáveis, perfumes surgiam no ambiente. Numa ocasião, meu pai penetrou na cabine, levado por desencarnado, sendo advertido de que a espiritualidade iria materializar, por momentos, a fim de ser registrada, a 'usina-de-força', um aparelho empregado nos trabalhos de efeitos físicos e que serviria para estabelecer e variar os campos magnéticos empregados nos fenômenos ocorridos nessas reuniões. Certa vez, recebeu de um espírito a informação de que a substância fosfato de lecitina entraria na composição química do ectoplasma. A bioquímica registra a lecitina como fazendo parte dos fosfatídeos, uma das subdivisões dos lipídeos, conhecidos de forma vulgar como gorduras. Os fosfatídeos são compostos que apresentam tal nome por conterem um átomo de fósforo. Além deste, contêm glicerol, ácidos graxos e uma base nitrogenada. Os fosfatídeos são derivados do ácido fosfatídico, cuja fórmula química é:

$$\begin{array}{c} CH_2OCOR_1 \\ | \\ CHOCOR_2 \\ | \\ CH_2.O.P(O)\ (OH) \end{array}$$

Os fosfatídeos são encontrados nos tecidos animais e vegetais. A fosfatidilcolina (lecitina) e a fosfatidil-serina (cefalina) estão em grande quantidade na composição das membranas celulares e nas membranas das organelas intracelulares.

A fórmula química da lecitina é:

$$\begin{array}{c} CH_2OCOR_1 \\ | \\ CHOCOR_2 \\ | \\ CH_2PO^3OHCH_2CH_2N(CH_3)_3 \end{array}$$

A informação, confirmada *a posteriori* por investigações adequadas, cresceria de importância face a conclusões mais ou menos recentes da biologia molecular. Há algum tempo pensava-se que as membranas celulares fossem formadas por uma espécie de 'sanduíche', em que as fatias de 'pão' correspondessem a camadas de proteínas e o 'recheio' à dupla camada lipídica. Na atualidade, sabemos que a membrana celular corresponde a uma dupla camada lipídica, na qual se distribuem, ancorados, blocos de proteínas, emergindo pela face interna ou externa da membrana ou, às vezes, não emergindo, permanecendo na sua intimidade. Os lipídios cresceram em importância na composição química das membranas celulares. Acresce-se a isto o fato de que a célula nervosa apresenta camada 'extra' de gorduras a envolver o seu axônio, cilindro especializado em conduzir o impulso nervoso. Talvez aí esteja a importância dos lipídios, consequentemente, da lecitina.

Outro fato curioso prende-se às recomendações dadas pelos espíritos para que as pessoas que participassem das reuniões de materialização com o Peixotinho consumissem grande quantidade de pescado. Ora, o pescado é rico em gorduras, proteínas e em fósforo, elemento fundamental na composição química da lecitina. Os participantes das reuniões evitavam comer carne bovina ou de aves por quarenta e oito horas que antecedessem as reuniões, que ocorriam às terças e sábados. Entretanto, significativas, se correlacionadas com o exposto, são as informações dadas em *A grande síntese*, do professor Pietro Ubaldi. Nesta obra monumental, já referida por mim, Ubaldi captou uma "corrente de pensamento" ou *noúre*, traçando uma síntese magnífica do conhecimento humano, conseguindo, através da comparação, demonstrar que os diversos fenômenos da vida correspondem a uma mesma lei, que se desdobra em outras, menores em cada campo de manifestação. As leis que regem reações químicas têm a mesma origem e se assemelham àquelas que determinam as mudanças sociais. Os fatos observados na aparência não denunciam sua origem comum, o que ocorre quando vistos em profundidade. Ubaldi concebe o universo como formado de uma imensa *substância*, diferenciada em *matéria*, *energia* e *espírito*. Admite e justifica a evolução desta substância com a transformação da matéria em energia e desta em espírito. Isto se dá após maturações contínuas e exaustivas, quando a matéria, após envelhecer na série estequiogenética atômica, se desagrega na energia. Esta, cumprindo a evolução, amadurece ao atravessar diversas modalidades energéticas do espectro conhecido até mergulhar novamente na matéria, animando-a. Em seguida, a energia, trabalhada pelo esforço contínuo, rompe os limites do seu existir e, no "raio globular", proclama os primeiros momentos da substância como espírito, a partir daí evoluindo nas diversas formas materiais conhecidas dos diferentes reinos...

Como disseram as entidades espirituais numa pergunta de Allan Kardec, a de número 540 de *O livro dos espíritos*, com relação à evolução do princípio espiritual, "na natureza tudo se encadeia, desde o átomo até o arcanjo, que iniciou sua jornada *como* átomo..." Observamos a perfeita concordância entre as informações contidas na Codificação e aquelas emitidas por "Sua Voz".

Mas voltemos à opinião de "Sua Voz" sobre o ectoplasma. Conforme expus acima, a *matéria*, a *energia* e o *espírito* são diferenciações da *substância*. Um se transforma no outro. Aliás, a própria ciência já demonstrou, até experimentalmente, a conversão da matéria em energia, faltando a da energia em espírito. Entretanto, todos os fenômenos da vida exigem maturação e repetição para se fixarem e progredirem.

Os átomos de elementos mais leves, por oporem menor resistência à penetração eletrônica, são aqueles convocados mais precocemente a constituir os tijolos do edifício da vida! Os elementos simples, de baixo peso atômico que estavam presentes em maior proporção no planeta quando do surgimento da vida, foram exatamente hidrogênio, carbono, nitrogênio e oxigênio, naquela época, presumivelmente, sob a forma de hidrogênio livre, vapor d'água (H_20), amônia (NH_3) e gás carbônico (CO_2). Por estas razões, foram 'invadidos' mais precocemente pela energia madura, originando os primeiros 'motos vorticosos'. O 'moto vorticoso' origina um 'eixo' que passa a ser uma espécie de 'alma' da cadeia atômica a se formar em seguida.

A propriedade extraordinária e singular do átomo de Carbono de formar em cadeiras, ainda não totalmente compreendida pelos químicos, baseia-se neste notável fenômeno, quando a substância sobe mais um degrau na evolução de suas diferenciações.

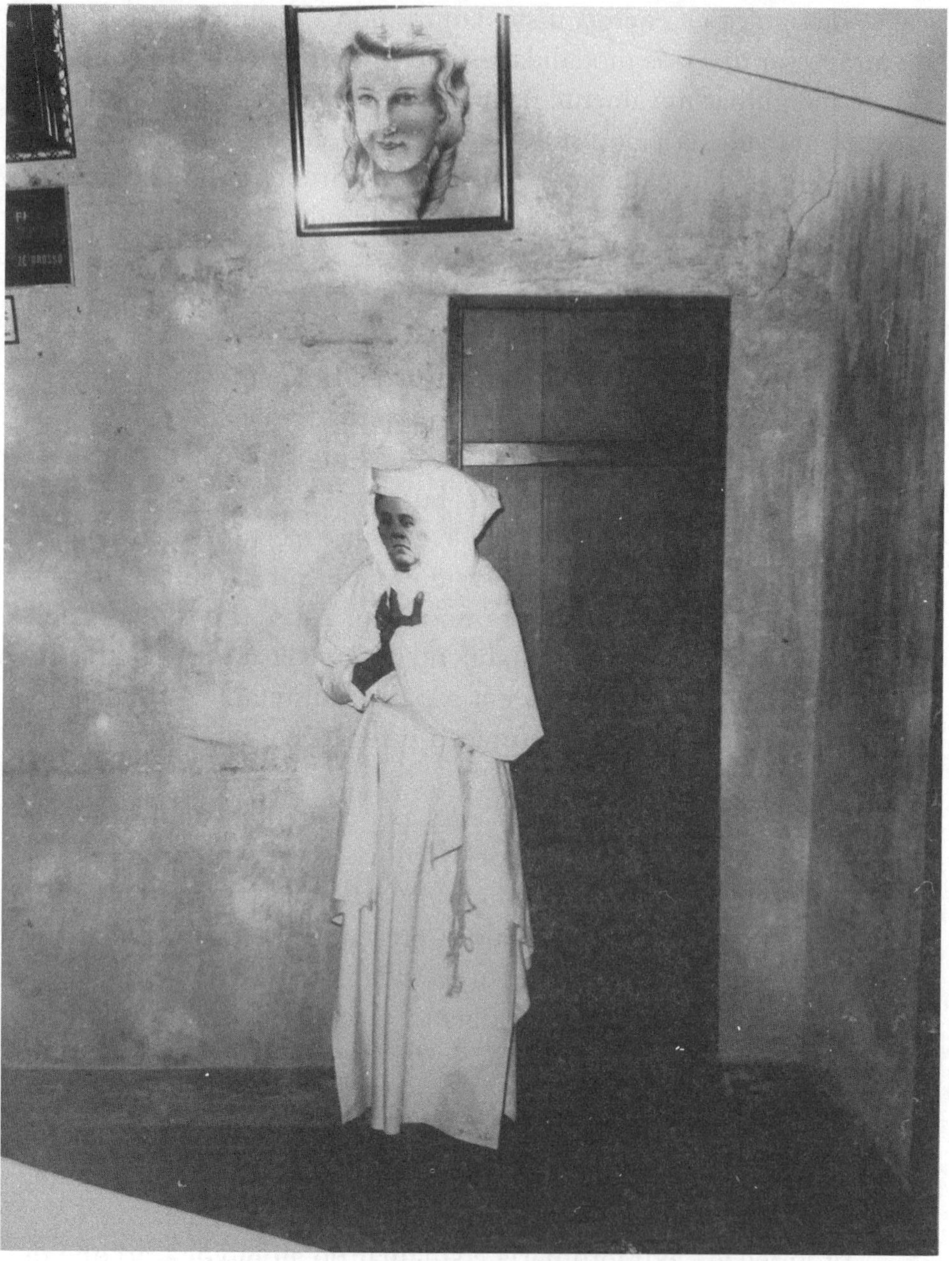

Espírito Camerino, antigo faroleiro de ilha situada em frente à cidade de Macaé. Foi fotografado por Talvani Sanfim Cardoso no Grupo Espírita Aracy, em Campos, durante reunião de materializações com o médium Peixotinho, na década de 1950. Na parede, ao fundo, vê-se um retrato de Scheilla, a enfermeira que frequentemente se materializava nessas reuniões

Podemos agora entender a significação do ectoplasma para a Evolução, o mesmo podendo-se dizer quanto ao elemento Fósforo, fundamental na fórmula da lecitina. Acontece que, pela proporção existente nos seres vivos e pelo seu peso atômico (31), o Fósforo é o próximo elemento a ser influenciado pelas "energias maduras", estabelecendo novos motos vorticosos. Daí sua presença em quantidade apreciável na matéria ectoplasmática. Esta corresponderia a verdadeiro pressentimento do futuro material, representando substância protoplasmática mais evoluída e sutil. Por este raciocínio, o ectoplasma tenderia, através de múltiplas experimentações e repetições, se fixar como matéria orgânica no planeta, cada vez mais, até se estabilizar como tal daqui a muitos séculos, sabemos lá quando! Por representar um esforço da natureza em direção ao novo, traz em si mesmo ainda certa imperfeição, característica dessas iniciativas. Isto explica a

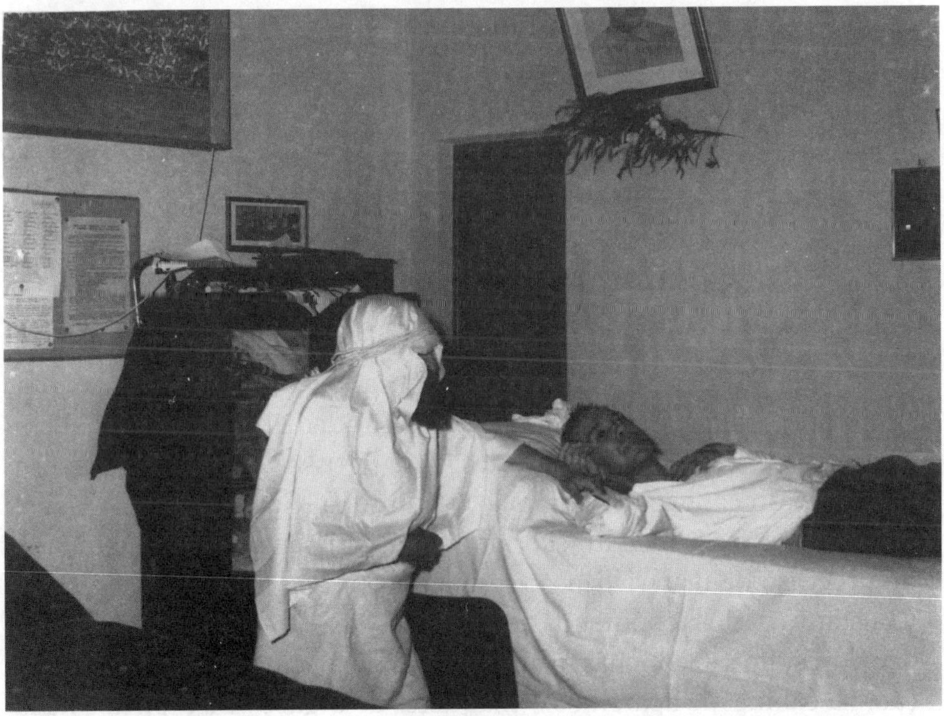

Espírito Garcez, fotografado por Talvani Sanfim Cardoso em reunião com Peixotinho na década de 1950, no Grupo Espírita Aracy, em Campos, realizando tratamento espiritual em Oscar Sanfim Cardoso, avô do autor.

estrutura falha de algumas materializações, quando partes anatômicas das entidades espirituais são supridas por formações contínuas, com aparência de véus, panos ou algodões.

O ectoplasma, por outro lado, é passível de ser 'perdido' ou 'doado' pelas pessoas em geral e, num grau mais acentuado, pelos médiuns, especialmente os de efeitos físicos. Importante se torna, então, para estas pessoas, o conhecimento do momento em que esta perda começa a se dar, de forma a que o processo possa ser controlado sem dispêndio adicional de energias. Outro aspecto curioso é a provável relação entre as *mitocôndrias*, organelas intracelulares situadas por André Luiz como verdadeiros acumuladores de energia espiritual, através dos quais a mente transmitiria ao corpo físico variados estados, e o *ectoplasma*. Como os processos de retenção e liberação deste correspondem a reações interessando trocas de energia, é de se supor a ligação entre a substância e a maior ou menor atividade das organelas, nos diferentes estados mediúnicos.

Colhemos interessantes informações sobre a missão do Peixotinho com pessoas que participaram das reuniões no Grupo Espírita Aracy de Campos, na década de 1950.

A sra. Maria Pinheiro Gonçalves, mais conhecida no Grupo Aracy como Teresa, desencarnada em 1986, participou ativamente das reuniões com o Peixotinho. Os encontros iniciavam-se sempre com estudos evangélicos, seguidos de hinos religiosos.

A recomendação de se evitar toda espécie de carne na refeição, exceção feita ao pescado, era seguida à risca, pelo menos por quarenta e oito horas antes. Conheceu ela várias entidades que se materializavam: Scheilla, Bezerra de Menezes, José Grosso (antigo participante do bando do cangaceiro Lampião), Palminha, Garcez, João de Deus, Aracy. Uma má concentração ambiental era seguida de dificuldade no processo de materialização, o que se corrigia com hinos e preces. Constatou vários fenômenos de efeitos físicos, tais como o transporte de pedras, flores, conchas, o surgimento de perfumes e a materialização, na cabine, de aparelhos e 'maquetes de órgãos'. Os espíritos mais evoluídos, tais como Bezerra de Menezes, apareciam em ectoplasma luminoso, resplandecendo o ambiente. Peixotinho sofria de asma brônquica. Quando não estava na plenitude de suas forças físicas, os espíritos materializavam apenas partes do corpo, em geral a 'garganta ectoplásmica', quando desejavam manifestar alguma instrução para os presentes; ou as mãos, quando o objetivo era tratamento espiritual. A sra. Teresa teve a oportunidade de tocar e apalpar as entidades materializadas, parecendo-lhe a sensação "semelhante à carne, porém mais leve, tal qual espuma endurecida". Por diversas vezes entrou na cabine, identificando o médium, adormecido, enquanto entidades materializadas caminhavam no outro compartimento.

O casal Ivone e Wilson Werneck, residente em Campos, tem anos de serviços prestados ao espiritismo, com dedicação e persistência, tendo acompanhado Peixotinho em sua missão. Assistiram a fenômenos de "luzes espontâneas no recinto", perfumes, surgimento de flores e pedras, tendo presenciado casos curiosos, como o de um menino, morador em Rio Bonito, que engoliu um parafuso; durante a reunião, o objeto primeiro localizou-se no subcutâneo, para, em seguida, ser transportado inteiro para as mãos do companheiro no recinto. Assistiram à extraordinária materialização do ministro Clarêncio, de Nosso Lar, que surgiu iluminando toda a sala; túnica até os joelhos, em luz, bordada; na mão direita, um cajado luminoso. Caminhou até o centro da sala e proferiu palestra que instruiu e tocou a todos os presentes. A sra. Ivone foi operada espiritualmente de um cisto ovariano, o que foi constatado *a posteriori* numa cirurgia material pelo dr. Jayme Faria, notável cirurgião campista, estudioso do espiritismo e um dos elementos mais cultos da Fundação Pietro Ubaldi, em Campos, atualmente já desencarnado.

As operações espirituais deixavam fina cicatriz que, em geral, desaparecia no dia seguinte. Os pacientes não acusavam dor ou qualquer sensação desagradável. Referiam o toque da mão do espírito materializado como "morno, macio e aveludado". As entidades materializavam os mais diversos 'aparelhos' destinados a tratamento espiritual.

Acrescentou ainda o casal Werneck que os espíritos, ao lado de várias instruções edificantes para os presentes, ainda faziam previsões de acontecimentos futuros, tais como: a diminuição da luminosidade nas futuras materializações, poupando maior cota de energia a ser empregada no próprio tratamento espiritual; doenças futuras consequentes ao mau uso da radioatividade pelo homem (esta revelação ocorreu na década de 1950 e a entrevista em fevereiro de 1986, antes mesmo do desastre de Chernobyl); o surgimento de uma nova e persistente doença, mesmo depois do controle do câncer; a confirmação de todos os fatos coincidentes em várias revelações proféticas sobre os terríveis acontecimentos que enfrentamos atualmente e que se agravarão num futuro próximo: poluição, catástrofes, risco de guerra atômica, afundamento de faixas extensas de terra, maremotos, epidemias (o chamado "fim dos tempos")!

A sra. Adette Ferreira Vianna, viúva de Ramiro Vianna, grande trabalhador do espiritismo em Campos, já desencarnado, também teve longa convivência com o Peixotinho. Seu primeiro contato com o médium deu-se em 1940, na primeira semana espírita de Macaé. Assistiu à cura de vários casos pelo receituário homeopático do médium, inclusive o do próprio filho, Walter Ferreira Vianna; presenciou fenômenos de aparecimento espontâneo de pedras e flores no recinto (numa das reuniões, Leopoldo Machado recebeu uma flor que, submetida posteriormente a exame por botânicos competentes, provou ser proveniente da Índia, de uma espécie inexistente no Brasil).

Caso interessante relatou-nos ela quando de uma reunião ocorrida em 14 de setembro de 1953, em Pedro Leopoldo, residência do Chico Xavier, presentes o médium mineiro, Peixotinho, Ramiro Vianna, sra. Adette Vianna e meu avô, Oscar Sanfim Cardoso. Manifestou-se o espírito Paulo Sérgio, filho do casal Ramiro e Adette Vianna, desencarnado precocemente aos dois anos de idade, em 1950.

Deixou ele na parafina fumegante a forma dos seus pés carnais, com certas características anatômicas familiares à sua mãe. Deu em seguida uma mensagem, através do Chico, dirigida a seus pais. A mensagem do Paulo Sérgio encontra-se no livro *Tempo e amor*, de Chico Xavier e Clóvis Tavares.

Os espíritos materializados são agêneres e embora não haja notícia de que Kardec, em seu tempo, tenha se dedicado com mais minúcias ao estudo das materializações, algo deixou ele registrado para estudo. *Agêneres*, no dizer do próprio Allan Kardec, quando comenta sobre esse assunto em *O livro dos médiuns*, capítulo VII, tópico 125, são criaturas que se apresentam com toda a forma material, mas que não foram biologicamente geradas, segundo o significado das raízes gregas da palavra, '*a*' e '*géine*'. Kardec informa que o fenômeno, por mais extraordinário que possa parecer, não seria mais sobrenatural que outros estudados em *O livro dos médiuns*. Seria uma espécie de aparição tangível, em que espíritos se revestem de forma física, aparentando uma pessoa encarnada, sendo diferentes dessa apenas pelo fato de não terem sido formados por fusão de espermatozoide e óvulo, como ocorre segundo as leis da biologia convencional. Em *A gênese*, capítulo XIV, tópico 36, volta Kardec a falar dos agêneres. Na *Revue Spirite*, em diversas ocasiões, Kardec discorre sobre eles.

Na verdade, após o advento das materializações e seu estudo minucioso por parte de diversos investigadores, não há dificuldade em se entender o que seria um agênere e mesmo os mecanismos que norteiam a sua aparição.

A questão dos agêneres é muito curiosa para estudos, não só do ponto de vista científico, envolvendo todas as complexas situações que determinam a aglutinação dos fluidos necessários à formação, em pouco tempo, de uma estrutura praticamente idêntica ao corpo físico de um encarnado, como também do ponto de vista histórico, uma vez que aparições de agêneres são descritas pelas escrituras e são objeto de relatos muito interessantes, inseridos na literatura espírita. Podemos relacionar alguns, notáveis, e que merecem registro e estudo.

Irmão X, pela psicografia de Chico Xavier, na obra *Lázaro redivivo*, no capítulo "A palavra do morto", nos conta o famoso episódio que se acha registrado no I livro de Samuel, capítulo 28, versiculos de 7 a 15.

Trata-se do encontro de Saul, rei de Israel, com o profeta Samuel, então desencarnado, às vésperas de importante batalha. Irmão X narra que Saul, pressionado pela enorme responsabilidade do futuro confronto, impacienta-se e acaba por recorrer a uma pitonisa (médium) que moraria na localidade de En-Dor e frente à qual chega, disfarçado, com a intenção de ouvir a palavra do grande profeta que lhe fora instrutor na infância. É evidente que se sabia, na ocasião, ser possível a comunicação dos 'vivos' com os 'mortos' e Saul não desconhecia tal fato. Diante da pitonisa, o disfarce é descoberto e Saul, invocando sua autoridade de rei, ordena que a médium lhe ponha em contato com Samuel. Instantes depois, surge no recinto uma nuvem vaporosa, que dá forma ao profeta Samuel, personificado num esplêndido agênere materializado! Samuel não se apresenta mais, contudo, como imaginava Saul, na arrogância e imponência de outrora, quando ostentava as insígnias do "enviado de Jeová", mas simples, humilde e pobre, em sua nova situação espiritual. O diálogo que se segue é significativo, quando o profeta tenta convencer Saul a desistir da empreitada, deitar armas e reconciliar-se com os filisteus. Como registra a história, Saul não quis e marchou teimosamente, no dia seguinte, com seus batalhões, rumo às experiências que a morte nos proporciona. Trata-se de um dos mais notáveis casos de materialização de agênere que a Bíblia registra.

Outro caso de agênere na Bíblia que merece nossa atenção é o citado por Kardec no capítulo XXVII, parágrafo 8 de *O evangelho segundo o espiritismo*, e também no capítulo XXV da mesma obra, no parágrafo 5, ao mencionar o agênere (anjo) que esteve com Tobias. É importante alertar que nas edições protestantes da Bíblia nada será encontrado sobre Tobias e o anjo, pois nestas não há o "Livro de Tobias", incluído nas traduções católicas. A *Bíblia de Jerusalém*, traduzida diretamente do hebraico e do grego por estudiosos católicos da Escola Bíblica de Jerusalém e utilizada comumente como fonte de pesquisa, insere, no *Velho Testamento*, "O Livro de Tobias", narrando em detalhes o interessante episódio envolvendo o agênere. Conta "O Livro de Tobias" as peripécias do 'anjo' Rafael, que, atendendo aos apelos de Tobias pai, acompanha Tobias filho em sua perigosa viagem, protegendo-o, auxiliando-o em seu casamento, livrando-o e à sua esposa de obsessores, impedindo que fosse devorado por um enorme peixe e trazendo-o de volta, casado, são e salvo, à casa do pai.

Ao fim, recebendo ofertas de recompensas, recusa todas, informando que Deus o enviara para ajudá-los em função de merecimento e pedindo que narrassem o ocorrido para a posteridade, "desapareceu diante deles e eles não o puderam ver mais" (Tobias 12,21). Surpreendente, não é mesmo, caro leitor, uma materialização que se prolongou durante todo o período que a espiritualidade julgou necessário para que a família de Tobias pudesse ser atendida nos seus merecimentos, é claro.

Notável, também, é o episódio envolvendo Jan Huss, o líder religioso tcheco, considerado precursor da Reforma, movimento que pretendeu revigorar o cristianismo em seus princípios originais. Quando Huss se achava preso e já próximo de perecer numa fogueira, na cidade de Constança, em 1415, aconteceu o interessante episódio com um agênere. Quem nos narra esse comovente encontro é o consagrado J.W. Rochester, na obra *Os luminares tchecos*, romance histórico em torno das figuras de Jan Huss e Jerônimo de Praga. Huss, para nós, espíritas, tem grande significado, pois presume-se que tenha reencarnado, mais adiante, como, nem mais, nem menos, Allan Kardec. O prefácio da obra descreve, com muita propriedade, os argumentos e informações que respaldam a tese, bastante coerente, de que Huss retornou como Kardec. Aliás, vai além, quando revela uma outra personalidade que teria sido animada pelo espírito que viria a ser Kardec, o do centurião romano Quirílius, que chegou a oferecer fuga a Jesus, quando este se encontrava preso, proposta gentilmente recusada pelo Mestre, ao revelar-lhe que "iria ainda ter a oportunidade de morrer por Ele, porém no futuro..." O centurião mais tarde converteu-se ao cristianismo e passou a ser o "pai João", retratado por Rochester na obra *Herculanum*.

Huss, em sua cela, próximo da execução, ora fervorosamente e recebe uma graça do Alto. Conforme descreve magistralmente Rochester, surge à sua frente uma nuvem esbranquiçada, crepitando em faíscas, iluminando a cela em tons levemente azulados, dando forma materializada à figura alta de um homem em trajes clericais bizantinos, trazendo nas mãos uma cruz e um evangelho. Huss indaga de quem se trata e o agênere informa ser "aquele que primeiro trouxe a luz divina do *Evangelho* à sua pátria (República Tcheca) e cujos restos descansam em Velegrad".

Em seguida, o agênere recomenda a Huss muita firmeza perante a morte próxima, prometendo ajuda permanente e as recompensas da vida espiritual. Na verdade, o agênere materializado referiu-se à cidade de Velehrad, situada na Moravia, atual República Tcheca, que guarda o túmulo daquele que se chamou Metódio. Metódio e Cirilo, seu irmão, são hoje considerados patronos, ao lado de Bento, da Europa. Conta-se que o cristianismo penetrou na Europa Central no século VIII, mas desenvolveu-se mesmo com a ida à região, em 863, de dois irmãos religiosos provenientes da cidade greco-bizantina de Tessalônica: Cirilo e Metódio. Tiveram ampla atuação na evangelização das populações locais. Cirilo teria criado o alfabeto cirílico. Cirilo, contudo, antes denominado Constantino, veio a falecer em Roma, em 869 e seus despojos carnais descansam na igreja de São Clemente, nessa cidade. Metódio retornou à Morávia no mesmo ano e atuou intensamente, até desencarnar em 6 de abril de 885, estando seus restos mortais sepultados em Velegrad ou, mais exatamente, Velehrad. O agênere que se manifestou a Huss na cadeia foi, portanto, Metódio. Por causa de sua origem, trajava vestes clericais bizantinas, de onde se originava.

Por último, não podemos deixar de registrar o provável encontro com um agênere ocorrido com o nosso conhecido Bezerra de Menezes e destacado por seus biógrafos. Os anos de estudo no Rio de Janeiro, na Faculdade de Medicina (atual UFRJ) foram muito difíceis para Bezerra, que frequentemente recorria ao expediente de dar aulas para ajudar nas despesas. Numa ocasião, Bezerra não sabia mais o que fazer perante o problema do pagamento de taxas da faculdade e despesas com a pensão onde morava, estando em risco de ser despejado. Desesperado, orou fervorosamente e apelou para Deus. Não demorou muito e um jovem bateu-lhe à porta. Desejava tratar aulas de matemática. A princípio Bezerra, a contragosto, tentou recusar, pois matemática não era disciplina muito de seu gosto. O candidato insistiu, pois estava muito necessitado e Bezerra, lembrando-se então de sua situação periclitante, resolveu dar as aulas, pedindo um tempo para se preparar. Surpreendentemente, o aluno ofereceu pagar tudo adiantado, alegando que, assim, corria menos risco de esbanjar os recursos, provenientes de mesada. Com muita relutância, Bezerra acabou concordando, acertando dia e horário de início das aulas.

Com a quantia, Bezerra pagou as taxas da faculdade e quitou o aluguel. Depois, embrenhou-se na biblioteca, preparando-se para as aulas de matemática... que nunca aconteceram, pois o estudante não mais apareceu... Era, provavelmente, um agênere, de quem Bezerra recebeu providencial auxílio.

30. Carmem Cinira e a Bandeira Imortal

O fenômeno da evolução, muito mais do que abrangendo o domínio das formas, como de maneira magnífica enunciou Charles Darwin, interessa ao território da essência, o que significa o cerne da personalidade manifesta, o espírito.

Há que se conscientizar de que 'algo' imponderável movimenta e modela os corpos físicos, registrando, por outro lado, de maneira indelével, as experiências transcorridas nas etapas sucessivas.

O fenômeno evolutivo é contínuo e crescente, desabrochando caracteres latentes da criatura, descerrando aos seus olhos, progressivamente, as belezas da Criação.

Como diz *A grande síntese*, a "função faz o órgão e este termina por aperfeiçoá-la".

As coletividades evolvem, tangidas pelas múltiplas etapas vivenciadas que as impulsionam rumo a horizontes mais vastos! Uns caminham mais depressa, outros são mais vagarosos... Na vida não há nada padronizado e as necessidades dos seres são diferentes, como diversas são suas psicologias, nos campos individual e coletivo...

O Alto providenciou e providencia a vinda de seus mensageiros a fim de fecundar as massas com o conhecimento superior. Quase sempre estas não Lhe entendem a mensagem, terminando por acomodá-la às suas próprias limitações, aliás, como não poderia deixar de ser... Os mais maduros absorvem-na em alto grau; os medianamente evolvidos incorporam-na em parte; os atrasados pouco retêm, se muitas vezes não a rejeitam...

Por isso, a vida, de maneira muito sábia, estabelece revelações progressivas e variadas de modo a atender às necessidades de todos, indistintamente. Cada indivíduo, cada grupo, cada coletividade adere à filosofia religiosa existente que se afine com suas convicções como reflexo de sua madureza.

Como muito bem assinala Pietro Ubaldi, as diversas religiões existem porque diferentes são os homens e as facções em que se agrupam. A falta de compreensão mútua e do fenômeno evolutivo é que faz com que se agridam entre si! Atingindo mais elevado patamar de entendimento, o ser verifica que essas divergências se estabelecem na razão direta da diversidade evolutiva dos indivíduos, injustificando-se quaisquer tentativas de 'conversão' a este ou àquele credo.

E não podemos deixar de destacar para o mundo, especialmente o ocidental, o grande passo nesse sentido que foi dado na França, em meados do século 19, com a divulgação do espiritismo. Não se materializou na Terra a Doutrina Consoladora com a pretensão de extinguir ou guerrear outras religiões ou filosofias religiosas. Surgiu naturalmente no instante em que a quantidade de almas encarnadas amadurecidas para receber-lhe as sementes luminosas já eram numerosas o suficiente para manter-lhe viva a chama esclarecedora.

Daí não se justificarem naquele que realmente compreendeu a mensagem espírita *atitudes bélicas* contra pessoas de crença diferente nem o desejo de *proselitismo*.

Por outro lado, sua divulgação progressiva, com o esclarecimento aos que o procurarem, deve ser objeto de atenção do verdadeiro espiritista, sem preocupação de impor pontos-de-vista ou arregimentar 'ovelhas' para seu 'rebanho'. Isto porque o espiritismo não inclui entre seus objetivos as ambições políticas, o desejo de domínio, a perpetuação de cultos nem a construção de patrimônios materiais além do necessário para a continuidade de sua divulgação às pessoas que o procurarem.

E, aproveitando essas divagações por onde penetramos, seria desejável citarmos aqui um poema de Carmem Cinira, recebido psicofonicamente por Newton Boechat nos momentos finais de conferência proferida no dia 30 de novembro de 1975, numa domingueira da Federação Espírita do Estado de São Paulo:

POEMA ESPIRITISTA

Espiritismo, amigo, não se imagine,
Nem é filosofia que restringe
O anseio do saber...
Antes de tudo é etapa evolutiva,
Que em cada ser o bem sempre cultiva
Ensinando-o a querer...
É amor, em expressão vivificante,
Nas lutas do progresso; cada instante,
Confere real valor
A quem seu coração banhado enflora
De um transcendentalismo da aurora
Da Vida Superior.
É mais ainda: lábaro fulgente
Da fé que, consolando, salva o crente,
Elevando-o para a Luz!
Fazendo-o atravessar milhões de esferas,
Mundos de paz, eternas primaveras!
Subamos, ela sus!
É pão que mata a fome do faminto,
Eliminando o furioso instinto
Que causa pranto e dor,
Desfaz em pó a morte, na vitória,
Oferta à Terra a luz de nova glória,
Ao destronar o horror!
No desvario da hora que aqui passa,
No turbilhão do mundo de desgraça,
Ausente de Jesus,
Busquemos ver no Além, o terno Ungido
Que fora, outrora, no madeiro erguido,
Mas ressurgiu da Cruz!

Carmem Cinira

31. O Nosso Ponto-de-Vista

Questão interessante para estudo é aquela relacionada ao 'nosso' ponto-de-vista sobre algo ou alguém inserido na fenomenologia cotidiana.

Frente ao comportamento que alguma pessoa possa ter com referência a determinado fato, urge considerarmos vários aspectos: o acontecimento, em si mesmo; as condições que envolvem o seu desenrolar; o indivíduo que o interpreta, com sua madureza evolutiva.

Se analisarmos este último aspecto, então, surpreenderemos imensa gama de variações...

Observemos a personalidade do Cristo, por exemplo: Pilatos imaginava *Nele* um ambicioso, desejoso de se proclamar rei dos Judeus, embora se declarasse neutro; o Sinédrio o julgava um usurpador da raça; Judas o via como um conspirador, com grandes chances de reinar na Palestina; Maria de Magdala talvez o identificasse como o seu Salvador... Quem deteria a razão? Cada qual com o seu particular ponto-de-vista, esquecendo-se de que, ao tentar defini-Lo, definiam-se, na realidade, a si próprios! Alguém já disse com muita propriedade que, "quando João fala de José, conheço muito mais sobre João do que sobre José"! A afirmativa é notável, sendo o que de fato acontece...

O Cristo é Ele mesmo, permanece no seu esplendor e pujança totais, independentemente das opiniões e pontos-de-vista particulares! A lenta transformação das criaturas, por efeito de evolução, certamente faria com que reconsiderassem suas próprias definições...

E já que falamos dessas últimas, nada custa darmos a palavra a Auta de Souza que, em 4 de setembro de 1976, transmitiu ao Newton Boechat o soneto abaixo, relativo ao assunto aqui abordado.

DEFINIÇÃO

Já definiste o amor? Não queiras definir
Aquilo é de fato e que perene existe,
Se te alimentas dele e se nele consiste
O prazer de querer e a glória de servir!

Já definiste Deus? Haverás de O sentir
No próximo da estrada e no mendigo triste,
No lacrimoso adeus a um bem que possuíste
Até que lhe chegasse o instante de partir...

Já definiste alguém que surgiu a pedir
O bálsamo da prece, e que sempre persiste,
Sem palavra a inquirir se o Pai bondoso viste,
Esperando-te, aflito, a bênção de sorrir?

Considera, meu anjo, o caminho em que pises
No trânsito da vida, e as chagas amenizes
Na carne passageira ou na dor de um irmão;

Deslumbrante porvir, desde aí, mentalizes...
Bendita sejas tu, oh! Alma! Se bendizes
Por teres transformado em luz teu coração.

Auta de Souza

32. Um Estudo Sobre as 'Miragens'

O termo 'miragem', além dos significados comuns de 'ilusão', 'engano dos sentidos', possui uma definição precisa bem conhecida dos físicos. Corresponde ao efeito ótico, muito frequente nos desertos e em longas retas asfaltadas em estradas, devido à reflexão total da luz na superfície comum a duas camadas de ar aquecidas a temperaturas diferentes, sendo a imagem vista, de ordinário, em posição invertida (por exemplo, o céu é visto à altura do solo, dando a impressão de um lençol de água onde os objetos são refletidos). Obviamente, com a aproximação do observador, a miragem se desfaz, pois esta depende do ângulo sob o qual o indivíduo a focaliza. A diminuição da distância reduz a angulação, desmanchando-se o efeito. Os caravaneiros do deserto estão muito acostumados ao fenômeno, quando pensam achar água onde ela não existe, logicamente. Entretanto, mesmo assim, a caravana segue adiante, de miragem em miragem, acabando por atingir seu objetivo inicial.

O interessante é que podemos transportar esse 'modelo' natural, explicado pelas leis da ótica geométrica, para o terreno dos destinos das criaturas, explicados por outras leis, resumidas na Lei Maior.

De ordinário, a vida lança mão de determinadas 'miragens' para fazer a criatura avançar por caminhos que, normalmente, ela não estaria disposta a percorrer. Podemos observar vários exemplos na própria natureza. A beleza das flores dos vegetais que se reproduzem por polinização cruzada é um convite à visita de insetos e aves de variadas categorias... Por outro lado, o transporte do pólen é executado por esses viajores inconscientes do fenômeno, que necessitam de uma 'miragem' (a beleza e o perfume atraente do vegetal) para darem seguimento a um processo indispensável à reprodução...

Da mesma maneira, a todo o momento estamos seguindo atrás de 'miragens', boas e más.

Algumas conduzem nossas vidas para processos de difícil resolução, preço pago pela falta de vigilância. Outras surgem em próprio benefício da pessoa, empurrando-a para frente, tanto quanto atendendo às necessidades de coletividades.

Por vezes é a transferência de emprego para lugar mais afastado, motivada por melhor remuneração, que vai situar determinada criatura junto a outras que necessitem do seu auxílio. A 'miragem' foi a melhora econômica, mas a realidade foi a assistência ao grupo carente, objetivo da vida maior.

A vida sempre tem o 'artifício' adequado, na sua linguagem enigmática mas sábia, para levar o indivíduo ao local onde ele é mais necessário. Há mil maneiras de se 'morder a isca', pensando que se faz determinada coisa, quando o que o destino nos está reservando são atitudes e desenvolvimentos diferentes... Para quem consegue ver... Mas para quem não consegue, e nisso formamos a maioria esmagadora, resta-nos a confiança firme na Lei, que a todos conduz na melhor direção para seus futuros.

Sobra-nos o consolo, quando somos apanhados nas malhas da Lei, ao perseguirmos miragens enganadoras, de que a fieira de vidas sucessivas existe no sentido do resgate dos erros pregressos e na resistência e superação às quimeras outrora cultivadas, como sugere o poeta desencarnado Lobo da Costa, natural de Pelotas, no soneto abaixo, captado por Newton Boechat em 1º de novembro de 1976, naquela cidade, minutos após palestra pronunciada na Sociedade União e Instrução Espírita:

SUPERAÇÃO

Pouco existe hoje em ti da mulher de outras eras,
Que eu conheci na Grécia e que adorei em Roma,
E em plena Idade Média a trilha assim retoma
De existências sensuais, em miragens, quimeras...

Magoavas corações... Evolveste, deveras...
Aspiras no presente o espiritual aroma
Do frasco do Evangelho. A tua estrada toma
Novo rumo do bem em que tu preservas.

Superando a tua cruz em meio de martírios,
Na purgação da dor aguardas, ser querido,
Do Reino de Jesus a vinda celestial;

Num jardim, a esperar-te entre rosas e lírios,
Depois da noite longa e o caminho vencido,
Surpreenderás na aurora o Mestre Divinal!

Lobo da Costa

O soneto acima retrata um reencontro do poeta, em Pelotas, tendo sido a destinatária da página identificada pelos presentes à conferência.

33. Sempre é Prudente Lembrar...

Desde a Codificação do Consolador prometido, contamos ininterruptamente com páginas e páginas do Mais Alto, vazadas em linguagem esclarecedora sobre os pilares de sustentação do verdadeiro conhecimento, frisando os pontos clássicos explicativos de nossa origem, finalidade e destino: Deus, pluralidade dos mundos habitados, sobrevivência do espírito após a morte, reencarnação, comunicabilidade entre os vários planos, evolução...

Todavia, é sempre bom lembrar estes postulados, pois a tendência de todo o iniciante que se aventura no desvendamento das verdades eternas, qual todos nós, é a acomodação à visão distorcida dos fatos proporcionada pela imersão na matéria densa.

Daí o permanente apelo do mundo espiritual ao estudo metódico e contínuo que possamos empreender sobre a vasta literatura reveladora do invisível. Não é sem razão o surgimento, a cada dia, de inúmeras mensagens, através de médiuns variados batendo nas mesmas 'teclas', já enfatizadas anteriormente.

Exemplo disso é o texto abaixo, traduzido pelo poeta desencarnado Casimiro Cunha, em forma de poema, recebido por Newton Boechat durante o culto do lar do confrade César Soares, em 5 de novembro de 1974, em Copacabana, Rio, intitulada:

É BOM LEMBRAR

No comboio desta vida,
A máquina é evolução;
E quem pensa de outra forma
Põe o trem na contramão.

De mentirinha, se morre...
A vida prossegue à frente
E de outra forma quem pensa
Só compreende parcialmente.

Quando a nossa jaula de ossos
No cemitério deixamos,
Uma experiência ressurge
E fase nova iniciamos.

A existência é rio estuante
E carregado de luz;
Sempre assim teremos meios
De realizar, com Jesus.

Se a vida fosse uma só,
Ausente de alternativas,
As nossas almas seriam
Do sofrimento cativas.

O espiritismo cristão
Permanece, rasga os véus,
Mostrando a toda criatura
Novos mundos, novos céus.

Acrescenta mais que o inferno
É uma consciência trincada
Desencarnado infeliz
Passa por alma penada.

Os mortos só o são entre aspas...
Estão vivinhos no Além
Que, um dia, receberá
Os companheiros também...

Uma vez que já sabemos
Que tudo, enfim, continua,
Se não houver bom preparo,
Vem a morte e "Senta a pua"...

Auxílio, trabalho e luta,
Solidariedade e amor
São passaportes que levam
A Jesus – Nosso Senhor.

Nas touradas do destino,
Os touros são as paixões
E os instintos que embrutecem,
Arrasando corações.

Avancemos, destemidos!
Tendo por guia o Evangelho,
Eliminando, aos pouquinhos,
Os vestígios do 'homem velho'.

Descrenças não agasalhem,
Oh! Almas dos bons caminhos!
Surge a rosa perfumada,
Embora viva entre espinhos!

Casimiro Cunha

Casimiro Cunha destaca, nesta comunicação, aspectos básicos para o conhecimento espiritualista, tais como a reencarnação, a evolução etc. Contudo, aborda angulação merecedora de mais algumas palavras de nossa parte, neste capítulo, interessando ao antigo problema do 'céu' e do 'inferno'.

Defendem as antigas teologias a crença no *céu* e no *inferno*, ou seja, 'locais' para onde a alma iria após a desencarnação, 'premiada' pelo seu bom comportamento e, portanto, destinada a viver e a gozar eternamente de delícias e facilidades (no caso do céu); ou 'condenada' por mau comportamento, a se enclausurar definitivamente em ambiente desagradável e trevoso, enfrentando agressões e dificuldades intransponíveis (no caso do inferno).

É evidente que até mesmo no seio de origem dessas concepções elas já não contam mais com o endosso de suas próprias hostes representativas... tais ideias carecem de fundamentação e eram aceitas, no passado, apenas como ato de fé ou de obediência cega por parte da criatura. À medida que a ciência avança, que a parapsicologia e a psicobiofísica, capitaneando outras disciplinas, demonstram a realidade não-física do ser humano, mais frágil torna-se a argumentação em defesa de tais concepções.

Na verdade, o próprio Allan Kardec, no século 19, no seu livro *O céu e o inferno*, contribuiu decisivamente para a substituição dessas velhas crenças, ainda vivas no seio das massas porque estas são lentas no pensar, constituindo-se em presas fáceis da fé cega ou da obediência sem raciocínio ou investigação. Mas isto vai sendo superado, aos poucos, à medida que as pessoas vão compreendendo não serem a religião e a ciência inimigas, mas duas facetas se uma mesma verdade, desde que 'lapidemos' os exageros e radicalismos que constituem a 'ganga' presente em cada qual...

O céu o inferno, na realidade, não constituem 'lugares'. Representam a condição mental da criatura, equilibrada ou desequilibrada. Ao desencarnar, 'plasma' ela própria, no ambiente em que se estabiliza, por peso e densidade específicos, os painéis em que passa a se movimentar e viver. Estes, por lei natural de sintonia, de semelhança, só podem ser adequados e proporcionais ao grau de madureza do desencarnante. Só assim temos o 'céu' e o 'inferno', além de variadas gradações entre esses extremos... O 'céu' muito antes de se localizar em algum lugar do espaço, está exatamente dentro de nós mesmos, se assim o quisermos... o mesmo poderia ser dito quanto ao inferno!

Dante Alighieri, ao escrever sua *Divina comédia*, nada mais fez do que se constituir no excelente médium de desdobramento que sempre foi... Afastado do corpo, em períodos noturnos, convidado pelos seus mentores a visitar planos os mais variados do mundo espiritual, retratou o tipo de vida das almas nos respectivos lugares. No retorno ao corpo, guardou lembrança relativa de suas excursões no Além, referindo-as, é evidente, na linguagem teológica dominante no período em que encarnara. Daí o seu 'céu', 'inferno' e 'purgatório'... Hoje temos outra compreensão e interpretação desses fatos.

A literatura espírita moderna está repleta desses exemplos, semelhantes ao 'céu' e 'inferno' de Dante.

No livro *Renúncia*, obra do espírito Emmanuel, psicografado por Chico Xavier e editado pela Federação Espírita Brasileira, lemos, logo no primeiro capítulo, intitulado "Sacrifícios do Amor", à página 25 e seguintes:

> Pouco depois, ei-la que aporta em portentosa esfera, inconfundível em magnificência e grandeza. O espetáculo maravilhoso de suas perspectivas excedia a tudo que pudesse caracterizar a beleza, no sentido humano. A sagrada visão do conjunto permanecia muito além da famosa cidade dos santos, idealizada pelos pensadores do cristianismo. Três sóis rutilantes despejavam no solo arminhoso oceanos de luz mirífica, em cambiâncias inéditas, como lampadários celestes acesos para edênico festim de gênios imortais. Primorosas construções engalanadas de flores indescritíveis tomavam a forma de castelos talhados em filigrana dourada, com irradiação de efeitos policromos. Seres alados iam e vinham, obedecendo a objetivos santificados, num trabalho de natureza superior, inacessível à compreensão dos terrícolas.

Não poderia esta descrição corresponder ao chamado 'céu'? Achamos que sim. Deixemos ao leitor decidir...

Por outro lado, de autoria do espírito André Luiz, em psicografia de Chico Xavier, edição da Federação Espírita Brasileira, lemos no livro *Libertação*, no seu quarto capítulo, intitulado "Numa Cidade Estranha", quando André, acompanhado pelo instrutor Gubio, incursiona por zonas desarmônicas no plano espiritual:

> Após a travessia de várias regiões, em descida com escalas por diversos postos e instituições socorristas, penetramos vasto domínio de sombras. A claridade solar jazia diferençada. Fumo cinzento cobria o céu em toda a sua extensão. A volição fácil se fizera impossível. A vegetação exibia aspecto sinistro e angustiado. As árvores não se vestiam de folhagem farta e os galhos, quase secos, davam a ideia de braços erguidos em súplicas dolorosas. Aves agoureiras, de grande tamanho, de uma espécie que poderá ser situada entre os corvídeos, crocitavam em surdina, semelhando-se a pequenos monstros alados espiando presas ocultas. O que mais contristava, porém, não era o quadro desolador, mais ou menos semelhante a outros do meu conhecimento, e sim os apelos cortantes que provinham dos charcos. Gemidos tipicamente humanos eram pronunciados em todos os tons.
>
> Lembrando a "selva escura" a que Alighieri se reporta no imortal poema, eu trazia o coração premido de interrogativas inquietantes [...]. Quem chorava nos vales extensos de lama? Criaturas que houvessem vivido na Terra que recordávamos, ou duendes desconhecidos para nós? [...] Alguns quilômetros de via pública, repletos de quadros deploráveis, desfilaram a nossos olhos. Mutilados às centenas, aleijados de todos os matizes, entidades visceralmente desequilibradas, ofereciam-nos paisagens de arrepiar.

O que acha o leitor dessas últimas linhas? Não lhe parece o chamado 'inferno'?

Por isso, fiquemos com o Casimiro Cunha: sempre é bom lembrar...

34. Aperitivos Reais

O médico, em mais uma tentativa desesperada de fazer ver ao ébrio o engano em que este incorria por teimar na continuidade do hábito do alcoolismo, puxou de sua cadeira, junto ao outro, e iniciou paciente conversação no sentido de convencê-lo a parar de beber:

– Pois é, meu caro, você precisa deixar essa vida. O álcool é uma das maiores misérias da humanidade... Estraga o fígado, o pâncreas, o coração, os nervos... Você não sabe o que está deixando de aproveitar dessa vida por se entregar ao vício de beber...

(Para ser mais convincente, tomou de um ovo cozido, desses que acompanham os *drinks* servidos em bares, como aperitivos, e mergulhou-o num copo, repleto de cachaça... Falou, por sua vez, ao ébrio que o escutava, impassível:

– Veja só o que aconteceu, amigo: pouco depois de mergulhado na cachaça, o ovo escureceu por inteiro, até ficar preto... Imagine os seus órgãos recebendo todos os dias a sua cota de cachaça... O que você diz disso?

– Ah, seu doutor! Eu prometo ao senhor, depois de ver esse ovo todo preto, que nunca mais vou comer ovo na minha vida, pode deixar comigo!

E assim acontece em diversos setores... A criatura só vê aquilo que quer, exatamente o que a sensibiliza, enquadrando-se nas suas metas... As filosofias do médico e a do ébrio eram diametralmente opostas, sendo impossível um entendimento na base da argumentação do diálogo... O exemplo para esse nosso amigo da historieta teve de ser dado, de verdade mesmo, pelos acontecimentos previstos pelo destino... Evidentemente que nada agradáveis...

Entretanto, esqueçamos esses aperitivos mais nefastos e busquemos lembrar aqui, nestas breves linhas, outros 'aperitivos', os chamados 'aperitivos reais'. Os primeiros interessam mais aos bares, servindo para embalar o apetite físico e propiciar o aumento de calorias nos corpos materiais... Os segundos, relacionam-se ao espírito imortal, estimulando a perseverança no bem, indispensável à 'saúde' do corpo espiritual. Ambos são 'aperitivos', mas destinam-se a metas bem diversas... Deixemos que cada criatura, no respeito que temos ao seu arbítrio, escolha o seu preferido...

Para os que escolherem o segundo tipo, reservamos alguns exemplos expostos abaixo.

Em 19 de agosto de 1974, no culto do lar do casal Amaziles-José Urrutigaray, Copacabana, Rio, Newton Boechat captou a:

MENSAGEM DE AZAMOR SERRÃO

Queridos amigos:

Impregnado de júbilo santo, visito-lhes a intimidade doméstica a fim de trazer minha despretensiosa palavra.

Jesus tem-me permitido contatos inúmeros com os companheiros que permaneceram à retaguarda.

Por buscá-Lo sempre, mesmo habitando na estreiteza da carne e dispondo de provação da cegueira física, tanto quanto me foi possível, tudo fiz para transformar minhas dificuldades em preciosos alvarás de libertação.

Se quisermos transformar a vida humana em fim, em si mesma, fatalmente encontraremos, em termo de estrada, dor, desenganos, cinzas, nada... se estas coisas não surgirem antes...

A mensagem do Cristo não foi e não é plenamente entendida porque Jesus jamais falou para homens transitórios, sim para espíritos imortais que habitam a carne passageira, o que é diferente. Não confundamos nunca o vestuário com o usuário.

O mês que ora corre assinala mais um marco de minha despedida direta, mas não definitiva. Quem segue o Mestre da Cruz jamais se despedirá definitivamente. Haveremos de nos encontrar em caminhos futuros, no plano sem as alternativas e angústia, desespero e limitações que presentemente nos desafiam na escalada dos cimos. Sem testagens e avaliações... Não haverá capacidade para apurar virtudes que nos exornem o espírito. Que nos importará se deixarmos nas pedras da estrada fiapos de nossas carnes, conquanto atinjamos a vida mais alta?

Nossa barca de luz e realizações prossegue nas mãos do Divino Timoneiro.

Deixa-lhes abraços afetuosos o

Azamor Serrão

Azamor Serrão foi espírita militante no Rio de Janeiro, tendo dirigido por muitos anos a Casa de Recuperação e Benefícios Bezerra de Menezes, na rua Dezenove de Fevereiro, 19, ora em um prédio próprio na rua Bambina, nº 128, Botafogo. Muito evangelizado, abençoava a própria cegueira física. Era médium receitista e psicógrafo.

Na tarde de 1º de abril de 1978, durante a inauguração do Centro Espírita Fraternidade, em Itaocara, Estado do Rio, Boechat captou a mensagem abaixo:

AOS COMPANHEIROS DO "FRATERNIDADE"

Evidentemente, seres mais capacitados do que eu poderiam se expressar neste momento memorável, quando brilham possibilidades novas. Generosamente, porém, solicitaram ao meu pobre coração se constituísse intérprete deles nas vibrações amigas!

Para que isto se possa fazer, tenho de apagar resíduos do 'eu' no sentido de que vingue, soberano, o 'nós' em Cristo Jesus.

Muitos operários do bem que aqui labutaram esperam, doravante, a iniciativa da colmeia de luz encarnada para em comum alimentar cada vez mais o lema inesquecível: "trabalho-solidariedade-tolerância".

A oficina do Carpinteiro de Nazareth pode se alongar neste reduto, abrindo sua porta aos amigos das duas esferas. O importante é não perder o abençoado instante que aí está.

Desejamos que Itaocara se transforme em outra casa de Betânia, dos recuados tempos evangélicos.

Com o desenvolvimento das tarefas novas, outros corações aqui aportarão, não duvidemos!

Por nós, ainda e durante muito tempo, falarão fraquezas e limitações, mas o Cristo nos levará a seguro porto, se soubermos persistir.

Ignácio Cortes

Segundo se apurou depois, Ignácio Cortes foi antigo lidador espírita desencarnado em 9 de janeiro de 1958, tendo militado no movimento espírita de Itaocara.

A sra. Josefa Darriba, mais conhecida por Pepita, atualmente desencarnada sempre foi muito amiga nossa, minha e do Boechat, tendo residido no bairro do Flamengo, no Rio de Janeiro. Foi ela entusiasta ardorosa da terceira revelação, trabalhando com empenho pelos necessitados de todos os aspectos nas atividades que manteve. Possuía, por longos anos, em sua residência, um culto para reunir corações dedicados a orar em prol do próximo, beneficiando-o com irradiações destinadas a trabalhos de cura, principalmente. Newton Boechat comparecia com frequência a essas reuniões e eu mesmo ali também comparecia, mesmo após a desencarnação do Boechat, ocorrida em 1990.

Foi por gentileza dela, e aproveitando sua própria narrativa, que transcrevemos abaixo mais três 'aperitivos' para estimular o 'apetite' do leitor amigo...

Em 13 de maio de 1987, durante o culto do lar da sra. Pepita, o dr. Renato Antonio Ferreira Simões foi envolvido por entidade espiritual. Embora seja médico, começou a esboçar um desenho, durante a reunião... Uma moça linda, cabelos soltos, olhos penetrantes e expressivos, desencarnada, assinou o trabalho sem que ninguém, nem o próprio médico-médium, lhe decifrasse a assinatura!

Passadas duas semanas, exatamente, em nova reunião do culto, Newton Boechat, após a prece de abertura, pediu a palavra e descreveu a figura notável da mesma moça desencarnada, entrevistada anteriormente, a autora espiritual do retrato. Jardel, mentor do Boechat, segredou-lhe ao ouvido tratar-se de entidade elevada, chamada pelos católicos de santa Edwiges, antiga irmã de caridade, pertencente à Ordem das Descalças, a mesma da qual fazia parte Teresa de Ávila. Curioso é que o culto do lar da Pepita tem como patrona exatamente Teresa de Ávila.

Passadas mais duas semanas, veio ao culto a dra. Beatriz, dentista, pertencendo ao pequeno núcleo de preces, apenas não tendo comparecido às duas reuniões anteriores, por impedimentos particulares. Desconhecia, portanto, os fatos narrados anteriormente.

Observou o retrato feito pelo dr. Renato e procurou decifrar a assinatura, o que todos haviam tentado fazer, em vão.

Com alguma naturalidade, virou a gravura 'de cabeça para baixo' exclamando, em seguida, o nome "Edwiges", que, realmente, lá estava escrito, só que em posição invertida, em caracteres trêmulos!

Em abril de 1984, precedendo o culto do lar de nossa amiga Pepita em uma hora, chegou o Newton Boechat, convidado para pequeno lanche.

Pepita encontrava-se na cozinha, preparando os últimos detalhes da refeição, quando o Boechat identificou, ao seu lado, uma entidade espiritual, mas sem conseguir captar-lhe características ou nome esclarecedores de sua origem.

Deslocando-se a anfitriã e o visitante para a sala, e feita pequena prece, a visão se aclarou, identificando-se o espírito pelo nome de Mateus, além de dizer que costumava velar pelo campo magnético defensivo do recinto onde ocorria a reunião, além de executar certa 'triagem' dos desencarnados a presenciarem o culto do lar desde a portaria do prédio...

Pepita soltou uma exclamação de alegria, pois Mateus fora antigo porteiro do seu prédio, muito humilde, nesse momento já desencarnado!

Com certeza, como não podia mais acolher os visitantes físicos do apartamento, recebia os desencarnados que frequentavam o ambiente do encontro de natureza espiritual!

Como são sábias as leis da vida!

Em maio de 1978, Pepita encontrava-se num almoço de caridade da Vila Brasilândia, São Paulo, departamento do Grupo Espírita Batuíra, à rua Caiobi, 1306, Perdizes, na mesma capital.

Fazia-se acompanhar de duas amigas, uma carioca, a sra. Maria de Lourdes Pinto Queirós, e outra, moradora em São Paulo, sra. Gilse Braga. Após o almoço, por volta das 16 horas, fazendo parte da mesa onde a conversação se desenvolvia, incluindo o médium Newton Boechat, seu conhecido de cerca de vinte minutos, surpreendeu-se com revelação feita pelo medianeiro, entrevendo atrás dela, Pepita, uma senhora muito bonita, desencarnada, aparentando quarenta e cinco anos. A entidade identificou-se pelo nome de Beatriz (sogra da Pepita), dizendo-se agradecida pelas preces em seu benefício e também em prol do dr. Octávio (marido da Pepita). O Boechat começou a descrevê-la num vestido de seda com gola drapeada, portando grande *broche*. Atalhou que o *broche* teria uma história conhecida da Pepita. Todavia, esta não se lembrava da referência feita pelo espírito, embora tivesse ficado muito impressionada com a identificação num lugar onde era desconhecida pelas pessoas presentes e também pelo médium. Não se recordando do último detalhe enfatizado, seguiu para o Rio de Janeiro, onde indagou às cunhadas sobre determinado broche, em vão... De nada se recordavam...

Passados oito dias, durante suas orações noturnas, Pepita recordou-se, finalmente, do broche! Quando da enfermidade do marido, sua genitora, a sra. Beatriz, já desencarnada, então, ao penetrar no quarto do filho adoentado, médium-vidente, correu a ajeitá-lo no leito, após pequena alteração fisiológica. Nesse instante, o dr. Octávio soltou um grito ao percebê-la pela vidência, o que provocou o afastamento imediato da sra. Beatriz, em espírito. Pepita indagou-lhe sobre a causa da dor, obtendo a resposta de que "havia sido espetado no peito pelo alfinete do broche que a mãe exibia sobre o vestido"! Aberto o pijama, a marca do alfinete lá estava, na pele do tórax, concretizada com uma gota de sangue! Nesse instante, todos riram, o casal encarnado e a sra. Beatriz!

Oferecemos deste modo, ao amigo leitor, estes 'aperitivos reais'.

Bom apetite, pois!

Newton Boechat e o autor. Tínhamos o costume de lanchar na residência do casal Talvani e Rosa Cardoso, no Rio de Janeiro, antes de nos dirigirmos a cultos do lar ou mesmo a instituições onde seria feita palestra em dupla

35. Seis Poetas, Seis Cidades

Com frequência considerável temos visto a manifestação de poetas desencarnados acusando presença e elaborando poesias em homenagem aos seus berços-natais ou mesmo a cidades de onde guardam lembranças significativas.

A mediunidade de Newton Boechat tem sido pródiga nesse sentido, da mesma forma como isso acontece a outros medianeiros do nosso país, traduzindo o verbo desses "pintores da palavra" situados em outra dimensão. Destaquemos, então, seis produções que merecem registro de nossa parte:

CIDADE-ESPELHO

Venho cantar aqui passados madrigais,
As modinhas de outrora e os versos que compus
Na Franca do meu tempo, em lances imortais,
Trazidos ao presente em bênçãos de Jesus!

Terra do meu amor! Rumo certo alcançais
Elevando bem alto o Evangelho de Luz!
Sois formoso rincão! De outra esfera buscais
O maná que alimenta e o bordão que conduz!

Desabrochais em mim a imagem da saudade
Suspiro em horas tais!... Docemente me invade
A melodia pura em que a paz se irradia;

Sonho sempre convosco e a emoção, oh! Quem há-de
Suportar?... E me ponho, emotivo, em verdade,
Ao ver-vos espalhar o sol do Novo Dia!...

Moysés Maia

Moysés Maia, poeta desencarnado em Franca, São Paulo, no Lar da Velhice Desamparada. O soneto foi transmitido a Newton Boechat no dia 25 de junho de 1976, no apartamento do dr. César Burnier, em Copacabana, Rio, na presença do casal Dorothy e Felipe Salomão, de Franca. O poeta alude ao "maná que alimenta" (*Evangelho*) e ao "bordão que conduz" (doutrina espírita) como ele mesmo informou ao medianeiro.

CONFISSÃO A PELOTAS

Teus feitos do passado ainda estão na lembrança...
Tuas praças senhoris são solares poemas,
Teu céu maravilhoso é um escrínio de gemas
Que sempre admirei desde o tempo de criança...

Teu verde da campina é perene festança
Banhado da alvorada em celestes diademas,
Teu povo enobrecido em virtudes supremas,
Em direção do Cristo, alegremente avança!

Pelotas sempre amada! É o teu filho quem fala,
Da carne, além do véu, de esfera diferente,
Estruturada em luz blandiciosa e pura!

Confesso-te, em Jesus, nesta noite de gala,
Meu adeus ao pessimismo, agora canta o crente
Melodias de fé, após a sepultura!...

Lobo da Costa

Francisco Lobo da Costa nasceu em Pelotas, a 12 de Julho de 1853, desencarnando na mesma cidade em 18 de junho de 1888.

O soneto acima foi recebido por Boechat, seguindo-se à conferência pronunciada no dia 7 de abril de 1977, no recinto da Sociedade União e Instrução Espírita.

PREITO À MINHA TERRA

Deste espaço profundo, eu queria saber
Por que britava em mim esta enorme saudade?...
Recordo-te, rincão, onde todo o meu ser,
Encantado, sorveu o néctar da amizade?

Pretendia voltar, na paz do anoitecer
Ao chão onde nasci... Santa oportunidade
De agasalhar meu eu, no anseio de obter
Momentos de ternura e felicidade...

No Além em que me acolho, há lírios e açucenas,
Há rosas e jasmins em planícies serenas,
Refulgentes dosséis o infinito descerra!

Qual laço veludoso a me prender de amor,
Jubilosa e feliz, eu te louvo, Senhor!
Respirando, outra vez, o ar de minha terra!

Leonor Posada

Leonor Posada, poetisa fluminense, desencarnada em 1960, no Rio de Janeiro. O soneto foi recebido por Newton Boechat no dia 10 de fevereiro de 1976, no culto do lar do confrade César Soares, em Copacabana, Rio.

VISITA À "PAZ E AMOR"

Que bom, depois da tumba a gente regressar
E dizer ao viajor cansado dos caminhos
Que a vida continua e depois dos espinhos
Dessa humana jornada ela volta a vibrar!

Que bom, poder de novo a Porto Alegre dar
Meu abraço de amor... Novamente juntinhos,
Orar na luz de Deus, na calidez dos ninhos
Iguais ao que visito e me encontro a rezar!

Aqui na "Paz e Amor" – colmeia luminosa,
Busco a Jesus, feliz, nesta noite formosa,
Aguarod ao festim a todos nos convida.[67]

Enquanto ruge a guerra e o mundo se atordoa
E no império da morte, em luta se esboroa,
Cultiva a "Paz e Amor" as lições de outra vida!

Zeferino Brazil

O soneto foi recebido por Boechat na Sociedade Espírita Paz e Amor, em 17 de novembro de 1977, Porto Alegre, Rio Grande do Sul.

FRIBURGO PARA DEUS!

... E respiro, outra vez, em teu rincão ditoso...
Banhado no frescor da noite tão amena,
Oh! Friburgo! És igual a uma bela verbena,
Desabrochada em luz, de jardim perfumoso!

Enorme devedor de seu chão gasalhoso
– Capítulo final, numa noite serena –
Da rigidez do corpo, após cumprir a pena,
Pela morte volvi para um mundo radioso!

Afastado, porém, da carne exangue e fria,
Pretendo te dizer, no júbilo da fé,
Envolvendo de paz, os nobres filhos teus:

[67] Referência a Angel Aguarod, nascido na província de Huesca, Espanha, em 2-10-1860, e desencarnado em Porto Alegre, em 13-11-1932. Em 1915, passou a residir em Porto Alegre, onde fundou, em 1922, a Sociedade Espírita Paz e Amor. Espírita militante, culto e com muitos serviços prestados à doutrina consoladora. Autor do excelente livro: *Grandes e pequenos problemas*.

Depois da sepultura, em canto de alegria,
Os que amaram teu solo, aqui se põem de pé,
Felizes a clamar: "Friburgo para Deus!"
Azevedo Cruz

O soneto foi recebido por Boechat em Friburgo, Estado do Rio, na noite de 12 de abril de 1975, pouco antes da conferência que ali pronunciou. Nesta cidade desencarnou, em 1905, o poeta campista Azevedo Cruz, o autor espiritual.

JALES-JARDIM

Contempla, uma vez mais, Euphly, a verdejante
Terra da Promissão! O solo é dadivoso.
Trescala, colorido, em campo caricioso,
Buquê de flores mil em céu róseo-brilhante!

Depois cresce a cidade! O seu progresso estuante
Faculta ao que aqui nasce um bem maravilhoso,
Tranquilidade santa, o labor, o formoso
Ressurgir do astro-rei na manhã refrescante!

Volta de novo Euphly e me pede, contrito,
Que eu seja portador de seu vibrante grito
De admiração! Pois dele és Canaan!

Está sempre contigo! Ora sempre a Jesus
Nesta Jales-Jardim que se transforma em luz,
Majestosa a marchar rumo ao Grande Amanhã!
Cyro Costa

O autor deste soneto, o poeta Cyro Costa, nasceu em Limeira, São Paulo. Faz referência ao dr. Euphly Jalles, engenheiro civil, formado na capital do Estado e fundador da cidade em 1941. A poesia foi ditada a Newton Boechat durante palestra proferida no Clube Nipo-Jalesense, em Jales, São Paulo, a 19 de outubro de 1977. Por haver captado o soneto, por clariaudiência o médium captou "Euflí" – como se fala e não Euphly, como se escreve.

36. A Contabilidade do Destino

Os acontecimentos humanos são muito curiosos e surpreendentes, se os observarmos exclusivamente pelo prisma humano, físico. Sempre que encaramos fatos, situações e coisas pela lógica comum corremos o risco de chegar a resultado imprevisto. De costume ocorre isto com honrosas exceções... Qual a explicação de tal comportamento por parte da vida? Vejamos alguns argumentos:

Carl Jung, o famoso psicólogo suíço, frisava constantemente que a criatura não podia desprezar o seu inconsciente, pois devíamos a tal ente de nossa personalidade a motivação para grande parte de ações e comportamentos. Haja vista o fato de o homem encarnado passar pelo menos cerca de um terço de sua vida física 'inconsciente' (sim, pois, para isso, basta constatarmos a existência, em média, de aproximadamente oito horas diárias de sono físico, num total de vinte e quatro horas; se levarmos em conta a primeira infância, com mais horas de sono, o percentual aumenta! Naturalmente, nos casos dos 'preguiçosos', o tempo de 'inconsciência' seria bem maior). Em conclusão: vive-se mais de um terço de uma encarnação na inconsciência, contando-se apenas o *sono físico*. Entretanto, experimentamos, durante o próprio estado de vigília, de dia, períodos pequenos de certa desatenção em que optamos diante de fatos muito mais movidos por forças latentes e imponderáveis do que guiados por lógica racional! Isto é de experiência diária.

Então, concordando com Jung, poderíamos dizer que, na verdade, o nosso inconsciente nos dirige... Ele funcionaria qual imenso *iceberg* psíquico: nove décimos imersos, representando o inconsciente; um décimo apenas, sobre a superfície, configurando a vida consciente. O interessante, no entanto, é que o termo 'inconsciente' é impróprio quando aplicado à vida psíquica. 'Inconsciente' dá ideia de algo 'dorminhoco' e 'paralisado, sepultado'. E a parte oculta da personalidade humana é a que menos se identifica com os adjetivos precedentes. Pelo contrário, é ela altamente dinâmica e desperta! Apenas enfrenta barreiras para se manifestar, representadas pela encarnação. Entretanto, mesmo contido e, até certo ponto, "apagado", o "inconsciente" dirige nossa existência, indicando as escolhas, induzindo as decisões, influenciando a vontade, determinando pendores e vocações... Isto porque ele é acúmulo de muitas vivências, sedimentadas e fixadas, a impulsionar o espírito encarnado na direção escolhida previamente, embora todos os bloqueios encarnatórios.

Se observarmos, além disso, que as vidas se entrelaçam, porque as criaturas retornam mais ou menos juntas, para repetição, em outro nível, de tarefas a serem cumpridas, podemos começar a entender as surpresas ocorridas no 'palco humano', proporcionadas pelo desempenho dos 'papéis' dos respectivos personagens. É a inesperada desencarnação do filho, recém-formado, com promissora carreira nesta ou naquela profissão; é a partida do pai ou da mãe quando os filhos deles mais necessitavam na sequência do caminho; é o desenlace do noivo ou noiva no limiar da concretização da felicidade conjugal terrena...

Na contabilidade do destino, com frequência, anotamos grande desproporção entre o 'dever' e o 'haver', com a balança pendendo acentuadamente, ainda, na direção dos nossos débitos... Por isso, a ocorrência de 'fatos novos', em muitas situações, invertendo-as e dirigindo-as em sentido oposto à nossa vontade de encarnados. Contrariando a lógica e os sentimentos, sim, mas sempre aderentes à Vontade Maior, ao oceano oculto que sustenta e banha aqueles 'nove décimos' e também o 'um décimo' de nossas personalidades. Embora sem condições de apreendermos, momentaneamente, toda a verdade dos fatos, devemos confiar nesta sábia contabilidade, mais justa e exata, a despeito de nosso inconformismo, que a contabilidade terrena.

E é conveniente, já que abordamos o assunto 'contabilidade', a realização periódica de nossos 'balanços', colocando 'a casa em ordem' e reduzindo as surpresas que porventura o destino nos coloque no caminho.

Nesse aspecto, destacamos aqui a mensagem do amigo desencarnado, Jacques Aboab, recebida no culto do lar de César Soares, por Newton Boechat, em 10 de dezembro de 1977, e intitulada, bem a propósito:

BALANÇO ÍNTIMO

Sempre bom rememorar as lições evangélicas e as páginas espiritistas que Jesus e seus generosos amigos invisíveis ao olhar do ser encarnado nos ofertam e têm ofertado.

Na contagem do tempo terrestre, aproximamo-nos, uma vez mais, daquela data em que a Humanidade dita cristã comemora a vinda do Cristo ao panorama físico.[68] *Um pouco mais, renovado marco apontava-nos novo ano, carregado de conselhos, alvitres, circunstâncias...*

Perguntamo-nos a nós mesmos se realmente temos transformado em manjedoura o próprio coração a fim de que o Mestre Divino surja em forma de criança.

Como é difícil viver o clima evangélico e a meta doutrinária! Contra o nosso anseio de bem ergue-se o ontem cristalizado de sombras! Lembramo-nos do Apóstolo dos Gentios em um trecho de sua advertência aos romanos: "O bem que eu quero, este não faço; o mal que eu não quero, este faço".

É a permanente contradição de negarmos com o exemplo daquilo que adotamos por palavras...

Quando somos visitados por seres que nos esmagam espiritualmente, enigmas que nos trituram e testes que nos desencantam, vejamos neles preciosas lições para nós! Indaguemo-nos se na dobra do tempo não nos temos constituído em mensagens desagradáveis e inoportunas para os outros...

---

[68] Na época, estávamos próximos ao Natal.

Lançados ao infinito, através da evolução, situamo-nos por espíritos eternos. Passamos por tudo e tudo passa por nós. Há, acima de tudo, a lei espiritual que nos testa, devagarinho, para saber se, perante pessoas, problemas e experiências, sobrepujamos, contornamos as provas com dificuldade, ou se capitulamos.

O ano que se esvai sugere balanço nas empresas, departamentos, instituições...

É ocasião, também, de fazermos nosso balanço íntimo para extrair lições dos eventuais lucros e perdas.

Jacques Aboab

37. O 'Ser' e o 'Ter'

Alexis Carrel, o famoso médico ganhador do prêmio Nobel e autor da notável obra *O homem, esse desconhecido*, afirma, com muita propriedade, que o ser humano é, das espécies biológicas, a que menos se presta à padronização. Isto se torna evidente à medida que observamos a evolução dos seres vivos. Uma breve recordação da filogenia torna evidentes os processos de especialização e diferenciação ocorridos ao longo da trabalhosa caminhada evolutiva. Na distância percorrida desde as primeiras algas unicelulares, o psiquismo, para ganhar em complexidade de estrutura e variedade de formas, teve de enfrentar duas experiências capitais: a da sexualidade e a da morte.

Os seres primitivos unicelulares, os mais antigos que os biólogos concebem atualmente, não conhecem nem o sexo nem a morte. Isto porque, não se reproduzindo por intermédio de gametas, dividem-se diretamente, originando duas células-filhas, e assim por diante... Desta forma, perpetuam-se nos descendentes sem que sejam, a rigor, 'eliminados' do meio-ambiente. Por isso não podemos dizer que morram, perdendo sua forma física. Por outro lado, este tipo de reprodução, sem o concurso de gametas, gera certa monotonia de estruturas. Os descendentes são quase que cópias fiéis dos progenitores. Parecido com o que se conhece hoje por 'clone'. Isto é o que se vê no estudo dos seres unicelulares simples.

O surgimento da sexualidade, com a reprodução mediante fusão de elementos masculino e feminino, possibilitou uma maior gama de características para satisfazer as tendências do esquema evolucionista. E a morte, através de mecanismo de transformação renovadora que proporciona, resolveu o problema da modificação progressiva dos indivíduos, fato indispensável para os impulsos evolutivos.

Não fossem a *sexualidade*, promovendo diversidade de estruturas e a *morte*, renovando-as a todo instante, talvez hoje nos defrontássemos com uma irritante e cristalizada monotonia no plano que temporariamente habitamos. Por conseguinte, é imperioso considerar, tal qual nos adverte de forma magistral o professor Ubaldi, que "morte não é antônimo de vida".

Morte é o contrário de nascimento, não de vida. Vida é um processo contínuo, permanente, do 'lado de cá' e do 'lado de lá'. Nascimento é um marco, apenas, do mergulho do psiquismo em alguma forma material. Morte é um registro, somente, da libertação do primeiro, após deixar temporárias experiências no terreno mais denso, retornando ao sítio de origem. Nesta viagem através de múltiplas formas, tornadas viáveis pelos fenômenos da morte e da sexualidade, o espírito aprende, amadurece e evolui. Uns avançam mais, outros menos. Daí, em se tratando do homem, a constatação da imensa variedade de corpos e personalidades, como afirmava Carrel.

Mas a evolução não se faz exclusivamente nos aspectos exteriores que anotamos nas criaturas. Ela é primordialmente de natureza interior. Antes da transformação de certos valores, ocorre o confronto entre ambos, num mecanismo visto com frequência nos fenômenos espirituais.

Na perseguição da felicidade, meta de todos nós, não logrará o indivíduo excluir-se da grande batalha empreendida pela substituição do sentimento do 'ter' pelo do 'ser'. Dada a diversidade de níveis em que se situam as criaturas, se as examinarmos sob este aspecto, surpreenderemos posições várias.

As mais atrasadas, dispondo de visão evolutiva mais acanhada, não podem ver pessoas e coisas senão pela ótica do egoísmo, necessário à sobrevivência num meio hostil, onde prevalece a luta e o semelhante é visto como inimigo a vencer e não um companheiro com quem se deve cooperar. Neste plano de vivência, predomina uma competição desenfreada e a única ética e filosofia vigente é a do 'ter', 'possuir'.

Predomina a ilusão de que mais pode quem mais adquire e detém. Esta ideia acontece para curtos períodos de uma existência, ou até mesmo toda uma vida, mas desemboca em frustração tão logo cesse a experiência. Ficam patentes, então, os resultados da filosofia do 'ter'.

Vencendo os limites de tal concepção, é evidente que, através do amadurecimento que as seguidas decepções trazem, a criatura inicia o aprendizado de nova perspectiva, a do 'ser'. Desliga-se gradualmente do apego excessivo a coisas materiais, evita 'bloquear' ou 'segurar' pessoas e acontecimentos, recusa-se a ver a vida como insana competição, tratando o semelhante mais na base da cooperação e auxílio.

É natural que isto não seja de fácil execução, uma vez que o egoísmo não se deixa vencer de forma fácil. Nas primeiras tentativas, o ser parece paralisar-se, tímido, questionando-se acerca da segurança que terá ao agir de forma tão altruísta e muitas vezes até recua... Entretanto, as frustrações pelo modo de atuar pregresso, fazem-no aventurar-se pelas novas sendas, a princípio, vacilante, mas paulatinamente mais firme em seus propósitos. Assim se dá porque a evolução, em seus sábios desígnios, não deseja que criatura alguma se desfaça daquilo que observa por seguro, sem antes penetrar no âmbito da nova vivência, devendo ser sentida da mesma forma. O difícil é atravessar a porta... Ela é 'estreita', como aliás nos advertem as Escrituras, há tanto tempo... Mas conduz à felicidade, objetivo de todos, cantada e almejada em prosa e verso pelo homem. Para obtê-la, entretanto, é preciso deixar de 'ter' para, simplesmente, 'ser'.

E é essa a opinião de Auta de Souza, poetisa rio-grandense do norte, nascida em Macaíba e desencarnada em Natal, tendo escrito o livro *Horto* e inspirado campanhas de assistência social em todo o Brasil. Ditou ela o soneto abaixo a Newton Boechat, em junho de 1977, durante visita do médium ao Rio Grande do Sul:

FELICIDADE

Felicidade, amigo, é conquista interior
Por ti elaborada em metas luminosas,
À medida que o ser se transcende em amor,
Desabrocha-lhe a vida em flores perfumosas!

Não é questão de ter... Se a buscas com fervor,
A fecundar na fé as tuas rotas radiosas,
Embora te banhando em lágrimas e suor,
Hás de um dia alcançar as esferas formosas.

É um estado de ser! Serás feliz, então,
Ao buscares Jesus nas urzes do caminho,
Onde sempre a pobreza é o teu teste no bem;

Da concha do egoísmo, afasta-te, meu irmão!
E doa bondade e amor no pão do teu carinho!
Felicidade, assim, será tua luz no Além!...

Auta de Souza

38. 'Dicas' de Belmiro Braga

Belmiro Braga, poeta desencarnado, nasceu, em sua última jornada, em Juiz de Fora, a 7 de janeiro de 1870. Desencarnou no mesmo local, em 1937.

Quando entre nós, era comerciante e, posteriormente, exerceu cargo público. Ao mesmo tempo, não deixou de dar vazão à vocação que trazia, notabilizando-se como poeta, comediógrafo e jornalista. Foi fundador da Academia Mineira de Letras, onde exerceu presença destacada. Era alcunhado de O Rouxinol Mineiro.

No famoso *Parnaso de além-túmulo*, captado pela verdadeira "antena espiritual" que é Chico Xavier, Belmiro contribui com as poesias "Rimas de Outro Mundo", "Bilhetes" e "Quadras".

Aqui, retorna ele através da mediunidade de Newton Boechat, em novas quadras, dando-nos 'dicas' de interesse para nossa renovação interior e progresso espiritual.

A comunicação deu-se em 20 de abril de 1975, na residência do sr. Kleber Halfeld, em Juiz de Fora, estado de Minas Gerais, pouco antes de conferência a ser pronunciada por Boechat no aludido local. Aliás, Kleber Halfeld foi uma das grandes amizades de Newton Boechat.

Vamos, pois, a ela:

PÍLULAS-LEMBRETES

Meus amigos, eis-me aqui,
Partilhando do momento
De lembrar-lhes a função
E o poder do pensamento.

O homem nele constrói
As obras do amor cristão,
Que rendem, úteis, na vida,
Alegrando o coração.

Quando o ser é negativo,
Também através da mente
Destrói construções de fé
E se torna imprevidente.

Carregando, por enquanto,
Sombras, dores e desditas,
Sofremos as invasões
De invisíveis parasitas.

O homem velho há de ser
Para sempre relegado;
E no lugar dele, o novo,
De paz fará seu reinado.

Se a luta agora perturba
Nossa frágil sementeira,
Persistamos no labor
Que ilumina a vida inteira.

Nosso templo espiritista
Deve ser força de amor,
Que nos ajude a criar
As asas, rumo ao Senhor.

Nosso hoje é bendita hora
De se realizar no Bem,
Porquanto o amanhã é incerto
Nas motivações que tem.

Para o ser que volta ao mundo,
Bênção é o corpo carnal;
Se nasce em Juiz de Fora,
Sorte grande do Natal.

O recado terminou.
Quadra final. Me retiro.
Meu nome fica assinado:
O irmão de sempre: Belmiro.

Belmiro Braga

39. O Nosso 'Ontem' em Nosso 'Hoje'

Espíritas e muitos espiritualistas não encontram grande dificuldade em explicar desacertos e provas com que andam às voltas as pessoas. Isto porque possuem a 'chave' da reencarnação com que abrir 'a porta' da verdade universal. Em um livro anterior, que publiquei, em parceria com Newton Boechat, *Na madureza dos tempos*, fiz longa digressão sobre palingenesia, destacando argumentos de natureza religiosa (revelações), filosófica e científica a substancializá-la.

Entretanto, de pouco adianta explicarmos ou tentarmos 'provar' algo a alguém que não esteja maduro para aceitar o fato. Acho muito temerário quando alguém tenta 'provar' cientificamente fatos a outrem. A questão não é tão simples assim. Querem ver? Na realidade, a comprovação depende muito mais da madureza do apreciador do que das 'provas' apresentadas.

Lembro-me de uma antiga trabalhadora de nossa residência, em Campos, recusando-se terminantemente a aceitar o desembarque do homem na Lua, a bordo da nave Apolo! Alegava ela tratar-se de mero efeito provocado pela televisão. Como poderia o homem "ter pisado na Lua?" "Verdadeiro sacrilégio!" Neste caso, as 'provas', ou 'evidências' pela televisão convenceram a milhões, talvez bilhões! Mas não convenceram a nossa querida e humilde amiga, na sua inocência e ingenuidade! Dirão alguns: mas esse exemplo não serve, pois tratava-se de criatura muito incipiente, sem iniciação em certos estudos... Vá lá que aceitemos esse argumento e devolvamos com a seguinte indagação, muito bem formulada, a propósito, pelo nosso grande amigo, já desencarnado, o professor

Henrique Rodrigues: "E os médicos, por que fumam?" Ele tinha inteira razão ao dizer que "provas científicas não convencem ninguém", pois o profissional que frequenta hospitais, vê o resultado do uso de nicotina e alcatrão nas radiografias e nos exames histológicos dos cancerosos, bronquíticos e enfisematosos, não deveria levar cigarro aos lábios! Mas leva, mostrando que, no fundo, não acredita muito no que vê, ou finge não acreditar, pelo menos! Talvez até ache cômodo não aceitar, enquanto desfruta do prazer e se ilude por achar que a 'vítima' sempre será aquele doente que está muito mal, nunca ele mesmo, o médico!

Por isso é preciso destacar dois aspectos importantes: argumentos 'científicos' nem sempre bastam para convencer pessoas, *independentemente do seu nível cultural e de instrução*. Vide a cozinheira e o médico! Por outro lado, o que hoje é 'científico', amanhã pode não ser, tudo é muito relativo. Ontem, os estudantes de medicina riam de Semmelweis, descobridor da origem da febre puerperal, identificada pelo grande médico nos germes de contaminação durante o parto, resultado da falta de cuidados e de higiene! Para tripudiarem do grande cientista, lavavam exagerada e teatralmente as mãos, em meio a sorrisos maliciosos, como que a condenar o que interpretavam como um zelo desnecessário de assepsia antes, durante e após o trabalho de parto! E hoje? O que dizer dos que ontem caçoavam, pretensamente embasados em provas 'científicas'? Portanto, devemos aprender que a ciência é relativa e dinâmica, modificando permanentemente suas afirmações na perseguição da verdade!

As afirmativas científicas devem ser, dessa forma, encaradas com reserva e cuidado, pois, certamente, estão a caminho de se modificar, tão logo a mente vislumbre horizontes mais vastos, descortinando novas perspectivas.

Uma teoria científica dura tanto mais tempo quanto maior o número de fatos que ela explique sobre a realidade vivida. Uma vez as concepções se alterem, surge nova teoria, justificando mais amplamente os novos fatos observados, e assim por diante... Contudo, é sempre útil ser proposta uma explicação, um 'modelo', de forma a elucidar o conjunto dos acontecimentos. Como exemplo temos a teoria da relatividade, teoria da evolução pela seleção natural, teoria de campo unificado etc. São proposições abertas à confirmação. Só se tornariam leis caso ficasse demonstrada a sua característica inexpugnável, o que muito raramente ocorre.

A teoria da reencarnação é uma boa proposta no sentido de esclarecer muitas constatações aparentemente absurdas no nosso mundo. Incongruentes sem a palingenesia, mas totalmente consequentes se a levarmos em consideração. Não vamos aqui entrar em detalhes, o que já fizemos no capítulo "Considerações Sobre a Reencarnação" do livro *Na madureza dos tempos*. Diremos apenas que aceitam as 'provas' da reencarnação as pessoas com madureza suficiente para compreendê-las. A questão delas serem 'científicas' dependerá da relatividade do 'científico'. O que pode hoje ser classificado como tal, talvez amanhã já não o possa ser mais. Esta é a grande dúvida.

Não me move aqui a pretensão de tentar persuadir ninguém de nada! Ainda mais depois do exposto anteriormente. Quero apenas oferecer à análise do leitor mais alguns fatos que reforçam a teoria da reencarnação. É verdade que o leigo, ao se aproximar de tais colocações, pode comportar-se de três maneiras, consecutivas: a princípio, ele 'tateia' os fatos, explorando-os e verificando se estes justificam a hipótese da reencarnação; a seguir, segundo ingredientes muito pessoais e intransferíveis, ele pode passar a aceitar e compreender racionalmente o argumento; por fim, poderá sentir-se um espírito reencarnado!

Na verdade, todas essas etapas vão depender muito mais do grau evolutivo do observador do que das provas que lhe são apresentadas!

Já vi muita gente não se sensibilizar com revelações e identificações notáveis ocorridas com terceiros, mas 'desmanchar-se' com uma única amostra envolvendo a si próprio! Outros não se tocam com coisa alguma, apresentando-se totalmente impermeáveis ante fenômenos científicos ou não, ocorridos com o próprio ou com terceiros! A vida com sua diversidade!

Nesse ponto, desejo destacar a notável obra de um grande amigo. Trata-se do dr. César Burnier Pessoa de Mello, advogado, historiador e pesquisador da reencarnação por mais de cinquenta anos.[69]

---

[69] Desencarnado em 1989. Presto aqui, neste capítulo, singela, mas afetuosa homenagem ao grande amigo que partiu para o mundo espiritual.

César Burnier teve longa convivência com Chico Xavier, período em que desenvolveu sua mediunidade, possuidora de característica totalmente original. Burnier investigava a reencarnação na história, identificando-lhe os principais personagens e assinalando-lhes as reencarnações ao longo dos séculos.

Seu método de pesquisa, singular, foi-lhe ditado pelos guias espirituais: em primeiro lugar, era aconselhado a estudar determinado período ou movimento histórico. A Revolução Francesa, por exemplo. Lia tudo sobre o acontecimento. Aliás, tudo não! Lia as obras que os mentores lhe indicavam, as mais precisas e coerentes com os fatos históricos. Muitas vezes, como o próprio nos narrou, partia para algum sebo, por indicação espiritual, em busca de determinado livro, encontrado em tal estante, tal fileira, tal altura... Frequentemente o dono da livraria se surpreendia com o médium por constatar o seu conhecimento da existência da obra no local, de maneira exata! Também com tal 'colher-de-chá' espiritual, não é vantagem, não acha o leitor? A seguir, após este estudo preliminar, os guias sugeriam-lhe ler biografias, também selecionadas, dos principais líderes do movimento em questão. Assim fazia o médium, esgotando o tema, inclusive com grifos e anotações. Finda esta parte, o plano espiritual deslocava a atenção do medianeiro para outro período da história. Por exemplo, a revolta dos escravos contra Roma, antes da Era Cristã. Aconselhavam-no a ler tudo sobre os acontecimentos e biografias de líderes.

Quando os estudos estavam bem sedimentados, destaques feitos devidamente, surgiam as revelações: pediam-lhe que comparasse, por exemplo, Spartacus a Danton, Catilina a Robespierre, e assim por diante.

Surpreso, Burnier identificava as semelhanças entre as personagens! Na verdade, mais que isso: predileções, fobias, tiques, personalidades, tendências, defeitos, virtudes, às vezes até a caligrafia! Pode verificar, então, como é lenta a evolução, justificando o conceito de Emmanuel de que "é mais fácil ao espírito ganhar dez virtudes do que perder um defeito". A afirmativa foi feita diretamente pelo espírito ao Burnier, através do Chico, conforme o primeiro nos narrou.

Em muitas ocasiões, os guias projetavam-lhe imagens, cenas de acontecimentos históricos, retificando certas versões, registradas de forma distorcida. Isto nos faz lembrar uma historinha muito interessante e esclarecedora, sobre versões confusas dos fatos, que nos bateu às mãos, intitulada "comunicação linear". O episódio deu-se numa escola, antecedendo um eclipse do sol, quando a diretora do estabelecimento aguardava ansiosamente o momento de descrever o fenômeno para os alunos, a serem reunidos no pátio da instituição. A diretora dirigiu-se à sua vice:

– Sônia! Havendo daqui a pouco um eclipse do sol, peço-lhe que os alunos sejam agrupados, uniformizados, no pátio, onde darei explicações em torno do raro fenômeno que não acontece todos os dias. Se por acaso chover, nada poderá ser visto; neste caso, deixe os alunos nas salas de aula.

A vice prestamente procurou a secretária da escola, transmitindo o pedido recebido:

– Eliane, a pedido da diretora, daqui a pouco haverá um eclipse do sol uniformizado. Todos os alunos deverão estar no pátio, onde a diretora dará as explicações necessárias, o que não acontece todos os dias. Se chover, o fenômeno será mesmo dentro das salas de aula.

Como boa secretária, esta tratou de transmitir 'fielmente' a solicitação à professora:

– Rosane, a nossa diretora dará daqui a pouco um eclipse do sol no pátio da escola. Se chover, o que não acontece todos os dias, nada se poderá ver. Uniformizada, a diretora dará as explicações necessárias em sala de aula.

Finalmente a professora comunicou a intenção da diretora aos alunos:

– Meus alunos. Daqui a pouco, para receber o eclipse que dará a explicação necessária sobre nossa diretora, o fenômeno estará uniformizado. Isto, se chover em sala de aula, o que não acontece todos os dias...

Mas deixemos de lado as confusões históricas e voltemos às pesquisas do César.

Desta maneira, Burnier pode comprovar como a criatura evolui lentamente, reencarnando-se múltiplas vezes. E constatar também como os homens fazem a história, pela reencarnação periódica dos personagens imbuídos dos mesmos ideais, assim como dos adversários que combateram no pretérito.

É evidente que tal trabalho, planejado na espiritualidade, deveria necessariamente envolver espíritos que reencarnaram em posição de destaque social, com biografias bem conhecidas. No caso de tal investigação ser feita com anônimos da história, ficaria sempre a dúvida sobre a veracidade da existência dos personagens. Esta é a única justificativa de Burnier calcar suas pesquisas em personagens projetados historicamente. Ainda assim, como resgate, muitas vezes um rei, príncipe ou cardeal retorna em posição social inferior, com biografia mais obscura. O trabalho do médium registra muito bem tais casos, atestado da justiça que norteia a lei do retorno.

Vários volumes foram escritos dentro deste prisma, constituindo-se uma verdadeira 'arqueologia do espírito,[70] em que Burnier, qual novo Champollion espiritual, escavou os labirintos da alma humana, pondo a descoberto a verdade de todo o nosso 'hoje' nas entranhas do nosso 'ontem'. Como ele próprio afirmava:

> [...] possuidor de tanto material comparativo, tornou-se fácil acompanhar a evolução espiritual dos indivíduos; determinar as secretas razões dos seus sofrimentos futuros; descobrir suas motivações de gênero cármico, suas tendências, afinidades, aversões...

E como o assunto é reencarnação, encerramos aqui o capítulo com este belo soneto reencarnacionista recebido por Newton Boechat na União Espírita Allan Kardec de Tupã, São Paulo, antecedendo a conferência ali pronunciada.

O poeta M. não quis identificar-se, devido à infeliz condição de sua atual neta, que vive existência de enormes dificuldades íntimas e lhe será genitora, futuramente. Trata-se de poeta paulista desencarnado há muitos anos e que, no momento da recepção, se preparava para

---

[70] Parte da obra de Burnier acha-se no IBPP, de São Paulo, dirigido na época pelo notável cientista prof. Hernani G. Andrade, hoje pela professora Suzuko Hashizume; parte foi publicada na imprensa espírita, nos jornais *Obreiros do Bem* e *Jornal Espírita*; existem ainda, outras pesquisas, inéditas, por serem publicadas.

retornar à vida humana, pela reencarnação, conforme esclarecimento de Jardel, mentor espiritual do Boechat.

ASPIRAÇÃO

Um dia eu te encontrei num recanto de Atenas,
Buscavas o prazer da carne passageira
E sorrias, garbosa, em beleza que apenas
Provocante exaltava a tua forma faceira...

A taça do teu corpo, ilusão acenas
Ao viajor do caminho. E a bonita rameira
Deixa-se então prender pelas paixões terrenas
Percorrendo da vida a trajetória inteira.

Na exaltação sensual, fiz-te minha, afundei-me
Em louco devaneio; explorei-te abjeta.
E o meu pecado, grito em negro sofrimento:

"Ao renascer na Terra, oh! Meu Deus! Socorrei-me!
Que eu possa receber no carinho da neta,
Jubiloso e feliz, o céu que acalento!..."

M.

40. Doação em Vários Níveis

A famosa oração atribuída a Francisco de Assis assegura que "é dando que se recebe".

Embora a grande maioria aparente acreditar nessa assertiva, o que se observa, na prática, são atitudes completamente divorciadas da sugestão do chamado "Santo de Assis".

A criatura humana, dentro do aspecto contraditório que a caracteriza, com raras exceções, persiste no comportamento clássico do "lobo vestindo pele de cordeiro". Analisemos as possíveis razões dessa triste constatação.

A verdade, nua e crua, é que o plano habitado por nós ainda se constitui, em maioria, numa selva onde a competição grassa sem qualquer motivação ética. O homem atual, embora se vista requintadamente, se cerque de computadores e outras pérolas da moderna tecnologia, no fundo, continua o mesmo, semelhante aos antepassados do circo romano, das cruzadas, da Noite de São Bartolomeu, das inúmeras guerras que se sucederam na história. O que mudou foram seus métodos de agredir e matar. Ontem, catapultas, arco e flecha, lanças, exércitos a cavalo, métodos inquisitoriais; hoje, ogivas nucleares, mísseis balísticos, opressão econômica, sabotagem industrial, *dumping* econômico, propaganda negativa por vias de comunicação, ameaça de guerra biológica. Os meios se refinaram, mas o mesmo não aconteceu ao instinto destruidor, essencialmente o de há muitos séculos.

A criatura de nossos tempos mais se assemelha a uma "fera envernizada de cultura", apenas exterminando e prejudicando o semelhante de maneira mais requintada.

No nível em que vige tal filosofia, embasada na competição, só pode parecer tolice o conselho de Francisco de Assis. Na verdade, muitos que fingem segui-lo, na realidade o fazem não por estarem confiantes na certeza da sugestão, mas por terem desenvolvido outra característica, única talvez capaz de derrotar a força bruta, predominante no nível mais rasteiro: *a astúcia.*

Com a astúcia, o mais fraco, servindo-se da inteligência, consegue, muitas vezes, sobrepujar o mais forte, resultado que não obteria se o enfrentasse com seus próprios métodos! A hipocrisia, então, termina por funcionar de modo a permitir a sobrevivência de criaturas mais frágeis, num meio que lhes é hostil e onde não conseguiriam permanecer, utilizando a força! Daí a apropriação de certas recomendações evangélicas por indivíduos que nelas não creem, de fato. Entretanto, elas se prestam à convivência com os mais poderosos e momentaneamente detentores do comando.

Mas, afinal, será que lição de Francisco de Assis não tem valor real, uma vez que a vitória só premia os fortes e opostos ao verdadeiro teor que a mensagem encerra? É claro que não! O fato é que recebemos se doamos, mas não podemos exigir os resultados ao nosso modo e no tempo em que estipulamos para que eles venham.

A criatura é descrente dessa filosofia porque desconhece a reencarnação, as vidas sucessivas e uma Justiça Maior. Nesta última, então, ela crê menos ainda, por uma questão psicológica. O ser imagina uma justiça divina semelhante à humana, com suas falhas gritantes e distorções. Também pudera, nos tempos em que vivemos, em que grande é a impunidade, onde grassa o crime, quando a regra é a extorsão e a agressão ao semelhante, não importa se até mesmo 'oficializada' e 'legitimada' por dispositivos e leis, é realmente muito difícil alguém aceitar a existência de algum *poder divino justo.*

Mas, no entanto, Ele existe! Para percebê-lo, não basta conhecimento científico nem erudição livresca, é preciso amadurecimento e amplitude de percepção.

É necessário não se fixar no chamado 'primeiro lance' de uma partida de xadrez, mas deslocar o olhar para o terceiro, quarto ou quinto movimentos, quando a Lei vai efetuar a Justiça, da qual ninguém escapa. Nesse aspecto, funciona quase que matematicamente a sugestão evangélica. Para segui-la é preciso fé e coragem. Mas também é necessário muito amadurecimento, sem o que não se consegue o destemor e confiança requeridos. Só assim pode a doação ocorrer conscientemente. Se os ingredientes acima não estão presentes na personalidade, fatalmente a criatura tenderá a se comportar, ora usando o método da *força*, ora o da *astúcia*. Nada se pode fazer. Muito mais do que problema de informação ou apresentação de provas, é uma questão íntima, de natureza biológica.

As doações também variam em consonância com os níveis em que se situam as criaturas. Alguns doam materialmente; outros, espiritualmente; uns, no campo do afeto; outros, no intelectual; determinados, mediante recompensa, mas há os que cedem gratuita e altruisticamente. Tudo se correlaciona com o que a pessoa é, em profundidade. Para o indivíduo maduro e atento com relação à vida, as aparências pouco importam. Como diz a sabedoria popular, "alguém pode iludir alguns por certo tempo; mas ninguém consegue ludibriar a todos durante todo o tempo". O professor Ubaldi, na sua magnífica obra, declarava possuir um "sexto sentido" que lhe permitia "escutar duas vozes" ao dialogar com um indivíduo. Uma, proveniente da boca, expressando o que lhe era conveniente dizer (Ubaldi afirma ainda que, paradoxalmente, o homem utiliza as palavras muito mais para esconder o que pensa do que para exprimir suas intenções); outra, originária do coração, denunciando-lhe os verdadeiros projetos íntimos.

Como falamos de doação, vem muito a propósito o soneto ditado a Newton Boechat, no dia 18 de dezembro de 1976, momentos antes da conferência a ser pronunciada por ocasião de inauguração da Casa Transitória Fabiana de Jesus, em Ponta Grossa, Paraná. A autora espiritual foi Auta de Souza. Deixemos, pois, o leitor, ao fim deste capítulo, a apreciar a mensagem contida em:

RECINTO DE PAZ

Adentras, respeitoso, o recinto de paz
Sopra o vento da noite e há soluços na praça...
Por toda parte vês a miséria que grassa,
A inquirir se tua fé é real ou fugaz...

Em silêncio, Jesus te desafia... e o faz
Na sopa fraternal em que o Evangelho traça
O roteiro de luz que reconforta e abraça
Os meninos sem pão do caminho falaz...

Podes crer, coração, tudo se esvai na vida,
Tronos, posses, brasões, transformam-se em pó,
No perene passar das páginas da história...

Dá algo de ti mesmo! Ampara, alma querida!
Ajuda, pelo Cristo, a quem vive tão só,
Na bênção de encontrar a "Casa Transitória"!...

Auta de Souza

41. A Economia sob o Prisma do Espírito

No dia 21 de dezembro de 1974, em Campos, na residência do dr. Talvani Sanfim Cardoso, Newton Boechat captou interessante soneto ditado pelo poeta desencarnado Azevedo Cruz, já referido por nós anteriormente. O soneto denominou-se "Garoupa" e referia-se ao recém-descoberto poço da bacia petrolífera da região de Campos, no Estado do Rio de Janeiro. Ei-lo abaixo:

GAROUPA

Esguichando soberba, a alentar esperança,
Brota do mar azul, a seiva valorosa,
O petróleo que anima e alimenta a confiança
Dos filhos desta terra amiga, tão valiosa!

Na pauta do progresso, o ouro negro é a bonança
Que verte em bênçãos mil, numa doação grandiosa
Da fértil natureza, em álacre festança,
Da Pátria do Cruzeiro – A Campos generosa!

Antes, berço da luz, agora se abre à vida
Ofertando ao torrão progressista, o motivo
Para a frente marchar o País do Futuro!

Oh! Rincão goitacá, minha Campos querida!
Sempre em teus pagos jorre a paz do Cristo-vivo
Por petróleo do Além, em forma de Amor Puro!

Azevedo Cruz

A comunicação obtida por Boechat volta nosso pensamento para a economia e como pode ser ela analisada sob a ótica espiritual.

Segundo o professor Edgar Aquino Rocha, no seu *Princípios de economia*, a palavra 'economia' origina-se do grego, significando "governo da casa", empregada por Xenofonte, a princípio, com relação ao patrimônio familiar. O termo hoje tem significado mais amplo, englobando o "conjunto de ciências econômicas".

Newton Boechat em momento na residência do casal
Rosa e Talvani Cardoso, em Campos, na década de 1970.
Nessa época recebeu lá o soneto "Garoupa", de Azevedo Cruz

Preocupa-se a economia, desta forma, com um problema central e básico: a escassez. Segundo o que estuda e sistematiza, observa esta Ciência que o homem, quando deseja adquirir o que não *tem*, o realiza com o mínimo esforço e de maneira a obter o melhor resultado.

A economia estabelece três postulados básicos: as necessidades e desejos humanos seriam ilimitados; os bens à disposição das criaturas seriam escassos; para adquiri-los, o homem procura empregar o menor esforço, segundo ainda seu próprio critério de escolha. A finalidade da economia, por conseguinte, seria "o estudo do esforço do homem para satisfazer suas necessidades ilimitadas, utilizando-se dos recursos limitados de que dispõe e que escolhe com liberdade".

Das assertivas acima, derivam várias questões, tais como: que bens e serviços são produzidos e em que quantidade? Como os bens são distribuídos entre os membros da sociedade? Com que eficiência os recursos são utilizados? Das diferentes respostas e abordagens dadas às perguntas precedentes surgem os tipos de economia: capitalista, mista, socialista, comunista, fascista etc.

O professor Rocha utiliza como definição pessoal de economia, "a ciência social que estuda a maneira como os bens e serviços são produzidos, distribuídos e consumidos".

Enfim, uma grande e respeitável ciência, obviamente em contínuo desenvolvimento e expansão, como também acontece à tecnologia e a outras ciências. Contudo, será que esse crescimento ocorre em sentido positivo e benéfico à sociedade e à evolução? Este é o ponto que levanto para discussão no presente capítulo.

A grande síntese, do professor Pietro Ubaldi, analisando a economia pelo ponto de vista sistêmico, tem uma definição bem diversa do fenômeno. Para Ubaldi, a economia "é a codificação do egoísmo, isto é, do instinto mais desagregador do complexo social".

Infelizmente, em nosso plano, a economia nasceu e se desenvolve ainda impregnada de *egoísmo*, um inevitável vício na base dos seus princípios. O hedonismo acaba sempre surgindo em vários setores: trabalho, produção, consumo, indivíduo, classe, nação etc.

O resultado é o inevitável deslocamento das mercadorias, recursos, trabalho, para esse grande polo de atração, mesmo que pareça imoral o fato da riqueza se afastar das mínimas necessidades das criaturas e dos processos de evolução humana.

"O egoísmo acaba se constituindo", no entanto, como diz Ubaldi, no ponto fraco, no calcanhar-de-Aquiles do mecanismo, gerando atritos cada vez mais intensos e ocasionando "o imenso fardo invisível de insatisfações que é arrastado por toda a humanidade, entre choques e reações!" Pensadores emersos do nosso próprio sistema já identificaram esse verdadeiro 'câncer social' que corrói todo o organismo da humanidade em progressão avassaladora. Destacamos aqui, em especial, o prof. Fritjof Capra, físico de renome, pensador e filósofo, autor dos notáveis livros *O Tao da física* e *O ponto de mutação*. Neste último, estudando tais problemas no capítulo "O Impasse da Economia", o prof. Capra diagnostica que esta ciência sofre de mal semelhante ao que 'infectou' vários setores do pensamento e conhecimento na época atual. Mostra ele, de maneira soberba, a tendência dos economistas a teorizarem excessivamente as situações; a basearem seus cálculos, fórmulas e tratados numa visão filosófica ultrapassada, assentada no mecanismo e nos pensamentos cartesiano e newtoniano, insuficientes para abordarem com êxito os complexos problemas da atualidade; tentam ignorar a natureza ética e moral do homem, os aspectos ecológicos do ambiente que nos cerca e a vantagem da adoção do regime *colaboracionista* em contraposição ao *hedonista* nos fenômenos econômicos! O professor Capra mostra as gritantes limitações da famosa lei da oferta e da procura, assim como falhas em diversos compêndios e recomendações de escolas econômicas, tudo por se basearem em conceitos da física clássica, já superados pelos da física moderna.

Por exemplo, muitos princípios do tipo da lei da oferta e da procura foram concebidos em analogia à famosa lei de Newton, a lei da ação e reação. Entretanto, a física moderna já aprendeu que a lei da ação e reação só funciona matematicamente em certos limites de observação. Ao nível subatômico, por exemplo, os físicos se surpreendem com as inúmeras interferências e interrelações entre os fenômenos, causando uma certa imprevisibilidade enunciada, por exemplo, no célebre "princípio da incerteza", de Heisenberg. Em suma, os fatos não ocorrem de maneira "tão direta e linear", conforme Isaac Newton concebeu, na sua época.

O curioso é que a economia, como muitos outros ramos do conhecimento estudados atualmente, inclusive a medicina, ainda ignora essas novas verdades. Por isso, os economistas constroem modelos teóricos e os aplicam ao mercado. Como esses modelos não levam em conta as *reais necessidades humanas*, os sentimentos, afetos, lazer, disciplina de egoísmos e realizações de natureza espiritual, o resultado tem sido e continuará sempre a ser danoso, até que o método seja substituído por outro, mais justo e adequado.

O erro está em que um sistema econômico sempre trata com a 'massa' através de fórmulas prontas, desprezando as necessidades verdadeiras do indivíduo. O *ter* é mais valorizado que o *ser*. Uma sistema qualquer, seja o econômico, seja o médico, por exemplo, que não leve em conta uma realidade do ser, que é espiritual, não pode solucionar adequadamente os problemas que pretende resolver.

Vejamos a questão fundamental econômica da lei do menor esforço. Representa ela, sempre, uma forma de coação. A lei de oferta e procura, na verdade, expressa e resulta em luta. O oferecimento da mercadoria não se baseia em necessidades recíprocas, mas reflete apenas a exigência de um preço. E a própria lei, tendo já sido bem estudada e compreendida pelos astutos, *não funciona livremente*, mas é *manipulada* com bastante frequência, sempre atendendo à *necessidade egoísta unilateral*. Querem exemplos? Perante superprodução de algum produto, o seu preço cai. O que se faz habitualmente, conforme nos cansamos de ler na imprensa? Destruir, não raro, o excesso, fazendo com que o preço se estabilize no valor confortável para os que o vendem. Imagine-se que algum desses produtos seja gênero de primeira necessidade, alimento, por exemplo!

Numa fase atrasada da humanidade podemos, com certeza, cultuar a *força econômica*, mas tal conceito fatalmente terá de evoluir, mediante embates e derrocadas, para o superior de *justiça econômica*.

Em nosso mundo, como diz Ubaldi, a "riqueza raramente segue o caminho do Bem, constituindo, quase sempre, meio para prazeres inconfessáveis". Como sói acontecer, todo fenômeno que se inicia infectado, envenenado, tende a percorrer toda a sua trajetória e se consumar segundo os princípios que o nortearam de origem.

É o próprio Fritjof Capra quem diz:

> [...] atitudes e atividades que são altamente valorizadas no nosso sistema incluem a aquisição de bens materiais, a expansão, a competição e a obsessão pela tecnologia e ciência pesadas. Ao atribuir excessiva ênfase a esses valores, nossa sociedade encorajou a busca de metas perigosas e não-éticas e institucionalizou muitos dos pecados mortais do cristianismo: a gula, o orgulho, o egoísmo e a ganância.

Repare o leitor que se trata da opinião de um *cientista* e não de um *religioso*. Através de amargas experiências, o homem vem aprendendo que a linguagem da ciência pode ser diferente daquela da religião, mas ambas acabam convergindo para objetivo comum. De tanto se frustrar, o ser racional-científico do século 20 acabará por reconhecer, torcemos que não tarde demais, também o profundo significado *científico* do Sermão da Montanha e de certas recomendações evangélicas, tão ridicularizadas por pessoas cultas, porém, evolutivamente imaturas! Se há um terreno onde acabaremos por aprender rapidamente a vantagem da adoção dos preceitos evangélicos, esse é exatamente o campo do mundo econômico, nos negócios, dos juros e taxas diversas.

Corresponderia ao estado[71] a função de disciplinar a economia no sentido de impedir os erros cometidos na atualidade. É claro que um estado a representar em mais alto grau a consciência coletiva, personificando cada vez em maior proporção a ética humana, o fator moral, aspiração do homem do futuro, o super-homem espiritual do terceiro milênio de que nos fala Ubaldi. Nessa circunstância, caberia ao estado intervir e corrigir o fenômeno econômico, enxertando fatores de natureza ética e de justiça no delicado equilíbrio de trocas de um regime colaboracionista incipiente. Ao invés de competição, colaboração! Em contraposição ao egoísmo, cooperação! Não há outra saída para o

---

[71] Não fazemos referência aqui a nenhum *estado* ou *governo* particular. Para nós, o 'estado' é a personificação do organismo que administra e dirige uma nação ou sociedade competente da humanidade, em termos abstratos, sem especificação.

processo. Enquanto este se basear na luta, na ambição e no egoísmo, codificados, aconselhados e oficializados nos tratados de economia, caminharemos progressiva e lamentavelmente em direção ao abismo, até que a dura experiência acorde a consciência humana para métodos mais finos e justos. Quantas guerras a humanidade não enfrentou e enfrenta por conta de motivações de natureza econômica?

Queira Deus que a geração à qual pertencemos ainda possa assistir aos primórdios da fase em que a riqueza, além de gerar riqueza, por conta do esforço honesto daqueles que a buscam, também possa se direcionar para aqueles que a necessitam, num equilíbrio de mínimo grau de egoísmo. Aspiramos pelo advento da época onde exista proporção real entre valor e preço, sem que este último signifique apenas um indicador do quanto se consiga suportar uma exploração.

Agradecemos, assim, ao poeta Azevedo Cruz pelo seu "Garoupa", ensejando essas observações e apontamentos com que encerramos este capítulo, deixando no ar um alerta para a meditação do leitor quanto aos caminhos econômicos e espirituais que a sociedade atual optou por trilhar. Queira Deus que a desordem atual traga em gérmen as soluções do futuro, que o egoísmo se alargue em altruísmo, que a força e astúcia se resolvam em justiça.

Newton Boechat rodeado pela família Cardoso em Campos,
onde costumava passar Natais nas décadas de 1970 e 1980

42. Como no Caminho de Emaús

E eis que no mesmo dia iam dois deles para uma aldeia, que distava de Jerusalém sessenta estádios, cujo nome era Emaús; e iam falando entre si de tudo aquilo que havia sucedido. E aconteceu que, indo eles falando entre si, e fazendo perguntas um ao outro, o mesmo Jesus se aproximou e ia com eles; mas os olhos deles estavam como que fechados, para que não O Conhecessem. E Ele lhes disse: "Que palavras são essas que, caminhando, trocais entre vós, e por que estais tristes?" (Lucas 24,13-17)

E chegaram à aldeia para onde iam, e ele fez como quem ia para mais longe. E eles O constrangeram, dizendo: "Fica conosco, porque já é tarde, e já declinou o dia." E entrou para ficar com eles. E aconteceu que, estando com eles à mesa, tomando o pão, o abençoou e partiu-o, e lhes deu. Abriram-se-lhes então os olhos, e O conheceram e Ele desapareceu-lhes. (Lucas 24,28-31)

O Evangelho do Cristo contém preciosas mensagens e essa bela passagem protagonizada por Jesus e dois viajantes já era minha conhecida de leituras e comentários em reuniões do lar a que tenho comparecido. Também tem grande significado pessoal, pois na residência de meus pais, em Campos, tanto quanto no apartamento que possuem no Rio de Janeiro, há belo quadro, adquirido por minha mãe, Rosa, há bastante tempo. A gravura fixa o momento em que Jesus, ladeado por dois desconhecidos, dirige-se a Emaús. Rosa, minha mãe, adora esse quadro e não foram poucas as vezes em que ela conversou entusiasmada, com Newton Boechat, sobre o evento retratado na tela. Discutiam em minúcias o episódio, obviamente com os ensinamentos que os comentários do Boechat ensejavam.

Newton Boechat, Sra. Claudia Bonmartin, Sra. Zaine Maciel e o autor numa palestra feita em dupla na Semana Espírita de Campos em 1990; foi uma das últimas palestras feitas por Boechat antes de desencarnar, em agosto de 1990

Newton boechat falando em Campos,
durante a Semana Espírita, em julho de 1990

Newton Boechat falando na Semana Espírita de Campos, em julho de 1990

Interessante também é que a passagem, retratada em tela, liga-se também a uma canção, muito conhecida nas lides espíritas, "Fica Conosco, Senhor", ambos referindo-se ao encontro dos desconhecidos com Jesus na estrada de Emaús. No Grupo Espírita Aracy, de Campos, canções sempre foram muito valorizadas. Habitualmente se cantava antes e depois de alguma reunião. Ainda por cima porque as canções foram muito recomendadas pelos espíritos para reuniões de tratamento e de materializações, como forma de homogeneizar os pensamentos e tudo redundar numa boa reunião. Ora, uma dessas canções espíritas, a minha preferida e certamente a de minha mãe também, chama-se "Fica Conosco, Senhor". Sua letra fala exatamente do momento em que os desconhecidos convidam o Mestre para ficar com eles ao abrigo, enquanto seguiam com destino a Emaús.

O leitor amigo pode estar perguntando, a essa altura, o que tem a ver essa introdução com o Newton Boechat, sua mediunidade e comigo. Pois vou lhe satisfazer a curiosidade narrando como – ressalvadas as proporções--também tive o meu "caminho de Emaús".

Para tanto, é preciso que nos transportemos para o dia 23 de agosto de 1990. Estamos no cemitério São Francisco Xavier, no bairro do Caju, no Rio de Janeiro. São cerca de 16 horas, estamos na capela K. Acabamos todos de ouvir as palavras confortadoras de diversos companheiros espíritas: Elmo Queiroz, Luciano dos Anjos, Luciano dos Anjos Filho, Juvanir Borges de Souza, Abelardo Idalgo Magalhães, Eduardo Guimaraes, Ana Guimarães, Américo de Oliveira Borges, Orlando Sobreira, José Salomão Mizrahy, Jorge Damas Martins, Cláudia Bonmartin, Josefa Darriba Pepita e muitos outros. Norberto Boechat, seu coro de acompanhantes e o inseparável violão entoavam canções, sensibilizando o ambiente. Inúmeros amigos e familiares de Newton Boechat se reuniam para despedir-se do seu corpo, após ter ocorrido a desencarnação subitamente na véspera, e desejar-lhe pronto restabelecimento na nova pátria onde residiria no futuro.

Todos relembravam os episódios marcantes com o amigo, ao mesmo tempo em que, embalados pela música, fomos levados a grau acentuado de sensibilização. Eu não tirava da mente os dezessete anos em que tive a oportunidade de conviver e de muito aprender com o grande amigo. Principalmente dos ensinamentos e dos exemplos. Pensei no livro *A crise da morte*, de Bozzano, que narra em detalhes o processo por que passa o espírito recém-desencarnado, ao submeter-se ao fenômeno da 'recapitulação', revendo, intimamente, os lances mais significativos da última existência. A visão espiritual e reencarnacionista é consoladora, pois indica que o reencontro com amigos e familiares separados pela desencarnação vai acontecer, no futuro, fatalmente. Contudo, para quem está momentaneamente aprisionado na carne, tudo é mais difícil e doloroso.

O tempo correu, chegou o momento do caixão ser conduzido à sepultura. Foi levado por alguns amigos e familiares, tomando o rumo de larga e extensa alameda, cortada perpendicularmente por outras menores, ao longo das quais se dispunham as sepulturas. Vieram ter comigo o dr. Alberto de Souza Rocha e o Eduardo Guimarães, iniciando-se conversação sobre o Boechat e suas realizações. Alguns minutos se escoaram e, quando nos demos conta, vimos que o séquito desaparecera no fim da alameda, indo por uma colateral. Eu e

Newton Boechat, Claudia Bonmartin, Zaine Maciel e o autor, durante a Semana Espírita de Campos, 1990, julho

o Eduardo nos desculpamos com o dr. Alberto e nos dirigimos, mas celeremente, em direção ao jazigo.

Atendendo a um aceno, esperamos pela Esmeralda Zuaga, muito nossa amiga e grande médium psicofônica, residente em Niterói, que logo nos alcançou. Fomos os três, de braços dados, Esmeralda no centro, Eduardo à sua direita, eu à sua esquerda. Esmeralda tinha nas mãos um buquê de rosas, desejosa que estava por depositá-lo na última morada do corpo do amigo. Chovia, caminhávamos lentamente e Esmeralda nos protegia por meio de sua sombrinha.

Conversávamos sobre o Boechat, sua obra, sua alegria permanente, sua generosidade, sua memória, sua inteligência. Em certo momento, Esmeralda estacou, separou-se de nós por alguns centímetros e, visivelmente mediunizada, perguntou: "– Vocês não me reconhecem?" Tomados de surpresa, entreolhamo-nos, mas não conseguimos articular palavra. Tornou a nos indagar: "Mas, então, vocês não estão me reconhecendo?" Pasmos, novamente nos procuramos com o olhar, certos da manifestação de um espírito, mas sem identificá--lo, obviamente. Respondemos que não. Olhou para mim e deu o conselho: "Gilberto, você precisa continuar; continue a escrever, dê continuidade às palestras e às reuniões. A tarefa tem de prosseguir..." Supus tratar-se do César Burnier, desencarnado em 1989, ou mesmo do Roberto Amaro Lima de Barros, que partira em 1983, ou do meu mentor espiritual. Respondi: "Não pretendo parar, embora sem meu parceiro nos livros, estou triste, mas vou dar continuidade a tudo..." Ele respondeu: "Mas você não irá escrever só. Continuarei a inspirar livros e textos que você irá publicar. Há muito a ser feito. Eu o inspirarei e você sentirá isso". Nesse instante, tomei um choque, pensando, só agora, na possibilidade de estar falando com o próprio Newton Boechat através da Esmeralda, em que pese o fato de tão pouco tempo desde a desencarnação, somente há vinte e quatro horas! Seria possível, pois Bozzano, em sua obra assim o afirma e André Luiz diz que "morre-se conforme se viveu..." E o Boechat foi, na opinião dos que o conheceram pessoalmente, um modelo de trabalho no bem. Todavia, dando campo ao meu estilo mais científico e inquiridor, relutei em aceitar tal hipótese, de imediato. Virou-se, depois, para o

Eduardo e aconselhou-o a persistir na oratória, campo de predileção do nosso amigo.

Logo após, dirigiu-se a nós dois: "Meus filhos, tenho imensa afinidade com vocês, são como filhos que não tive! Nossas ligações espirituais perdem-se no tempo. Estou muito emocionado e bastante fraco, ainda, mas recebi permissão dos mentores para falar a vocês. Vou deixar-lhes meu abraço, pois agora preciso partir."

Abraçou-nos, a cada um, num gesto inconfundível, numa forma muito peculiar de abraço, pousando o lado da cabeça de encontro ao tórax de cada um de nós e logo em seguida identifiquei os sinais da desincorporação mediúnica. Abraçamo-nos os três, emocionados! Sim, era ele mesmo, Newton Boechat, identificação selada pelo gesto característico. Da mesma forma que ninguém imaginava sua partida tão cedo, aos sessenta e dois anos de idade, menos ainda se esperava que se manifestasse vinte e quatro horas após o desenlace.

No dia seguinte, narrei a vários amigos o fato, entre eles o médium Abelardo Idalgo Magalhães. Após me ouvir, o Abelardo acrescentou: "Uma entidade me transmite um recado para você. Sugere que o acontecido seja narrado num artigo, que fará parte do próximo livro que for publicado. Aconselha ainda que o capítulo se intitule 'Como no Caminho de Emaús', num paralelo com a famosa passagem evangélica narrada por Lucas". Isso me deixou imensamente alegre! Como eu não pensara nisso ainda? Eu e o Eduardo a caminhar na alameda, comentando sobre a amizade e os feitos de Boechat, sem saber que ele ali se encontrava. Em seguida, a manifestação e o sinal para reconhecimento. Em tudo a analogia com a narrativa de Lucas, além da coincidência com o quadro tão apreciado na residência de minha mãe, fato desconhecido, até então, tanto pelo Eduardo quanto pela Esmeralda.

Assim, seguindo a sugestão de amigos espirituais, deixo o leitor meditando sobre como vivi, particularmente, um episódio "Como no Caminho de Emaús".

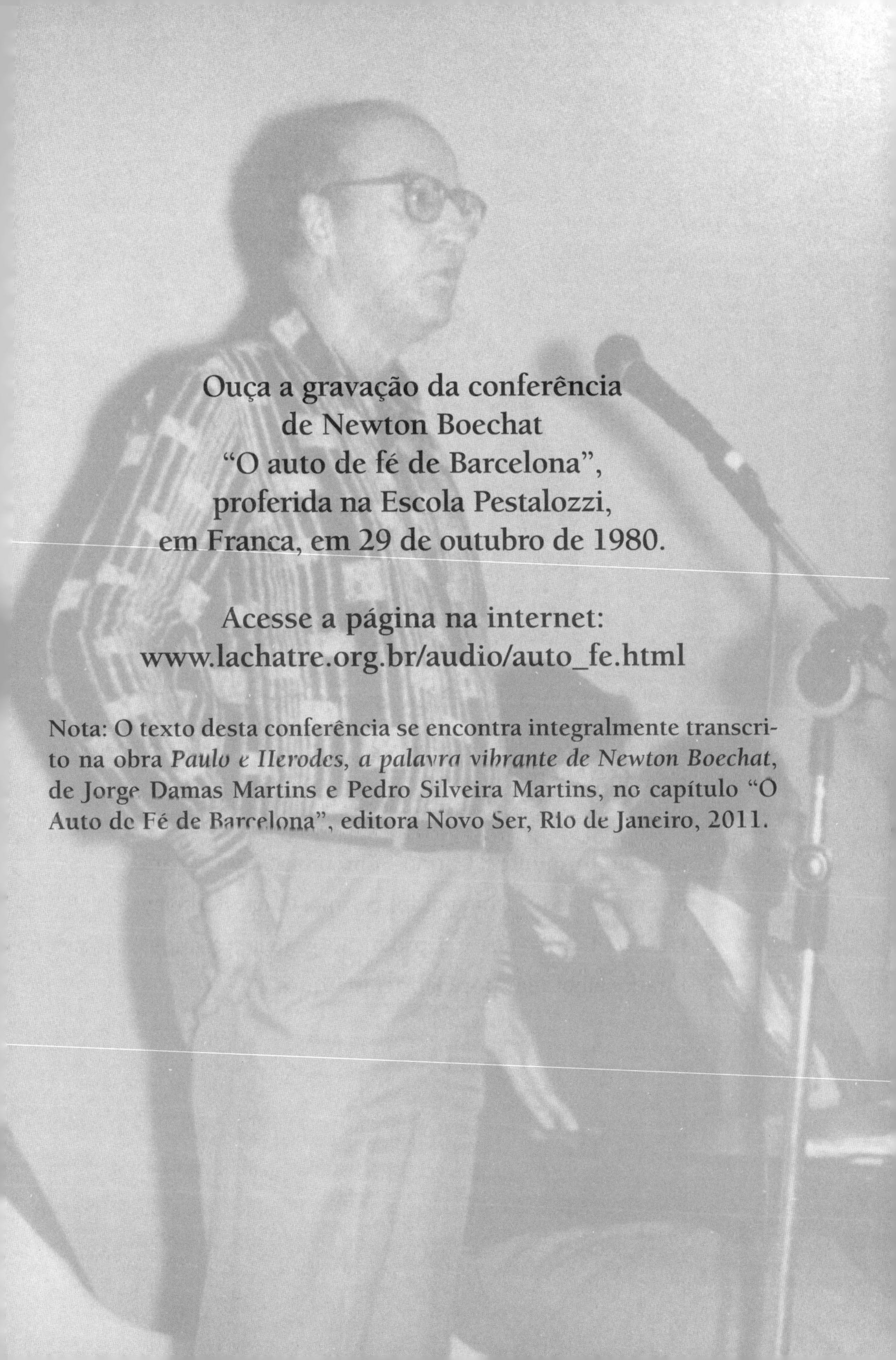

Ouça a gravação da conferência
de Newton Boechat
"O auto de fé de Barcelona",
proferida na Escola Pestalozzi,
em Franca, em 29 de outubro de 1980.

Acesse a página na internet:
www.lachatre.org.br/audio/auto_fe.html

Nota: O texto desta conferência se encontra integralmente transcrito na obra *Paulo e Herodes, a palavra vibrante de Newton Boechat*, de Jorge Damas Martins e Pedro Silveira Martins, no capítulo "O Auto de Fé de Barcelona", editora Novo Ser, Rio de Janeiro, 2011.

Esta edição foi impressa, em março de 2015, pela Intergraf Ind. Gráfica Eireli, de São Bernardo do Campo, SP, sendo tiradas mil cópias em formato fechado 15,5 x 22,5cm, em papel Off-set 75g/m2 para o miolo e Cartão Supremo 300g/m2 para a capa. O texto principal foi composto em Berkeley LT 12/14,4. A capa e a produção gráfica do miolo foram elaboradas por Gabriel Marques.